企业所得税优惠实务指南

林哲／编著

全：内容全面

实：简明实用

新：收录新政

QIYE SUODESHUI

YOUHUI SHIWU ZHINAN

东北财经大学出版社
Dongbei University of Finance & Economics Press
大连

U0674782

图书在版编目（CIP）数据

企业所得税优惠实务指南 / 林哲编著. —大连：东北财经大学
出版社，2022.6
ISBN 978-7-5654-4499-9

Ⅰ．企… Ⅱ．林… Ⅲ．企业所得税–税收管理–中国–指南
Ⅳ．F812.424–62

中国版本图书馆 CIP 数据核字（2022）第 047989 号

东北财经大学出版社出版
（大连市黑石礁尖山街 217 号　邮政编码　116025）
网　　址：http://www.dufep.cn
读者信箱：dufep@dufe.edu.cn

大连永盛印业有限公司印刷　　东北财经大学出版社发行

幅面尺寸：170mm×240mm　字数：365千字　印张：17.5　插页：1
2022年6月第1版　　　　　　　2022年6月第1次印刷

责任编辑：王　丽　　　　　　　责任校对：王　烨
封面设计：冀贵收　　　　　　　版式设计：季树慧

定价：45.00元

前言

　　近年来，党中央、国务院统筹国内国际两个大局，注重宏观政策跨周期和逆周期调节，连续部署实施减税降费政策，取得了积极成效，对于稳定市场主体预期、提振市场发展信心，服务"六稳""六保"大局、保持经济运行在合理区间和推动高质量发展具有十分重要的意义。作为我国税收收入规模仅次于增值税的第二大税种，企业所得税征税范围广，其优惠政策事项多、覆盖面广、风险高，一直是税企双方关注的焦点。本书旨在为广大企业、税务人员提供一本简明实用的工具书，帮助征纳双方更好地掌握现行企业所得税优惠政策，有效化解征纳风险，促进减税降费政策落地生根。本书也可以作为财税专业学生学习了解企业所得税优惠政策的阅读书目，增进对企业所得税优惠政策管理实务的理解和探索。

　　本书的编写力求以"全""实""新"为特色。"全"，即内容全面，阐述详尽。本书按照企业所得税优惠类型具体分为企业所得税优惠管理、免税收入、减计收入、加计扣除、加速折旧、项目所得减免、抵扣应纳税所得额、减免所得税、抵免所得税等九章内容，覆盖现行八大类企业所得税优惠政策。内容上涵盖政策概述、政策沿革、申报管理、风险提示，便于读者全面掌握。"实"，即简明实用，平实易懂。笔者在从税实践中发现，部分企业对政策沿革掌握不到位，导致追溯更正往年申报表出现政策适用差错，因此本书的"政策沿革"部分特意梳理了2008年《中华人民共和国企业所得税法》实施后政策发展的主要脉络，帮助读者避免税务风险的同时更好地理解把握政策修订意图。本书"申报管理"部分详细说明了"自行判别、申报享受、相关资料留存备查"的政策办理方式、政策享受时间、企业所得税季报和年报填报示例、留存备查资料，突出操作实务指导，帮助企业切实享受到税收优惠。"新"，即收录新政。本书涉及的税收政策截至2022年6月。在本书编写过程中，2022年新出台了中小微企业设备器具所得税税前扣除政策、小微企业所得税优惠政策等，并延长了部分税收优惠政策执行期限，笔者都及时一一做了修订调整。本书依据国家税务总局公告2020年第12号（B类季报和年报）、国家税务总局公告2021年第3号（A类季报）、国家税务总局公告2021年第34号（A类年报）分别编写了企业所得税季报和年报的填报说明及填报示例。

　　本书的顺利出版离不开多方面的帮助，潘开烨、陆竹青、陆婷、杨标、叶雪妮、邱瑾、戚红飞、刘俊青、薛亚娇、王依莹、蔡滨羽、劳诚晓等参与了本书的编写、校对工作；东北财经大学出版社对本书的编写给予了大力支持和专业指导，在此一并表示衷心感谢！特别需要说明的是，本书的税务分析仅为笔者的学术探索，并不代表笔者供职单位的意见。由于时间仓促，加之笔者水平和经验有限，书中难免有疏漏和不足之处，敬请读者批评指正。

林　哲

2022 年 6 月

目　录

1 企业所得税优惠管理

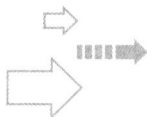

2015年，国家税务总局根据"放管服"改革要求，发布了《企业所得税优惠政策事项办理办法》（国家税务总局公告2015年第76号），全面取消对企业所得税优惠事项的审批管理，实行备案管理。该办法通过简化办税流程、精简涉税资料、统一管理要求，为企业能够及时、精准享受到企业所得税优惠政策创造了条件、提供了便利。

为了深入贯彻落实党中央、国务院关于优化营商环境和推进"放管服"改革的系列部署，进一步优化税收环境，国家税务总局对该办法进行了修订，并于2018年重新发布《国家税务总局关于发布修订后的〈企业所得税优惠政策事项办理办法〉的公告》（国家税务总局公告2018年第23号，本节以下简称新《办法》）。新《办法》取消了企业所得税优惠备案管理，全部采用"自行判别、申报享受、相关资料留存备查"的办理方式。同时，还更新了《企业所得税优惠事项管理目录》的内容，强化留存备查资料管理，重申企业的权利义务和法律责任，并对企业所得税优惠事项的后续管理提出新要求。

《《《 1.1 企业所得税优惠事项范围 》》》

新《办法》所称优惠事项是指企业所得税法规定的优惠事项，以及国务院和民族自治地方根据企业所得税法授权制定的企业所得税优惠事项，包括免税收入、减计收入、加计扣除、加速折旧、所得减免、抵扣应纳税所得额、减低税率、税额抵免等。

《《《 1.2 优惠事项办理方式 》》》

企业享受优惠事项采取"自行判别、申报享受、相关资料留存备查"的办理方式。企业应当根据经营情况以及相关税收规定自行判断是否符合优惠事项规定的条件，符合条件的可以按照《企业所得税优惠事项管理目录》列示的时间自行计算减免税额，并通过填报企业所得税纳税申报表享受税收优惠。同时，按照新《办法》的规定归集和留存相关资料备查。

优惠事项的名称、政策概述、主要政策依据、主要留存备查资料、享受优惠时间、后续管理要求等，见国家税务总局公告2018年第23号附件《企业所得税优惠事项管理目录》（2017年版，本章以下简称《目录》）。《目录》由国家税务总局编制、更新，为企业系统掌握并准确享受企业所得税优惠政策提供了便利。

企业在年度纳税申报及享受所得税优惠事项前无须再履行备案手续、报送《企业所得税优惠事项备案表》、《汇总纳税企业分支机构已备案优惠事项清单》和享受优惠所需要的相关资料，原备案资料全部作为留存备查资料保留在企业，以备税务机关后续核查时根据需要提供。

2017年版《目录》相比于2015年版，有以下三方面调整：一是统一了优惠事项的项目名称，实现了优惠事项名称在《目录》《减免税政策代码目录》《中华人民共和国企业所得税年度纳税申报表》等不同文件中的统一，方便企业查询和使用。二是对优惠事项进行了调整和补充，同时对政策概述、主要政策依据等内容进行了完善，对主要留存备查资料进行了细化。三是增加了"后续管理要求"项目，明确了优惠事项后续管理的有关要求。

≪ 1.3　留存备查资料 ≫

留存备查资料是指与企业享受优惠事项有关的合同、协议、凭证、证书、文件、账册、说明等资料。留存备查资料分为主要留存备查资料和其他留存备查资料两类。主要留存备查资料由企业按照《目录》列示的资料清单准备；其他留存备查资料由企业根据享受优惠事项情况自行补充准备。

企业享受优惠事项的，应当在完成年度汇算清缴后，将留存备查资料归集齐全并整理完成，以备税务机关核查。例如，企业享受《目录》第1项优惠事项，并在2022年4月30日完成2021年度企业所得税纳税申报和缴纳税款，其应在4月30日同步将第1项优惠事项的留存备查资料归集和整理完毕。企业留存备查资料应从企业享受优惠事项当年的企业所得税汇算清缴期结束次日起保留10年。

企业同时享受多项优惠事项或者享受的优惠事项按照规定分项目进行核算的，应当按照优惠事项或者项目分别归集留存备查资料。

设有非法人分支机构的居民企业以及实行汇总纳税的非居民企业机构、场所享受优惠事项的，由居民企业的总机构以及汇总纳税的主要机构、场所负责统一归集并留存备查资料。分支机构以及被汇总纳税的非居民企业机构、场所按照规定可独立享受优惠事项的，由分支机构以及被汇总纳税的非居民企业机构、场所负责归集并留存备查资料，同时分支机构以及被汇总纳税的非居民企业机构、场所应在当年完成年度汇算清缴后将留存的备查资料清单送总机构以及汇总纳税的主要机构、场所汇总。例如，设在西部地区的鼓励类产业企业减按15%的税率征收企业所得税优惠事项，当设在西部地区的分支机构符合规定条件而在2022年4月30日完成2021年度企业所得税纳税申报并享受该优惠的，其应在4月30日同步将该优惠事项的留存备查资料归集整理完毕并留存，同时将其留存的备查资料清单送总机构汇总。

＜＜ 1.4　企业的权利义务和法律责任 ＞＞

企业对优惠事项留存备查资料的真实性、合法性承担法律责任。

企业享受优惠事项后，税务机关将适时开展后续管理。在后续管理时，企业应当根据税务机关管理服务的需要，按照规定的期限和方式提供留存备查资料，以证实享受优惠事项符合条件。企业享受优惠事项后发现其不符合优惠事项规定条件的，应当依法及时自行调整并补缴税款及滞纳金。

企业未能按照税务机关要求提供留存备查资料，或者提供的留存备查资料与实际生产经营情况、财务核算情况、相关技术领域、产业、目录、资格证书等不符，无法证实符合优惠事项规定条件的，或者存在弄虚作假情况的，税务机关将依法追缴其已享受的企业所得税优惠，并按照税收征管法等相关规定处理。

2 免税收入

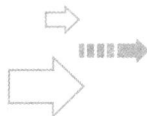

«« 2.1 国债利息收入 »»

2.1.1 政策概述

2.1.1.1 基本规定

企业持有国务院财政部门发行的国债取得的利息收入为免税收入。具体按以下规定执行：

1.企业从发行者直接投资购买的国债持有至到期，其从发行者取得的国债利息收入，全额免征企业所得税。

2.企业到期前转让国债，或者从非发行者投资购买的国债，其按规定计算的国债利息收入，免征企业所得税。

2.1.1.2 国债利息收入确认时间

企业投资国债取得的国债利息收入，应以国债发行时约定应付利息的日期，确认利息收入的实现。

2.1.1.3 国债利息收入计算

企业到期前转让国债，或者从非发行者投资购买的国债，其持有期间尚未兑付的国债利息收入，按以下公式计算确定：

国债利息收入=国债金额×（适用年利率÷365）×持有天数

上述公式中的"国债金额"，按国债发行面值或发行价格确定；"适用年利率"按国债票面年利率或折合年收益率确定；如企业不同时间多次购买同一品种国债的，"持有天数"可按平均持有天数计算确定。

2.1.2 政策沿革

2008年，《中华人民共和国企业所得税法》及其实施条例的实施，将国债利息收入免征企业所得税优惠政策以法律形式予以确认。为便于纳税人享受政策，2011年，国家税务总局发布了《关于企业国债投资业务企业所得税处理问题的公告》（国家税务总局公告2011年第36号），对国债利息收入有关税务处理问题做出了明确、具体的规定。上述政策主要发展情况见表2-1。

表2-1   政策主要发展情况表（截至2022年6月1日）

年度[①]	政策依据	主要内容	效力
2007	《中华人民共和国企业所得税法》第二十六条；《中华人民共和国企业所得税法实施条例》第八十二条	以法律形式规定了国债利息收入免税优惠政策	有效
2011	国家税务总局公告2011年第36号	明确政策口径	有效

2.1.3 申报管理

2.1.3.1 享受程序

企业享受优惠事项采取"自行判别、申报享受、相关资料留存备查"的办理方式。企业应当根据经营情况以及相关税收规定自行判断是否符合优惠事项规定的条件，符合条件的可以按规定的时间自行计算减免税额，并通过填报企业所得税纳税申报表享受税收优惠。同时，按规定归集和留存相关资料备查。

2.1.3.2 享受时间

季度预缴及年度汇算清缴均可享受。

2.1.3.3 填报示例

查账征收企业和核定征收企业都可以享受国债利息收入免征企业所得税优惠政策。

1.A类企业所得税季度预缴申报

查账征收纳税人在季度预缴时享受国债利息收入免征企业所得税优惠政策涉及《A200000中华人民共和国企业所得税月（季）度预缴纳税申报表（A类）》1张表单。

纳税人需要根据《企业所得税申报事项目录》填报《A200000中华人民共和国企业所得税月（季）度预缴纳税申报表（A类）》第7.*行"国债利息收入免征企业所得

---

① 指政策发布日期所属年度，本书后同。

税"，填写后相关数据自动生成至第 7 行"减：免税收入、减计收入、加计扣除"。

第 7 行"减：免税收入、减计收入、加计扣除"根据相关行次计算结果填报。根据《企业所得税申报事项目录》，在第 7.1 行、第 7.2 行……填报税收规定的免税收入、减计收入、加计扣除等优惠事项的具体名称和本年累计金额。发生多项且根据税收规定可以同时享受的优惠事项，可以增加行次，但每个事项仅能填报一次。

第 7 行 = 第 7.1 行 + 第 7.2 行 + …

▶▶**例 2-1** 甬耀公司 2021 年 9 月 1 日购入面值 300 万元国债，票面利率 4%，到期时间为 2022 年 8 月 31 日。假定甬耀公司为查账征收企业，不考虑其他事项。

解析：甬耀公司第三季度预缴申报时，可享受国债利息免税金额 = 国债金额 ×（适用年利率 ÷ 365）× 持有天数 = 300 ×（4% ÷ 365）× 30 = 0.986301（万元），季度预缴申报时填报《A200000 中华人民共和国企业所得税月（季）度预缴纳税申报表（A类）》，见表 2-2。

表 2-2　A200000 中华人民共和国企业所得税月（季）度预缴纳税申报表（A类）①

行次	预缴税款计算	本年累计
1	营业收入	
2	营业成本	
3	利润总额	9 863.01
4	加：特定业务计算的应纳税所得额	
5	减：不征税收入	
6	减：资产加速折旧、摊销（扣除）调减额（填写 A201020）	
7	减：免税收入、减计收入、加计扣除	9 863.01
7.1	国债利息收入免征企业所得税	9 863.01
8	减：所得减免（8.1+8.2+…）	
9	减：弥补以前年度亏损	
10	实际利润额（3+4-5-6-7-8-9）\按照上一纳税年度应纳税所得额平均额确定的应纳税所得额	0
11	税率（25%）	0.25
12	应纳所得税额（10×11）	0
13	减：减免所得税额（13.1+13.2+…）	
14	减：本年实际已缴纳所得税额	
15	减：特定业务预缴（征）所得税额	
16	本期应补（退）所得税额（12-13-14-15）\税务机关确定的本期应纳所得税额	

———————————

① 表中金额单位为"元"，本书后文所有表格，如无特殊说明，金额单位均为"元"。

2.B类企业所得税季度预缴申报

核定征收纳税人在季度预缴时享受国债利息收入免征企业所得税优惠政策涉及《B100000中华人民共和国企业所得税月（季）度预缴和年度纳税申报表（B类）》1张表单。

纳税人填报《B100000中华人民共和国企业所得税月（季）度预缴和年度纳税申报表（B类）》第4行"国债利息收入免征企业所得税"。

▶▶▶例2-2　甬耀公司2021年9月1日购入面值300万元国债，票面利率4%，到期时间为2022年8月31日。假定甬耀公司为核定征收企业，不考虑其他事项。

解析：甬耀公司第三季度预缴申报时，可享受国债利息免税金额=国债金额×（适用年利率÷365）×持有天数=300×（4%÷365）×30=0.986301（万元），季度预缴申报时填报《B100000中华人民共和国企业所得税月（季）度预缴和年度纳税申报表（B类）》，见表2-3。

表2-3　B100000中华人民共和国企业所得税月（季）度预缴和年度纳税申报表（B类）

行次	项　　目	本年累计金额
1	收入总额	9 863.01
2	减：不征税收入	
3	减：免税收入（4+5+10+11）	9 863.01
4	国债利息收入免征企业所得税	9 863.01
5	符合条件的居民企业之间的股息、红利等权益性投资收益免征企业所得税（6+7.1+7.2+8+9）	
6	其中：一般股息红利等权益性投资收益免征企业所得税	
7.1	通过沪港通投资且连续持有H股满12个月取得的股息红利所得免征企业所得税	
7.2	通过深港通投资且连续持有H股满12个月取得的股息红利所得免征企业所得税	
8	居民企业持有创新企业CDR取得的股息红利所得免征企业所得税	
9	符合条件的居民企业之间属于股息、红利性质的永续债利息收入免征企业所得税	
10	投资者从证券投资基金分配中取得的收入免征企业所得税	
11	取得的地方政府债券利息收入免征企业所得税	
12	应税收入额（1-2-3）\成本费用总额	0

续表

行次	项　　　　　目	本年累计金额
13	税务机关核定的应税所得率（%）	
14	应纳税所得额（第12×13行）\［第12行÷（1-第13行）×第13行］	
15	税率（25%）	
16	应纳所得税额（14×15）	
17	减：符合条件的小型微利企业减免企业所得税	
18	减：实际已缴纳所得税额	
L19	减：符合条件的小型微利企业延缓缴纳所得税额（是否延缓缴纳所得税　□是 □否）	
19	本期应补（退）所得税额（16-17-18-L19）\税务机关核定本期应纳所得税额	
20	民族自治地方的自治机关对本民族自治地方的企业应缴纳的企业所得税中属于地方分享的部分减征或免征（□免征　□减征：减征幅度＿＿＿%）	
21	本期实际应补（退）所得税额	

3.A类企业所得税年度汇算清缴申报

查账征收纳税人在年度汇算清缴时享受国债利息收入免征企业所得税优惠政策涉及《A100000中华人民共和国企业所得税年度纳税申报表（A类）》《A107010免税、减计收入及加计扣除优惠明细表》等2张表单。

纳税人填报《A107010免税、减计收入及加计扣除优惠明细表》第2行"（一）国债利息收入免征企业所得税"，填写后相关数据自动生成至《A107010免税、减计收入及加计扣除优惠明细表》第1行"一、免税收入（2+3+9+…+16）"、《A100000中华人民共和国企业所得税年度纳税申报表（A类）》第17行"减：免税、减计收入及加计扣除"。

▶▶▶例2-3　甬耀公司2021年9月1日购入面值300万元国债，票面利率4%，到期时间为2022年8月31日。假定甬耀公司为查账征收企业，不考虑其他事项。

解析：2021年度汇算清缴申报时，可享受国债利息免税金额=国债金额×（适用年利率÷365）×持有天数=300×（4%÷365）×122=4.010959（万元）。年度汇缴申报时填报《A100000中华人民共和国企业所得税年度纳税申报表（A类）》《A107010免税、减计收入及加计扣除优惠明细表》，分别见表2-4、表2-5。

表2-4　　A100000中华人民共和国企业所得税年度纳税申报表（A类）

行次	类别	项　目	金　额
1	利润总额计算	一、营业收入（填写A101010\101020\103000）	
2		减：营业成本（填写A102010\102020\103000）	
3		减：税金及附加	
4		减：销售费用（填写A104000）	
5		减：管理费用（填写A104000）	
6		减：财务费用（填写A104000）	
7		减：资产减值损失	
8		加：公允价值变动收益	
9		加：投资收益	40 109.59
10		二、营业利润（1-2-3-4-5-6-7+8+9）	40 109.59
11		加：营业外收入（填写A101010\101020\103000）	
12		减：营业外支出（填写A102010\102020\103000）	
13		三、利润总额（10+11-12）	40 109.59
14	应纳税所得额计算	减：境外所得（填写A108010）	
15		加：纳税调整增加额（填写A105000）	
16		减：纳税调整减少额（填写A105000）	
17		减：免税、减计收入及加计扣除（填写A107010）	40 109.59
18		加：境外应税所得抵减境内亏损（填写A108000）	
19		四、纳税调整后所得（13-14+15-16-17+18）	0
20		减：所得减免（填写A107020）	
21		减：弥补以前年度亏损（填写A106000）	
22		减：抵扣应纳税所得额（填写A107030）	
23		五、应纳税所得额（19-20-21-22）	0

续表

行次	类别	项　目	金　额
24		税率（25%）	0.25
25		六、应纳所得税额（23×24）	0
26		减：减免所得税额（填写A107040）	
27		减：抵免所得税额（填写A107050）	
28	应纳税额计算	七、应纳税额（25-26-27）	0
29		加：境外所得应纳所得税额（填写A108000）	
30		减：境外所得抵免所得税额（填写A108000）	
31		八、实际应纳所得税额（28+29-30）	0
32		减：本年累计实际已缴纳的所得税额	
33		九、本年应补（退）所得税额（31-32）	
34		其中：总机构分摊本年应补（退）所得税额（填写A109000）	
35		财政集中分配本年应补（退）所得税额（填写A109000）	
36		总机构主体生产经营部门分摊本年应补（退）所得税额（填写A109000）	

表2-5　　　　　　A107010免税、减计收入及加计扣除优惠明细表

行次	项　目	金　额
1	一、免税收入（2+3+9+…+16）	40 109.59
2	（一）国债利息收入免征企业所得税	40 109.59
3	（二）符合条件的居民企业之间的股息、红利等权益性投资收益免征企业所得税（4+5+6+7+8）	
4	1.一般股息红利等权益性投资收益免征企业所得税（填写A107011）	
5	2.内地居民企业通过沪港通投资且连续持有H股满12个月取得的股息红利所得免征企业所得税（填写A107011）	
6	3.内地居民企业通过深港通投资且连续持有H股满12个月取得的股息红利所得免征企业所得税（填写A107011）	
7	4.居民企业持有创新企业CDR取得的股息红利所得免征企业所得税（填写A107011）	
8	5.符合条件的永续债利息收入免征企业所得税（填写A107011）	
	⋮	
31	合计（1+17+25）	40 109.59

4.B类企业所得税年度申报

核定征收纳税人在年度申报时享受国债利息收入免征企业所得税优惠政策涉及《B100000中华人民共和国企业所得税月（季）度预缴和年度纳税申报表（B类）》1张表单。

纳税人填报《B100000中华人民共和国企业所得税月（季）度预缴和年度纳税申报表（B类）》第4行"国债利息收入免征企业所得税"。具体填报同例2-2。

2.1.3.4　留存备查资料

（1）国债净价交易交割单；

（2）购买、转让国债的证明，包括持有时间、票面金额、利率等相关材料；

（3）应收利息（投资收益）科目明细账或按月汇总表；

（4）减免税计算过程的说明。

2.1.4　风险提示

企业转让国债，应在国债转让收入确认时确认利息收入的实现。

《《《　2.2　地方政府债券利息收入　》》》

2.2.1　政策概述

对企业取得的2009年及以后年度发行的地方政府债券利息收入，免征企业所得税。

地方政府债券是指经国务院批准，以省、自治区、直辖市和计划单列市政府为发行和偿还主体的债券。

2.2.2　政策沿革

2011年，财政部、国家税务总局联合下发了《关于地方政府债券利息所得免征所得税问题的通知》（财税〔2011〕76号），明确了企业取得2009年、2010年和2011年发行的地方政府债券利息所得，免征企业所得税。2013年1月，财政部、国家税务总局再次联合下发了《关于地方政府债券利息免征所得税问题的通知》（财税〔2013〕5号），明确企业取得的2012年及以后年度发行的地方政府债券利息收入，免征企业所得税。上述政策主要发展情况见表2-6。

表2-6　　　　　　　　政策主要发展情况表（截至2022年6月1日）

年度	依据	主要内容	当前效力
2011	财税〔2011〕76号	明确企业取得2009年、2010年和2011年发行的地方政府债券利息所得，免征企业所得税	有效
2013	财税〔2013〕5号	明确企业取得的2012年及以后年度发行的地方政府债券利息收入，免征企业所得税	有效

2.2.3　申报管理

2.2.3.1　享受程序

企业享受优惠事项采取"自行判别、申报享受、相关资料留存备查"的办理方式。企业应当根据经营情况以及相关税收规定自行判断是否符合优惠事项规定的条件，符合条件的可以按规定的时间自行计算减免税额，并通过填报企业所得税纳税申报表享受税收优惠。同时，按规定归集和留存相关资料备查。

2.2.3.2　享受时间

季度预缴及年度汇算清缴均可享受。

2.2.3.3　填报示例

查账征收企业和核定征收企业都可以享受地方政府债券利息收入免征企业所得税优惠政策。

1.A类企业所得税季度预缴申报

查账征收纳税人在季度预缴时享受取得的地方政府债券利息收入免征企业所得税优惠政策涉及《A200000中华人民共和国企业所得税月（季）度预缴纳税申报表（A类）》1张表单。

纳税人需要根据《企业所得税申报事项目录》填报《A200000中华人民共和国企业所得税月（季）度预缴纳税申报表（A类）》第7.*行"取得的地方政府债券利息收入免征企业所得税"，填写后相关数据自动生成至第7行"减：免税收入、减计收入、加计扣除"。

具体填报参见"2.1.3.3填报示例"中例2-1。

2.A类企业所得税年度汇算清缴申报

查账征收纳税人在年度汇算清缴时享受取得的地方政府债券利息收入免征企业所得税优惠政策涉及《A100000中华人民共和国企业所得税年度纳税申报表

（A类）》《A107010免税、减计收入及加计扣除优惠明细表》等2张表单。

纳税人填报《A107010免税、减计收入及加计扣除优惠明细表》第12行"（六）取得的地方政府债券利息收入免征企业所得税"，填写后相关数据自动生成至《A107010免税、减计收入及加计扣除优惠明细表》第1行"一、免税收入（2+3+9+…+16）"、《A100000中华人民共和国企业所得税年度纳税申报表（A类）》第17行"减：免税、减计收入及加计扣除"。

具体填报参见"2.1.3.3填报示例"中例2-3。

3.B类企业所得税季度申报和年度申报

核定征收纳税人在季度申报和年度申报时享受地方政府债券利息收入免征企业所得税优惠政策涉及《B100000中华人民共和国企业所得税月（季）度预缴和年度纳税申报表（B类）》1张表单。

纳税人填报《B100000中华人民共和国企业所得税月（季）度预缴和年度纳税申报表（B类）》第11行"取得的地方政府债券利息收入免征企业所得税"。

具体填报参见"2.1.3.3填报示例"中例2-2。

2.2.3.4 留存备查资料

（1）购买地方政府债券证明，包括持有时间、票面金额、利率等相关材料；
（2）应收利息（投资收益）科目明细账或按月汇总表；
（3）减免税计算过程的说明。

≪≪≪ 2.3 居民企业之间的股息、红利等权益性投资收益 ≫≫≫

2.3.1 政策概述

2.3.1.1 居民企业之间的股息、红利

居民企业直接投资于其他居民企业取得的股息、红利等权益性投资收益为免税收入。所称股息、红利等权益性投资收益，不包括连续持有居民企业公开发行并上市流通的股票不足12个月取得的投资收益。

2.3.1.2 非境内注册居民企业取得的股息、红利

非境内注册居民企业从中国境内其他居民企业取得的股息、红利等权益性投资收益，按照企业所得税法第二十六条和实施条例第八十三条的规定，作为其免税收入。

2.3.1.3　通过沪港通投资 H 股的股息、红利

对内地企业投资者通过沪港通投资我国香港联交所上市股票取得的股息、红利所得，计入其收入总额，依法计征企业所得税。其中，内地居民企业连续持有 H 股满 12 个月取得的股息、红利所得，依法免征企业所得税。

2.3.1.4　通过深港通投资 H 股的股息、红利

对内地企业投资者通过深港通投资我国香港联交所上市股票取得的股息、红利所得，计入其收入总额，依法计征企业所得税。其中，内地居民企业连续持有 H 股满 12 个月取得的股息、红利所得，依法免征企业所得税。

2.3.1.5　投资创新企业 CDR 取得的股息、红利

创新企业 CDR，是指符合《国务院办公厅转发证监会关于开展创新企业境内发行股票或存托凭证试点若干意见的通知》（国办发〔2018〕21 号）规定的试点企业，以境外股票为基础证券，由存托人签发并在中国境内发行，代表境外基础证券权益的证券。

对企业投资者转让创新企业 CDR 取得的差价所得和持有创新企业 CDR 取得的股息、红利所得，按转让股票差价所得和持有股票的股息、红利所得政策规定征免企业所得税。

对公募证券投资基金（封闭式证券投资基金、开放式证券投资基金）转让创新企业 CDR 取得的差价所得和持有创新企业 CDR 取得的股息、红利所得，按公募证券投资基金税收政策规定暂不征收企业所得税。

对合格境外机构投资者（QFII）、人民币合格境外机构投资者（RQFII）转让创新企业 CDR 取得的差价所得和持有创新企业 CDR 取得的股息、红利所得，视同转让或持有据以发行创新企业 CDR 的基础股票取得的权益性资产转让所得和股息红利所得征免企业所得税。

2.3.1.6　符合条件的永续债利息收入

企业发行的永续债，可以适用股息、红利企业所得税政策，即：投资方取得的永续债利息收入属于股息、红利性质，按照现行企业所得税政策相关规定进行处理，其中，发行方和投资方均为居民企业的，永续债利息收入可以适用企业所得税法规定的居民企业之间的股息、红利等权益性投资收益免征企业所得税的规定；同时发行方支付的永续债利息支出不得在企业所得税税前扣除。

2.3.1.7　过渡期规定

2008 年 1 月 1 日以后，居民企业之间分配属于 2007 年度及以前年度的累积未分配利润而形成的股息、红利等权益性投资收益，均应按照企业所得税法第二十六条

及实施条例第十七条、第八十三条的规定处理。

2.3.2　政策沿革

2008年，《中华人民共和国企业所得税法》及其实施条例的实施，将符合条件的居民企业之间的股息、红利等权益性投资收益免征企业所得税优惠政策以法律形式予以确认。为便于纳税人享受政策，2009年，财政部、国家税务总局联合下发了《关于执行企业所得税优惠政策若干问题的通知》（财税〔2009〕69号），补充说明企业所得税法实施以后，居民企业之间分配属于2007年度及以前年度的累积未分配利润而形成的股息、红利等权益性投资收益也同样享受免税待遇。同年，国家税务总局下发《关于境外注册中资控股企业依据实际管理机构标准认定为居民企业有关问题的通知》（国税发〔2009〕82号），规定了非境内注册居民企业取得的股息、红利等权益性投资收益免税优惠政策。2010年，国家税务总局下发了《关于贯彻落实企业所得税法若干税收问题的通知》（国税函〔2010〕79号），进一步明确了收入确认时点等政策问题。

2014年11月17日，沪港通正式启动。财政部、国家税务总局和证监会联合下发了《关于沪港股票市场交易互联互通机制试点有关税收政策的通知》（财税〔2014〕81号），明确了自2014年11月17日起，内地居民企业通过沪港通投资且连续持有H股满12个月取得的股息红利所得免征企业所得税。

2016年12月5日，深港通正式启动。财政部、国家税务总局和证监会联合下发了《关于深港股票市场交易互联互通机制试点有关税收政策的通知》（财税〔2016〕127号），明确了自2016年12月5日起，内地居民企业通过深港通投资且连续持有H股满12个月取得的股息红利所得免征企业所得税。

2019年4月，财政部、国家税务总局、证监会联合发布了《关于创新企业境内发行存托凭证试点阶段有关税收政策的公告》（财政部 税务总局 证监会公告2019年第52号），对创新企业境内发行存托凭证试点阶段涉及的有关税收政策做出了详细规定。同年，财政部、国家税务总局联合发布《关于永续债企业所得税政策问题的公告》（财政部 税务总局公告2019年第64号），明确了企业发行的永续债可以适用股息、红利企业所得税优惠政策。

上述政策主要发展情况见表2-7。

2.3.3　申报管理

2.3.3.1　享受程序

企业享受优惠事项采取"自行判别、申报享受、相关资料留存备查"的办理方

表2-7 政策主要发展情况表（截至2022年6月1日）

年度	依据	主要内容	效力
2007	《中华人民共和国企业所得税法》第二十六条；《中华人民共和国企业所得税法实施条例》第八十三条	以法律形式规定了居民企业之间的股息、红利等权益性投资收益免税优惠政策	有效
2009	财税〔2009〕69号	明确政策衔接规定	第八条废止，第七条停止执行
2009	国税发〔2009〕82号	明确非境内注册居民企业取得的股息、红利等权益性投资收益免税优惠政策	废止第七条第一款部分内容，参见：国家税务总局令第42号
2010	国税函〔2010〕79号	进一步明确了收入确认时点等政策问题	有效
2014	财税〔2014〕81号	规定通过沪港通投资H股的股息红利优惠政策	有效
2016	财税〔2016〕127号	规定通过深港通投资H股的股息红利优惠政策	有效
2019	财政部 税务总局 证监会公告2019年第52号	规定投资创新企业CDR的股息红利优惠政策	有效
2019	财政部 税务总局公告2019年第64号	规定企业发行的永续债可以适用股息、红利企业所得税优惠政策	有效

式。企业应当根据经营情况以及相关税收规定自行判断是否符合优惠事项规定的条件，符合条件的可以按规定的时间自行计算减免税额，并通过填报企业所得税纳税申报表享受税收优惠。同时，按规定归集和留存相关资料备查。

2.3.3.2 享受时间

季度预缴及年度汇算清缴均可享受。

2.3.3.3 填报示例

查账征收企业和核定征收企业都可以享受股息、红利等权益性投资收益免征企业所得税优惠政策。

1.A类企业所得税季度预缴申报

查账征收纳税人在季度预缴时享受股息、红利等权益性投资收益免征企业所得税优惠政策涉及《A200000中华人民共和国企业所得税月（季）度预缴纳税申报表（A类）》1张表单。

　　纳税人需要根据《企业所得税申报事项目录》填报《A200000中华人民共和国企业所得税月（季）度预缴纳税申报表（A类）》第7.*行，填写后相关数据自动生成至第7行"减：免税收入、减计收入、加计扣除"。

▶▶▶**例2-4**　甬耀公司于2018年以2 000万元投资注册甲企业，占甲企业20%的股份。2021年9月12日，经股东会决议，甲企业将可分配利润200万元对全体股东进行分配，归属于甬耀公司的权益性投资收益金额为40万元。

　　解析：甬耀公司取得股息红利所得40万元作为免税收入处理，第三季度预缴时填报《A200000中华人民共和国企业所得税月（季）度预缴纳税申报表（A类）》，见表2-8。

表2-8　A200000中华人民共和国企业所得税月（季）度预缴纳税申报表（A类）

行次	预缴税款计算	本年累计
1	营业收入	
2	营业成本	
3	利润总额	400 000
4	加：特定业务计算的应纳税所得额	
5	减：不征税收入	
6	减：资产加速折旧、摊销（扣除）调减额（填写A201020）	
7	减：免税收入、减计收入、加计扣除（7.1+7.2+…）	400 000
7.1	一般股息红利等权益性投资收益免征企业所得税	400 000
8	减：所得减免（8.1+8.2+…）	
9	减：弥补以前年度亏损	
10	实际利润额（3+4-5-6-7-8-9）\按照上一纳税年度应纳税所得额平均额确定的应纳税所得额	0
11	税率（25%）	0.25
12	应纳所得税额（10×11）	
13	减：减免所得税额（13.1+13.2+…）	
14	减：本年实际已缴纳所得税额	
15	减：特定业务预缴（征）所得税额	
16	本期应补（退）所得税额（12-13-14-15）\税务机关确定的本期应纳税所得额	

2. A类企业所得税年度汇算清缴申报

查账征收纳税人在年度汇算清缴时享受股息、红利等权益性投资收益免征企业所得税优惠政策涉及《A000000企业所得税年度纳税申报基础信息表》《A100000中华人民共和国企业所得税年度纳税申报表（A类）》《A107010免税、减计收入及加计扣除优惠明细表》《A107011符合条件的居民企业之间的股息、红利等权益性投资收益优惠明细表》等4张表单。

纳税人先填报《A000000企业所得税年度纳税申报基础信息表》"201从事股权投资业务"选项。

再根据实际情况填报《A107011符合条件的居民企业之间的股息、红利等权益性投资收益优惠明细表》，填写后表A107011的第8~13行各行次第17列的合计数分别自动生成至《A107010免税、减计收入及加计扣除优惠明细表》第3~8行，以及《A100000中华人民共和国企业所得税年度纳税申报表（A类）》第17行"减：免税、减计收入及加计扣除"。其中：

表A107011第8行第17列=表A107010第3行。

表A107011第9行第17列=表A107010第4行。

表A107011第10行第17列=表A107010第5行。

表A107011第11行第17列=表A107010第6行。

表A107011第12行第17列=表A107010第7行。

表A107011第13行第17列=表A107010第8行。

《A107011符合条件的居民企业之间的股息、红利等权益性投资收益优惠明细表》具体填报如下：

（1）行次填报

行次根据投资企业名称和投资性质填报，可以根据情况增加。

① 第8行"合计"：填报第1+2+…+7行的第17列合计金额，若增行，根据增行后的情况合计。

② 第9行"其中：直接或非H股票投资"：填报第1+2+…+7行中，"投资性质"列选择"（1）直接投资"或"（2）股票投资（不含H股）"的行次，第17列合计金额。

③ 第10行"股票投资—沪港通H股"：填报第1+2+…+7行中，"投资性质"列选择"（3）股票投资（沪港通H股投资）"的行次，第17列合计金额。

④ 第11行"股票投资—深港通H股"：填报第1+2+…+7行中，"投资性质"列选择"（4）股票投资（深港通H股投资）"的行次，第17列合计金额。

⑤ 第12行"创新企业CDR"：填报第1+2+…+7行中，"投资性质"列选择"（5）创新企业CDR"的行次，第17列合计金额。

⑥ 第13行"永续债"：填报第1+2+…+7行中，"投资性质"列选择"（6）永续债"的行次，第17列合计金额。

（2）列次填报

①第1列"被投资企业"：填报被投资企业名称。

②第2列"被投资企业统一社会信用代码（纳税人识别号）"：填报被投资企业市场监督管理等部门核发的纳税人统一社会信用代码。未取得统一社会信用代码的，填报税务机关核发的纳税人识别号。

③第3列"投资性质"：按选项填报："（1）直接投资""（2）股票投资（不含H股）""（3）股票投资（沪港通H股投资）""（4）股票投资（深港通H股投资）""（5）创新企业CDR""（6）永续债"。

符合财税〔2014〕81号文件第一条第（四）项第1目的规定，享受沪港通H股股息红利免税政策的企业，选择"（3）股票投资（沪港通H股投资）"。

符合财税〔2016〕127号文件第一条第（四）项第1目的规定，享受深港通H股股息红利免税政策的企业，选择"（4）股票投资（深港通H股投资）"。

符合《财政部 税务总局 证监会关于创新企业境内发行存托凭证试点阶段有关税收政策的公告》（财政部 税务总局 证监会公告2019年第52号）第二条第1款的规定，享受对持有创新企业CDR取得的股息红利所得按规定免征企业所得税的企业，选择"（5）创新企业CDR"。

符合《财政部 税务总局关于永续债企业所得税政策问题的公告》（财政部 税务总局公告2019年第64号）第一条的规定，享受永续债利息收入免征企业所得税的企业，选择"（6）永续债"。

④第4列"投资成本"：填报纳税人投资于被投资企业的计税成本。

⑤第5列"投资比例"：填报纳税人投资于被投资企业的股权比例。若购买公开发行股票，此列可不填报。

⑥第6列"被投资企业做出利润分配或转股决定时间"：填报被投资企业做出利润分配或转股决定的时间。

⑦第7列"依决定归属于本公司的股息、红利等权益性投资收益金额"：填报纳税人按照投资比例或者其他方法计算的，实际归属于本公司的股息、红利等权益性投资收益金额。若被投资企业将股权（票）溢价所形成的资本公积转为股本，不作为投资方企业的股息、红利收入，投资方企业也不得增加该项长期投资的计税基础。

⑧第8列"分得的被投资企业清算剩余资产"：填报纳税人分得的被投资企业清算后的剩余资产。

⑨第9列"被清算企业累计未分配利润和累计盈余公积应享有部分"：填报被清算企业累计未分配利润和累计盈余公积中本企业应享有的金额。

⑩第10列"应确认的股息所得"：填报第7列与第8列孰小值。

⑪第11列"从被投资企业撤回或减少投资取得的资产"：填报纳税人从被投资企业撤回或减少投资时取得的资产。

⑫第12列"减少投资比例":填报纳税人撤回或减少的投资额占投资方在被投资企业持有总投资比例。

⑬第13列"收回初始投资成本":填报第3×11列的金额。

⑭第14列"取得资产中超过收回初始投资成本部分":填报第11-13列的余额。

⑮第15列"撤回或减少投资应享有被投资企业累计未分配利润和累计盈余公积":填报被投资企业累计未分配利润和累计盈余公积按减少实收资本比例计算的部分。

⑯第16列"应确认的股息所得":填报第13列与第14列孰小值。

⑰第17列"合计":填报第7+10+16列的合计金额。

▶▶▶例2-5 甬耀公司2018年以2 000万元投资于A企业,占A企业20%的股份,2021年9月12日经股东会决议,A企业将可分配利润200万元对全体股东进行分配,归属于甬耀公司的权益性投资收益金额为40万元。

甬耀公司2017年以1 200万元投资于B企业,占B企业25%的股份,2021年5月,B企业进行清算,B企业累计未分配利润和累计盈余公积1 000万元,甬耀公司分得B企业清算剩余财产现金2 000万元。

甬耀公司2016年以1 500万元投资于C企业,占C企业30%的股份,2021年10月经股东大会决议撤资,截至撤资时,C企业累计未分配利润和累计盈余公积1 000万元,甬耀公司撤资时分得现金1 700万元。

请分析说明上述投资事项对甬耀公司2021年度所得税的影响。

解析:

(1)甬耀公司取得A企业股息红利所得40万元,作为免税收入处理。

(2)B企业清算,甬耀公司分得B企业清算剩余财产现金2 000万元。其中,根据B企业累计未分配利润和累计盈余公积1 000万元按25%投资比例计算的部分250万元,确认为股息红利所得,作为免税收入处理;将按照分回剩余财产2 000万元减除股息红利所得250万元后的余额与投资成本1 200万元比较,确认投资转让所得550万元,需要缴税。

(3)甬耀公司从C企业撤资,首先,确认1 500万元为投资收回。其次,相当于被投资企业累计未分配利润和累计盈余公积按减少实收资本比例计算的部分为300万元,大于甬耀公司撤资分回现金1 700万元扣除投资成本1 500万元的余额200万元,故确认股息所得200万元,作为免税收入处理。投资资产转让所得为0。

综上,甬耀公司上述事项合计取得投资收益=40+2 000-1 200+1 700-1 500=1 040(万元),其中符合免税收入条件的股息红利所得=40+250+200=490(万元)。甬耀公司2021年度汇算清缴填报《A000000企业所得税年度纳税申报基础信息表》《A100000中华人民共和国企业所得税年度纳税申报表(A类)》《A107010免税、减计收入及加计扣除优惠明细表》《A107011符合条件的居民企业之间的股息、红利等权益性投资收益优惠明细表》,分别见表2-9至表2-12。

表2-9 　　　　　A000000企业所得税年度纳税申报基础信息表

⋮
有关涉税事项情况（存在或者发生下列事项时必填）

201从事股权投资业务	☑是	202存在境外关联交易	□是

⋮

表2-10 　　A100000中华人民共和国企业所得税年度纳税申报表（A类）

行次	类别	项　目	金　额
1		一、营业收入（填写A101010\101020\103000）	0
2		减：营业成本（填写A102010\102020\103000）	
3		减：税金及附加	
4		减：销售费用（填写A104000）	
5		减：管理费用（填写A104000）	
6	利润	减：财务费用（填写A104000）	
7	总额	减：资产减值损失	
8	计算	加：公允价值变动收益	
9		加：投资收益	10 400 000
10		二、营业利润（1-2-3-4-5-6-7+8+9）	10 400 000
11		加：营业外收入（填写A101010\101020\103000）	
12		减：营业外支出（填写A102010\102020\103000）	
13		三、利润总额（10+11-12）	10 400 000
14		减：境外所得（填写A108010）	
15		加：纳税调整增加额（填写A105000）	
16		减：纳税调整减少额（填写A105000）	
17		减：免税、减计收入及加计扣除（填写A107010）	4 900 000
18	应纳税	加：境外应税所得抵减境内亏损（填写A108000）	
19	所得额	四、纳税调整后所得（13-14+15-16-17+18）	5 500 000
20	计算	减：所得减免（填写A107020）	
21		减：弥补以前年度亏损（填写A106000）	
22		减：抵扣应纳税所得额（填写A107030）	
23		五、应纳税所得额（19-20-21-22）	5 500 000

行次	类别	项　目	金　额
24		税率（25%）	0.25
25		六、应纳所得税额（23×24）	1 375 000
26		减：减免所得税额（填写 A107040）	
27		减：抵免所得税额（填写 A107050）	
28		七、应纳税额（25-26-27）	1 375 000
29	应纳税额计算	加：境外所得应纳所得税额（填写 A108000）	
30		减：境外所得抵免所得税额（填写 A108000）	
31		八、实际应纳所得税额（28+29-30）	1 375 000
32		减：本年累计实际已缴纳的所得税额	
33		九、本年应补（退）所得税额（31-32）	1 375 000
34		其中：总机构分摊本年应补（退）所得税额（填写 A109000）	
35		财政集中分配本年应补（退）所得税额（填写 A109000）	
36		总机构主体生产经营部门分摊本年应补（退）所得税额（填写 A109000）	

表2-11　　　　　A107010免税、减计收入及加计扣除优惠明细表

行次	项目	金　额
1	一、免税收入（2+3+9+…+16）	4 900 000
2	（一）国债利息收入免征企业所得税	
3	（二）符合条件的居民企业之间的股息、红利等权益性投资收益免征企业所得税（4+5+6+7+8）	4 900 000
4	1.一般股息红利等权益性投资收益免征企业所得税（填写 A107011）	4 900 000
5	2.内地居民企业通过沪港通投资且连续持有H股满12个月取得的股息红利所得免征企业所得税（填写 A107011）	
6	3.内地居民企业通过深港通投资且连续持有H股满12个月取得的股息红利所得免征企业所得税（填写 A107011）	
7	4.居民企业持有创新企业CDR取得的股息红利所得免征企业所得税（填写 A107011）	
8	5.符合条件的永续债利息收入免征企业所得税（填写 A107011）	
	⋮	
31	合计（1+17+25）	4 900 000

表2-12

A107011符合条件的居民企业之间的股息、红利等权益性投资收益优惠明细表

行次	被投资企业	被投资企业统一社会信用代码（纳税人识别号）	投资性质	投资成本	投资比例	被投资企业利润分配确认金额		被投资企业清算确认金额			撤回或减少投资确认金额						合计
						被投资企业做出利润分配或转股决定时间	依决定归属于本公司的股息、红利等权益性投资收益金额	全部的被投资企业清算剩余资产	被清算企业累计未分配利润和累计盈余公积应享有部分	应确认的股息所得	从被投资企业撤回或减少投资取得的资产	减少投资比例	收回初始投资成本	取得资产中超过收回初始投资成本部分	撤回或减少投资应享有被投资企业累计未分配利润和累计盈余公积	应确认的股息所得	
	1	2	3	4	5	6	7	8	9	10(8与9孰小)	11	12	13(4×12)	14(11-13)	15	16(14与15孰小)	17(7+10+16)
1	A	…	直接投资	20 000 000	20%	2021.09.12	400 000										400 000
2	B	…	直接投资	12 000 000	25%			20 000 000	2 500 000	2 500 000							2 500 000
3	C	…	直接投资	15 000 000	30%						17 000 000	100%	15 000 000	2 000 000	3 000 000	2 000 000	2 000 000
8	合计															4 900 000	4 900 000
9	其中：直接投资或非H股投资																
10	股票投资—沪港通H股																
11	股票投资—深港通H股																
12	创新企业CDR																
13	永续债																

3.B类企业所得税季度申报和年度申报

核定征收纳税人在季度申报和年度申报时享受股息、红利等权益性投资收益免征企业所得税优惠政策涉及《B100000中华人民共和国企业所得税月（季）度预缴和年度纳税申报表（B类）》1张表单。

纳税人填报《B100000中华人民共和国企业所得税月（季）度预缴和年度纳税申报表（B类）》第5~9行即可。

具体填报参见"2.1.3.3填报示例"中例2-2。

2.3.3.4　留存备查资料

1.居民企业之间的股息、红利

（1）被投资企业的最新公司章程（企业在证券交易市场购买上市公司股票获得股权的，提供相关记账凭证、本公司持股比例以及持股时间超过12个月情况说明）；

（2）被投资企业股东会（或股东大会）利润分配决议或公告、分配表；

（3）被投资企业进行清算所得税处理的，留存被投资企业填报的加盖主管税务机关受理章的《中华人民共和国清算所得税申报表》及附表三《剩余财产计算和分配明细表》复印件；

（4）投资收益、应收股利科目明细账或按月汇总表。

2.通过沪港通投资H股的股息、红利

（1）相关记账凭证、本公司持股比例以及持股时间超过12个月的情况说明；

（2）被投资企业股东会（或股东大会）利润分配决议或公告、分配表；

（3）投资收益、应收股利科目明细账或按月汇总表。

3.通过深港通投资H股的股息、红利

（1）相关记账凭证、本公司持股比例以及持股时间超过12个月的情况说明；

（2）被投资企业股东会（或股东大会）利润分配决议或公告、分配表；

（3）投资收益、应收股利科目明细账或按月汇总表。

2.3.4　风险提示

（1）企业权益性投资取得股息、红利等收入，应以被投资企业股东会或股东大会做出利润分配或转股决定的日期，确定收入的实现。

（2）被投资企业将股权（票）溢价所形成的资本公积转为股本的，不作为投资方企业的股息、红利收入，投资方企业也不得增加该项长期投资的计税基础。

（3）清算时，先根据被清算企业累计留存收益确认股息、红利，再剔除投资成本，确认投资转让所得或损失。撤回或减少投资时，先剔除投资成本，再根据被投资企业累计留存收益确认股息、红利，最后确认投资转让所得或损失。

财税〔2009〕60号文件规定：被清算企业的股东分得的剩余资产的金额，其中相当于被清算企业累计未分配利润和累计盈余公积中按该股东所占股份比例计算的部分，应确认为股息所得；剩余资产减除股息所得后的余额，超过或低于股东投资成本的部分，应确认为股东的投资转让所得或损失。

国家税务总局公告2011年第34号文件规定：投资企业从被投资企业撤回或减少投资，其取得的资产中，相当于初始出资的部分，应确认为投资收回；相当于被投资企业累计未分配利润和累计盈余公积按减少实收资本比例计算的部分，应确认为股息所得；其余部分确认为投资资产转让所得。

««« 2.4 非营利组织收入 »»»

2.4.1 政策概述

2.4.1.1 基本规定

根据《中华人民共和国企业所得税法》第二十六条的规定，符合条件的非营利组织的收入为免税收入。

对符合非营利组织条件的孵化器的收入，自2008年1月1日起按照税法及其有关规定享受企业所得税优惠政策。

对符合非营利组织条件的科技园的收入，自2008年1月1日起按照税法及其有关规定享受企业所得税优惠政策。

美国船级社如果依法取得我国非营利组织资格，可享受非营利组织相关税收优惠政策。

2.4.1.2 适用条件

《中华人民共和国企业所得税法实施条例》第八十四条规定：企业所得税法第二十六条第（四）项所称符合条件的非营利组织，是指同时符合下列条件的组织：

（1）依法履行非营利组织登记手续；

（2）从事公益性或者非营利性活动；

（3）取得的收入除用于与该组织有关的、合理的支出外，全部用于登记核定或者章程规定的公益性或者非营利性事业；

（4）财产及其孳息不用于分配；

（5）按照登记核定或者章程规定，该组织注销后的剩余财产用于公益性或者非营利性目的，或者由登记管理机关转赠给与该组织性质、宗旨相同的组织，并向社会公告；

（6）投入人对投入该组织的财产不保留或者享有任何财产权利；

（7）工作人员工资福利开支控制在规定的比例内，不变相分配该组织的财产。

2.4.1.3 适用范围

非营利组织的下列收入为免税收入：

（1）接受其他单位或者个人捐赠的收入；

（2）除《中华人民共和国企业所得税法》第七条规定的财政拨款以外的其他政府补助收入，但不包括因政府购买服务取得的收入；

（3）按照省级以上民政、财政部门规定收取的会费；

（4）不征税收入和免税收入孳生的银行存款利息收入；

（5）财政部、国家税务总局规定的其他收入。

2.4.1.4 非营利组织免税资格认定管理

根据《财政部 税务总局关于非营利组织免税资格认定管理有关问题的通知》（财税〔2018〕13号，本节以下简称《通知》）的规定，非营利组织免税资格认定管理要求如下：

1.认定条件

《通知》在《中华人民共和国企业所得税法实施条例》第八十四条的基础上，对认定的符合条件的非营利组织进一步明确必须同时满足以下条件：

（1）依照国家有关法律法规设立或登记的事业单位、社会团体、基金会、社会服务机构、宗教活动场所、宗教院校以及财政部、税务总局认定的其他非营利组织；

（2）从事公益性或者非营利性活动；

（3）取得的收入除用于与该组织有关的、合理的支出外，全部用于登记核定或者章程规定的公益性或者非营利性事业；

（4）财产及其孳息不用于分配，但不包括合理的工资薪金支出；

（5）按照登记核定或者章程规定，该组织注销后的剩余财产用于公益性或者非营利性目的，或者由登记管理机关采取转赠给与该组织性质、宗旨相同的组织等处置方式，并向社会公告；

（6）投入人对投入该组织的财产不保留或者享有任何财产权利，本款所称投入人是指除各级人民政府及其部门外的法人、自然人和其他组织；

（7）工作人员工资福利开支控制在规定的比例内，不变相分配该组织的财产，其中：工作人员平均工资薪金水平不得超过税务登记所在地的地市级（含地市级）以上地区的同行业同类组织平均工资水平的两倍，工作人员福利按照国家有关规定执行；

（8）对取得的应纳税收入及其有关的成本、费用、损失应与免税收入及其有关的成本、费用、损失分别核算。

2. 认定程序

经省级（含省级）以上登记管理机关批准设立或登记的非营利组织，凡符合规定条件的，应向其所在地省级税务主管机关提出免税资格申请，并提供《通知》规定的相关材料；经地市级或县级登记管理机关批准设立或登记的非营利组织，凡符合规定条件的，分别向其所在地的地市级或县级税务主管机关提出免税资格申请，并提供《通知》规定的相关材料。财政、税务部门按照上述管理权限，对非营利组织享受免税的资格联合进行审核确认，并定期予以公布。

3. 申请材料

申请享受免税资格的非营利组织，需报送以下材料：

（1）申请报告；

（2）事业单位、社会团体、基金会、社会服务机构的组织章程或宗教活动场所、宗教院校的管理制度；

（3）非营利组织注册登记证件的复印件；

（4）上一年度的资金来源及使用情况、公益活动和非营利活动的明细情况；

（5）上一年度的工资薪金情况专项报告，包括薪酬制度、工作人员整体平均工资薪金水平、工资福利占总支出比例、重要人员工资薪金信息（至少包括工资薪金水平排名前10的人员）；

（6）具有资质的中介机构鉴证的上一年度财务报表和审计报告；

（7）登记管理机关出具的事业单位、社会团体、基金会、社会服务机构、宗教活动场所、宗教院校上一年度符合相关法律法规和国家政策的事业发展情况或非营利活动的材料；

（8）财政、税务部门要求提供的其他材料。

当年新设立或登记的非营利组织需提供上述第（1）项至第（3）项规定的材料及第（4）项、第（5）项规定的申请当年的材料，不需提供第（6）项、第（7）项规定的材料。

4. 资格复审

非营利组织免税优惠资格的有效期为5年。非营利组织应在免税优惠资格期满后6个月内提出复审申请，不提出复审申请或复审不合格的，其享受免税优惠的资格到期自动失效。非营利组织免税资格复审，按照初次申请免税优惠资格的规定办理。

5. 日常管理

非营利组织必须按照《中华人民共和国税收征收管理法》及《中华人民共和国税收征收管理法实施细则》等有关规定，办理税务登记，按期进行纳税申报。取得免税资格的非营利组织应按照规定向主管税务机关办理免税手续，免税条件发生变化的，应当自发生变化之日起15日内向主管税务机关报告；不再符合免税条件的，应当依法履行纳税义务；未依法纳税的，主管税务机关应当予以追缴。取得免税资格的非营利组织注销时，剩余财产处置违反规定的，主管税务机关应追缴其应纳企业所得税款。有关部门在日常管理过程中，发现非营利组织享受优惠年度不符合规定的免税条件的，应提请核准该非营利组织免税资格的财政、税务部门，由其进行复核。核准非营利组织免税资格的财政、税务部门根据《通知》规定的管理权限，对非营利组织的免税优惠资格进行复核，复核不合格的，相应年度不得享受税收优惠政策。

6. 罚 则

已认定的享受免税优惠政策的非营利组织有下述情形之一的，应自该情形发生年度起取消其资格：

（1）登记管理机关在后续管理中发现非营利组织不符合相关法律法规和国家政策的；

（2）在申请认定过程中提供虚假信息的；

（3）纳税信用等级为税务部门评定的C级或D级的；

（4）通过关联交易或非关联交易和服务活动，变相转移、隐匿、分配该组织财产的；

（5）被登记管理机关列入严重违法失信名单的；

（6）从事非法政治活动的。

因上述第（1）项至第（5）项规定的情形被取消免税优惠资格的非营利组织，财政、税务部门自其被取消资格的次年起一年内不再受理该组织的认定申请；因上述第（6）项规定的情形被取消免税优惠资格的非营利组织，财政、税务部门将不再受理该组织的认定申请。

被取消免税优惠资格的非营利组织，应当依法履行纳税义务；未依法纳税的，主管税务机关应当自其存在取消免税优惠资格情形的当年起予以追缴。

2.4.2　政策沿革

2008年，《中华人民共和国企业所得税法》将符合条件的非营利组织的收入为免税收入优惠政策以法律形式予以确认。《中华人民共和国企业所得税法实施条例》进一步明确了非营利组织及其收入的基本条件范围，提出了非营利组织的认定管理办法由国务院财政、税务主管部门会同国务院有关部门制定。2009年，财政部、国家税务总局先后联合发布《关于非营利组织企业所得税免税收入问题的通知》（财税〔2009〕122号）、《关于非营利组织免税资格认定管理有关问题的通知》（财税〔2009〕123号），明确了符合条件的非营利组织企业所得税免税收入范围及非营利组织免税资格认定管理有关问题。

2010年，国家税务总局发布了《关于美国船级社企业所得税待遇问题的通知》（国税函〔2010〕612号），明确美国船级社如果依法取得我国非营利组织资格，可享受非营利组织相关税收优惠政策。2011—2016年，财政部、国家税务总局先后三次发文延续了2007年出台的符合非营利组织条件的科技企业孵化器、大学科技园收入，按照企业所得税法及有关税收政策规定享受企业所得税免税优惠政策精神，分别是《关于国家大学科技园有关税收政策问题的通知》（财税〔2007〕120号）、《关于科技企业孵化器有关税收政策问题的通知》（财税〔2007〕121号）、《关于延长国家大学科技园和科技企业孵化器税收政策执行期限的通知》（财税〔2011〕59号）、《关于科技企业孵化器税收政策的通知》（财税〔2013〕117号）、《关于国家大学科技园税收政策的通知》（财税〔2013〕118号）、《关于科技企业孵化器税收政策的通知》（财税〔2016〕89号）、《关于国家大学科技园税收政策的通知》（财税〔2016〕98号）。

2014年和2018年，财政部、国家税务总局根据非营利组织免税资格认定办法的运行情况和当前的宏观形势背景，两度修订了非营利组织免税资格认定管理办法。财税〔2009〕123号文件对非营利组织免税资格认定的认定条件、申请程序、报送资料、复审要求、后续管理等方面进行了较为详细的明确规定，对2008年1月1日至2012年12月31日期间的非营利组织免税资格认定工作起到了较好的指导作用。财税〔2014〕13号文件相比于财税〔2009〕123号文件，修订变化不大，主要是取消了财税〔2009〕123号文件第一条第（二）项从事公益性或者非营利性活动的"活动范围主要在中国境内"这一限制条件。财税〔2018〕13号文件相比于财税〔2014〕13号文件，修订变化较大，主要体现在以下几个方面：

第一，对非营利组织免税资格认定的条件予以调整。一是申请主体由原规定中的"民办非企业单位、财政部、国家税务总局认定的其他组织"调整为"社会服务机构、财政部、税务总局认定的其他非营利组织"，进一步突出了组织的非营利性质，新增"宗教院校"。二是将非营利组织工作人员平均工资薪金水平的约束标准由"上年度税务登记所在地人均工资水平的两倍"调整为"税务登记所在地的地市级（含地市级）以上地区的同行业同类组织平均工资水平的两倍"，参照对象更为科学，以杜绝非营利组织通过支付工资薪金方式对财产进行分配和变相分配的行为。三是删除了"除当年新设立或登记的事业单位、社会团体、基金会及民办非企业单位外，事业单位、社会团体、基金会及民办非企业单位申请前年度的检查结论为合格"这一条件要求。

第二，对非营利组织免税资格认定的报送材料予以调整。新增"上一年度的工资薪金情况专项报告，包括薪酬制度、工作人员整体平均工资薪金水平、工资福利占总支出比例、重要人员工资薪金信息（至少包括工资薪金水平排名前10的人员）"，删去"税务登记证复印件"，将"登记管理机关出具的事业单位、社会团体、基金会、民办非企业单位申请前年度的年度检查结论"调整为"登记管理机关出具的事业单位、社会团体、基金会、社会服务机构、宗教活动场所、宗教院校上一年度符合相关法律法规和国家政策的事业发展情况或非营利活动的材料"。

第三，对非营利组织免税资格的复审申请期限适度放宽。将此前"在期满前三个月内提出复审申请"的要求放宽至"优惠资格期满后六个月内"。

第四，取消了主管税务机关对纳税人减免税的审查。不再规定"主管税务机关应根据非营利组织报送的纳税申报表及有关资料进行审查，当年符合《中华人民共和国企业所得税法》及其实施条例和有关规定免税条件的收入，免予征收企业所得税；当年不符合免税条件的收入，照章征收企业所得税。"与优惠事项办理办法"自行判别、申报享受、相关资料留存备查"的精神一致。

第五，对取消非营利组织免税资格的有关规定予以调整。一是删除了原来"（一）事业单位、社会团体、基金会及民办非企业单位逾期未参加年检或年度检查结论为'不合格'的；（三）有逃避缴纳税款或帮助他人逃避缴纳税款行为的；（五）因违反《中华人民共和国税收征收管理法》及其实施细则而受到税务机关处罚的；（六）受到登记管理机关处罚的"等四类规定情形。二是新增了"（一）登记管理机关在后续管理中发现非营利组织不符合相关法律法规和国家政策的；（三）纳税信用等级为税务部门评定的C级或D级的；（五）被登记管理机关列入严重违法失信名单的；（六）从事非法政治活动的"等四类规定情形。三是调整了取消后不再受理时限的规定，部分情形由原来的五年不再受理缩短为一年内不再受理，对"从事非法政治活动"被取消免税优惠资格的非营利组织，特别规定了财政、税务部门将不再受理该组织的认定申请。四是明确了主管税务机关应当自其存在取消免税优惠资格情形的当年起予以追缴。

第六，新增了工作人员责任追究条款。各级财政、税务部门及其工作人员在认定非营利组织免税资格工作中，存在违法违纪行为的，按照《中华人民共和国公务员法》《中华人民共和国行政监察法》等国家有关规定追究相应责任；涉嫌犯罪的，移送司法机关处理。

上述政策主要发展情况见表2-13。

表2-13　　　　　　政策主要发展情况表（截至2022年6月1日）

年度	政策依据	主要内容	效力
2007	《中华人民共和国企业所得税法》第二十六条；《中华人民共和国企业所得税法实施条例》第八十四条、第八十五条	以法律形式规定了非营利组织收入免税优惠有关条件	有效
2009	财税〔2009〕122号	明确了非营利组织企业所得税免税收入范围	有效
2009	财税〔2009〕123号	明确了非营利组织免税资格认定管理有关问题	2008年1月1日至2012年12月31日

年度	政策依据	主要内容	效力
2010	国税函〔2010〕612号	明确美国船级社如果依法取得我国非营利组织资格，可享受非营利组织相关税收优惠政策	有效
2014	财税〔2014〕13号	取代财税〔2009〕123号，明确了非营利组织免税资格认定管理有关问题	2013年1月1日至2017年12月31日
2016	财税〔2016〕89号	明确符合非营利组织条件的孵化器的收入，按照有关规定享受企业所得税优惠政策	有效
2016	财税〔2016〕98号	明确符合非营利组织条件的科技园的收入，按照有关规定享受企业所得税优惠政策	有效
2018	财税〔2018〕13号	取代财税〔2014〕13号，明确了非营利组织免税资格认定管理有关问题	有效

2.4.3 申报管理

2.4.3.1 享受程序

企业享受优惠事项采取"自行判别、申报享受、相关资料留存备查"的办理方式。企业应当根据经营情况以及相关税收规定自行判断是否符合优惠事项规定的条件，符合条件的可以按规定的时间自行计算减免税额，并通过填报企业所得税纳税申报表享受税收优惠。同时，按规定归集和留存相关资料备查。

2.4.3.2 享受时间

季度预缴及年度汇算清缴均可享受。

2.4.3.3 填报示例

1.A类企业所得税季度预缴申报

查账征收纳税人在季度预缴时享受符合条件的非营利组织的收入免征企业所得税优惠政策涉及《A200000中华人民共和国企业所得税月（季）度预缴纳税申报表（A类）》1张表单。

纳税人需要根据《企业所得税申报事项目录》填报《A200000中华人民共和国企业所得税月（季）度预缴纳税申报表（A类）》第7.*行"符合条件的非营利组织的收入免征企业所得税"，填写后相关数据自动生成至第7行"减：免税收入、减计收入、加计扣除"。

▶▶▶**例2-6** 某安全生产协会，查账征收企业所得税，2020年取得非营利组织免税资格认定，有效期5年。该协会2021年第一季度取得收入47万元，其中从各成员单位取得年度会费收入18万元（按照省级以上民政、财政部门规定的标准计算），社会捐赠收入7万元，应政府要求为辖区企业开展专题讲座活动从而取得政府拨付款项22万元。假定该协会符合小型微利企业条件，每季度支付人员工资1.5万元，相应活动成本2.5万元，不考虑其他事项。

解析：该协会取得的收入中，标准内收取的会费收入及社会捐赠收入均属于符合条件的免税收入范围。而政府拨付收入是对企业提供的专题讲座活动的对价支付，应视为政府购买服务收入，不属于免税收入范围。第一季度可申报的符合条件的非营利组织免税收入=年度会费收入18万元+社会捐赠收入7万元=25（万元）。根据财政部 税务总局公告2021年第12号，对小型微利企业年应纳税所得额不超过100万元的部分，减按12.5%计入应纳税所得额，按20%的税率缴纳企业所得税。故该协会2021年第一季度减免所得税额为18×25%-18×12.5%×20%=4.05（万元）。季度预缴申报时填报《A200000中华人民共和国企业所得税月（季）度预缴纳税申报表（A类）》，见表2-14。

表2-14　A200000中华人民共和国企业所得税月（季）度预缴纳税申报表（A类）

行次	预缴税款计算	本年累计
1	营业收入	470 000
2	营业成本	40 000
3	利润总额	430 000
4	加：特定业务计算的应纳税所得额	
5	减：不征税收入	
6	减：资产加速折旧、摊销（扣除）调减额（填写A201020）	
7	减：免税收入、减计收入、加计扣除（7.1+7.2+…）	250 000
7.1	符合条件的非营利组织的收入免征企业所得税	250 000
8	减：所得减免（8.1+8.2+…）	
9	减：弥补以前年度亏损	
10	实际利润额（3+4-5-6-7-8-9）\按照上一纳税年度应纳税所得额平均额确定的应纳税所得额	180 000
11	税率（25%）	0.25
12	应纳所得税额（10×11）	45 000
13	减：减免所得税额（13.1+13.2+…）	40 500
13.1	符合条件的小型微利企业减免企业所得税	40 500
14	减：本年实际已缴纳所得税额	
15	减：特定业务预缴（征）所得税额	
16	本期应补（退）所得税额（12-13-14-15）\税务机关确定的本期应纳所得税额	4 500

2.A类企业所得税年度汇算清缴申报

查账征收纳税人在年度汇算清缴时享受符合条件的非营利组织的收入免征企业所得税优惠政策涉及《A000000企业所得税年度纳税申报基础信息表》《A100000中华人民共和国企业所得税年度纳税申报表（A类）》《A107010免税、减计收入及加计扣除优惠明细表》等3张表单。

纳税人填报《A000000企业所得税年度纳税申报基础信息表》"207非营利组织"项目并填报《A107010免税、减计收入及加计扣除优惠明细表》第9行"（三）符合条件的非营利组织的收入免征企业所得税"，填写后相关数据自动生成至《A100000中华人民共和国企业所得税年度纳税申报表（A类）》第17行"减：免税、减计收入及加计扣除"。

▶▶▶**例2-7** 某安全生产协会，查账征收企业所得税，2020年取得非营利组织免税资格认定，有效期5年。该协会2021年取得收入47万元，其中从各成员单位取得年度会费收入18万元（按照省级以上民政、财政部门规定的标准计算），社会捐赠收入7万元，应政府要求为辖区企业开展专题讲座活动从而取得政府拨付款项22万元。假定该协会符合小型微利企业条件，每季度支付人员工资1.5万元，相应活动成本2.5万元，预缴入库税款4 500元，不考虑其他事项。

解析：该协会取得的收入中，标准内收取的会费收入及社会捐赠收入均属于符合条件的免税收入范围。而政府拨付收入是对企业提供的专题讲座活动的对价支付，应视为政府购买服务收入，不属于免税收入范围。2021年度可申报的符合条件的非营利组织免税收入=年度会费收入18万元+社会捐赠收入7万元=25（万元）。根据财政部 税务总局公告2021年第12号，对小型微利企业年应纳税所得额不超过100万元的部分，减按12.5%计入应纳税所得额，按20%的税率缴纳企业所得税。故该协会2021年度减免所得税额为6×25%-6×12.5%×20%=1.35（万元），年度汇算清缴申报时填报《A000000企业所得税年度纳税申报基础信息表》《A100000中华人民共和国企业所得税年度纳税申报表（A类）》《A107010免税、减计收入及加计扣除优惠明细表》，分别见表2-15至表2-17。

表2-15 A000000企业所得税年度纳税申报基础信息表

有关涉税事项情况（存在或者发生下列事项时必填）			
201从事股权投资业务	□是	202存在境外关联交易	□是
203境外所得信息	203-1选择采用的境外所得抵免方式	□分国（地区）不分项 □不分国（地区）不分项	
	203-2海南自由贸易港新增境外直接投资信息	□是（产业类别：□旅游业□现代服务业□高新技术产业）	
204有限合伙制创业投资企业的法人合伙人	□是	205创业投资企业	□是
206技术先进型服务企业类型（填写代码）		207非营利组织	☑是

表2-16　A100000中华人民共和国企业所得税年度纳税申报表（A类）

行次	类别	项　目	金　额
1	利润总额计算	一、营业收入（填写A101010\101020\103000）	470 000
2		减：营业成本（填写A102010\102020\103000）	100 000
3		减：税金及附加	
4		减：销售费用（填写A104000）	
5		减：管理费用（填写A104000）	60 000
6		减：财务费用（填写A104000）	
7		减：资产减值损失	
8		加：公允价值变动收益	
9		加：投资收益	
10		二、营业利润（1-2-3-4-5-6-7+8+9）	310 000
11		加：营业外收入（填写A101010\101020\103000）	
12		减：营业外支出（填写A102010\102020\103000）	
13		三、利润总额（10+11-12）	310 000
14	应纳税所得额计算	减：境外所得（填写A108010）	
15		加：纳税调整增加额（填写A105000）	
16		减：纳税调整减少额（填写A105000）	
17		减：免税、减计收入及加计扣除（填写A107010）	250 000
18		加：境外应税所得抵减境内亏损（填写A108000）	
19		四、纳税调整后所得（13-14+15-16-17+18）	60 000
20		减：所得减免（填写A107020）	
21		减：弥补以前年度亏损（填写A106000）	
22		减：抵扣应纳税所得额（填写A107030）	
23		五、应纳税所得额（19-20-21-22）	60 000

续表

行次	类别	项 目	金额
24		税率（25%）	0.25
25		六、应纳所得税额（23×24）	15 000
26		减：减免所得税额（填写A107040）	13 500
27		减：抵免所得税额（填写A107050）	
28		七、应纳税额（25-26-27）	1 500
29	应纳税额计算	加：境外所得应纳所得税额（填写A108000）	
30		减：境外所得抵免所得税额（填写A108000）	
31		八、实际应纳所得税额（28+29-30）	1 500
32		减：本年累计实际已缴纳的所得税额	4 500
33		九、本年应补（退）所得税额（31-32）	-3 000
34		其中：总机构分摊本年应补（退）所得税额（填写A109000）	
35		财政集中分配本年应补（退）所得税额（填写A109000）	
36		总机构主体生产经营部门分摊本年应补（退）所得税额（填写A109000）	

表2-17　　　　A107010免税、减计收入及加计扣除优惠明细表

行次	项目	金额
1	一、免税收入（2+3+9+…+16）	250 000
	⋮	
9	（三）符合条件的非营利组织的收入免征企业所得税	250 000
	⋮	
31	合计（1+17+25）	250 000

2.4.3.4　留存备查资料

（1）非营利组织免税资格有效认定文件或其他相关证明资料；

（2）非营利组织认定资料；

（3）当年资金来源及使用情况、公益活动和非营利活动的明细情况；

（4）当年工资薪金情况专项报告，包括薪酬制度、工作人员整体平均工资薪金

水平、工资福利占总支出比例、重要人员工资薪金信息（至少包括工资薪金水平排名前10的人员）；

（5）当年财务报表；

（6）登记管理机关出具的事业单位、社会团体、基金会、社会服务机构、宗教活动场所、宗教院校当年符合相关法律法规和国家政策的事业发展情况或非营利活动的材料；

（7）应纳税收入及其有关的成本、费用、损失，与免税收入及其有关的成本、费用、损失分别核算的情况说明；

（8）取得各类免税收入的情况说明；

（9）各类免税收入的凭证。

2.4.4　风险提示

（1）取得非营利组织免税资格的必然是非营利组织，但非营利组织不等同于就取得了非营利组织免税资格。享受免征企业所得税优惠的符合条件的非营利组织的收入，需满足两个条件：一是非营利组织已根据相关规定取得了非营利组织免税资格认定，属于《中华人民共和国企业所得税法实施条例》第八十四条规定的符合条件的非营利组织。二是非营利组织取得的收入属于《财政部 国家税务总局关于非营利组织企业所得税免税收入问题的通知》（财税〔2009〕122号）第一条规定的非营利组织免税收入范围。

（2）免税收入和不征税收入都可以从应税收入总额中减除，但在税收处理上仍有所区别：不征税收入用于支出所形成的费用，不得在计算应纳税所得额时扣除；不征税收入用于支出所形成的资产，其计算的折旧、摊销不得在计算应纳税所得额时扣除。此外，符合条件的财政性资金作不征税收入处理后，在5年（60个月）内未发生支出且未缴回财政部门或其他拨付资金的政府部门的部分，应计入取得该资金第6年的应税收入总额。而免税收入对应的支出可以在税前扣除，免税收入也不会在一定时期后转化为应税收入。

≪≪≪　2.5　其他免税收入　≫≫≫

2.5.1　政策概述

2.5.1.1　证券投资基金收入

根据《财政部 国家税务总局关于企业所得税若干优惠政策的通知》（财税

〔2008〕1号）的规定：对投资者从证券投资基金分配中取得的收入，暂不征收企业所得税。

2.5.1.2 保险保障基金公司收入

根据《财政部 税务总局关于保险保障基金有关税收政策问题的通知》（财税〔2018〕41号）的规定，对中国保险保障基金有限责任公司根据《保险保障基金管理办法》取得的下列收入，免征企业所得税：

（1）境内保险公司依法缴纳的保险保障基金；

（2）依法从撤销或破产保险公司清算财产中获得的受偿收入和向有关责任方追偿所得，以及依法从保险公司风险处置中获得的财产转让所得；

（3）接受捐赠收入；

（4）银行存款利息收入；

（5）购买政府债券、中央银行、中央企业和中央级金融机构发行债券的利息收入；

（6）国务院批准的其他资金运用取得的收入。

财税〔2018〕41号文件自2018年1月1日起至2020年12月31日止执行。《财政部 国家税务总局关于保险保障基金有关税收政策问题的通知》（财税〔2016〕10号）同时废止。

根据《财政部 税务总局关于延长部分税收优惠政策执行期限的公告》（财政部 税务总局公告2021年第6号）的规定：财税〔2018〕41号文件的执行期限延长至2023年12月31日。

2.5.1.3 清洁发展机制基金收入

根据《财政部 国家税务总局关于中国清洁发展机制基金及清洁发展机制项目实施企业有关企业所得税政策问题的通知》（财税〔2009〕30号）的规定，对清洁基金取得的下列收入，免征企业所得税：

（1）CDM项目温室气体减排量转让收入上缴国家的部分；

（2）国际金融组织赠款收入；

（3）基金资金的存款利息收入、购买国债的利息收入；

（4）国内外机构、组织和个人的捐赠收入。

2.5.1.4 冬奥会和冬残奥会

根据《财政部 税务总局 海关总署关于北京2022年冬奥会和冬残奥会税收政策的通知》（财税〔2017〕60号）的规定：

对按中国奥委会、主办城市签订的《联合市场开发计划协议》和中国奥委会、主办城市、国际奥委会签订的《北京2022年冬季奥林匹克运动会主办城市合同》的规定，中国奥委会取得的由北京冬奥组委分期支付的收入、按比例支付的盈余分成收入免征增值税、消费税和企业所得税。

对中国残奥委会根据《联合市场开发计划协议》取得的由北京冬奥组委分期支付的收入免征增值税、消费税、企业所得税和印花税。

2.5.2　申报管理

2.5.2.1　享受程序

企业享受优惠事项采取"自行判别、申报享受、相关资料留存备查"的办理方式。企业应当根据经营情况以及相关税收规定自行判断是否符合优惠事项规定的条件，符合条件的可以按规定的时间自行计算减免税额，并通过填报企业所得税纳税申报表享受税收优惠。同时，按规定归集和留存相关资料备查。

2.5.2.2　享受时间

季度预缴及年度汇算清缴均可享受。

2.5.2.3　填报示例

1.A类企业所得税季度预缴申报

查账征收纳税人在季度预缴时享受上述企业所得税优惠政策涉及《A200000中华人民共和国企业所得税月（季）度预缴纳税申报表（A类）》1张表单。

纳税人需要根据《企业所得税申报事项目录》填报《A200000中华人民共和国企业所得税月（季）度预缴纳税申报表（A类）》第7.*行，填写后相关数据自动生成至第7行"减：免税收入、减计收入、加计扣除"。

2.A类企业所得税年度汇算清缴申报

查账征收纳税人在年度汇算清缴时享受上述企业所得税优惠政策涉及《A100000中华人民共和国企业所得税年度纳税申报表（A类）》《A107010免税、减计收入及加计扣除优惠明细表》等2张表单。

纳税人填报《A107010免税、减计收入及加计扣除优惠明细表》第10~16行相应行次，填写后相关数据自动生成至《A100000中华人民共和国企业所得税年度纳税申报表（A类）》第17行"减：免税、减计收入及加计扣除"。

3.B类企业所得税季度申报和年度申报

核定征收纳税人在季度申报和年度申报时享受投资者从证券投资基金分配中取得的收入免征企业所得税优惠政策涉及《B100000中华人民共和国企业所得税月（季）度预缴和年度纳税申报表（B类）》1张表单。

纳税人填报《B100000中华人民共和国企业所得税月（季）度预缴和年度纳税

申报表（B类）》第10行"投资者从证券投资基金分配中取得的收入免征企业所得税"。

具体填报参见"2.1.3.3填报示例"中例2-2。

2.5.2.4　留存备查资料

1.证券投资基金收入

（1）购买证券投资基金记账凭证；

（2）证券投资基金分配公告；

（3）免税的分配收入明细账及按月汇总表。

2.保险保障基金公司收入

由省税务机关规定。

3.清洁基金收入

由省税务机关规定。

4.冬奥会和冬残奥会

由省税务机关规定。

3 减计收入

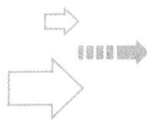

««« 3.1 资源综合利用 »»»

3.1.1 政策概述

3.1.1.1 基本规定

企业自2008年1月1日起以《资源综合利用企业所得税优惠目录》中所列资源为主要原材料，生产《资源综合利用企业所得税优惠目录》内符合国家或行业相关标准的产品取得的收入，在计算应纳税所得额时，减按90%计入当年收入总额。享受上述税收优惠时，《资源综合利用企业所得税优惠目录》内所列资源占产品原料的比例应符合《资源综合利用企业所得税优惠目录》规定的技术标准。

3.1.1.2 优惠目录

《资源综合利用企业所得税优惠目录（2021年版）》自2021年1月1日起施行，见表3-1。

企业从事资源综合利用属于《财政部 国家税务总局 国家发展改革委关于公布资源综合利用企业所得税优惠目录（2008年版）的通知》（财税〔2008〕117号）中目录规定范围，但不属于《资源综合利用企业所得税优惠目录（2021年版）》规定范围的，可按政策规定继续享受优惠至2021年12月31日止。

3.1.1.3 内设非法人分支机构在公司内部供给情形

根据《国家税务总局关于资源综合利用有关企业所得税优惠问题的批复》（国税函〔2009〕567号）的规定：江西泰和玉华水泥有限公司旋窑余热利用电厂利用该公司旋窑水泥生产过程中产生的余热发电，其生产活动虽符合《资源综合利用企业所得税优惠目录（2008年版）》的规定范围，但由于旋窑余热利用电厂属于江西泰和玉华水泥有限公司的内设非法人分支机构，不构成企业所得税纳税人，且其余热发电产品直接供给所属公司使用，不计入企业收入，因此，旋窑余热利用电厂利用该公司旋窑水泥生产

表3-1

资源综合利用企业所得税优惠目录（2021年版）

类别	序号	综合利用的资源	生产的产品	技术标准
一、共生、伴生矿产资源	1.1	煤系共生、伴生矿产资源、瓦斯	高岭岩、铝矾土、膨润土、电力、热力及燃气	1.产品原料100%来自所列资源。2.产品原料来自煤炭开发中的废弃物。3.产品符合国家和行业标准。
	1.2	黑色金属矿、有色金属矿、非金属矿共生、伴生矿产资源	共生、伴生矿产资源产品	1.产品原料100%来自所列资源。2.共生、伴生矿产资源未达到工业品位。
二、废水（液）、废气、废渣	2.1	煤矸石、煤泥、化工废渣、粉煤灰、尾矿、废石、冶炼渣（钢铁渣、有色冶炼渣、赤泥等）、工业副产石膏、江河（渠）道的疏浚淤泥等、风积沙、建筑垃圾、生活垃圾焚烧炉渣	砖（瓦）、电力、热力、煤矸石井下充填开采置换出的采掘煤量、砌块、新型墙体材料、石膏类制品以及商品粉煤灰、建筑砂石骨料、道路用建筑垃圾再生骨料、再生级配骨料、再生砂骨料无机混合料、预拌商品混凝土、干混砂浆、预拌砂浆、砂浆预制件、混凝土预制件、盾构土、粒化高炉矿渣、钢渣微粉、微晶玻璃、岩棉、氧化铝、水泥熟料	1.建材产品原料70%以上来自所列资源。生产其他产品的产品原料100%来自所列资源。2.用煤矸石、煤泥生产电力、热力产品，符合《煤矸石综合利用管理办法》要求。3.产品符合国家和行业标准。
	2.2	社会回收的废金属（废钢铁、废铜、废铝等）、冶炼渣（钢铁渣、有色冶炼渣、赤泥等）、化工废渣	金属（含稀贵金属）、铁合金料、精矿粉、氯盐（氯化钾、氯化钠等）、硅酸盐及其衍生产品	1.产品原料70%以上来自所列资源。2.产品符合国家和行业标准。
	2.3	化工、纺织、造纸工业废液及废渣	银、盐、锌、纤维、碱、羊毛脂、聚乙烯醇、硫酸钠、亚硫酸钠、硫氧化钠、硝酸、铁盐、铬盐、黏合剂、香兰素、饲料酵母、肥料、甘油、酒精、乙氰	1.产品原料70%以上来自所列资源。2.产品符合国家和行业标准
	2.4	制盐液（苦卤）及硼酸废液	氯化钾、硝酸钾、溴素、氯化镁、氢氧化镁、肥料镁、无水硝、石膏、硫酸镁、硫酸钾	产品原料70%以上来自所列资源

续表

类别	序号	综合利用的资源	生产的产品	技术标准
二、废水(液)、废气、废渣	2.5	工矿废水、城镇污水污泥	再生水、土地改良剂、有机肥料	1.再生水原料100%来自所列资源。2.土地改良剂、有机肥料原料80%以上来自所列资源。3.产品符合《城市污水再生利用》系列国家标准、《再生水水质标准》国家标准等相关用途的再生水水质标准。
	2.6	焦炉煤气、转炉煤气、高炉煤气、矿热炉尾气、化工废气、石油(炼油)化工废气、发酵废气、炭黑尾气、二氧化碳、氯化氢废气、生物质合成气	电力、热力、硫磺、硫酸、磷铵、硫铵、硫磺、可燃气、氢气、轻烃、硫酸亚铁、有色金属、二氧化碳(纯度≥99.9%)、干冰、甲醇、合成氨、变性燃料乙醇、甲醇(纯度≥99.5%)、乙醇菌菌体蛋白(粗蛋白≥80%)、天然气、氯气(含液氯)	1.产品原料100%来自所列资源。2.乙醇、蛋白产品等符合国家和行业标准。
三、再生资源	3.1	废弃电器电子产品、废旧电池、废感光材料、废灯泡(管)、废旧太阳能光伏板、风电机组	金属(含稀贵金属)、非金属产品	1.产品原料90%以上来自所列资源。2.产品原料符合《废弃电器电子产品处理目录》。
	3.2	废塑料	塑料制品、塑木(木塑)产品	1.产品原料90%以上来自所列资源。2.产品符合国家和行业标准。
	3.3	废旧轮胎、废橡胶	再制造轮胎、胶粉、再生橡胶等	1.产品原料70%以上来自所列资源。2.产品符合国家和行业标准。
	3.4	废弃天然纤维、化学纤维、多种废弃纤维混合物及其制品、废弃聚酯瓶及瓶片	浆粕、纤维纱及织物、无纺布、毡、粘合剂、再生聚酯及其制品、再生纤维、块、复合板材、生态修复材料、工程塑料等	1.生产再生聚酯及其制品的产品原料100%来自所列资源。2.生产其他产品的产品原料70%以上来自所列资源。

续表

类别	序号	综合利用的资源	生产的产品	技术标准
三、再生资源	3.5	农作物秸秆及壳皮（粮食作物秸秆、粮食壳皮、玉米芯等）、林业三剩物、次小薪材、蔗渣、糟渣、酒糟、粗糖、中药药渣、废旧家具、畜禽养殖废弃物、畜禽屠宰等废弃物、农产品加工有机废弃物	纤维板、刨花板、细木工板、生物质压块、生物质破碎料、生物质天然气、热解燃气、沼气、生物质油、电力、热力、生物炭、活性炭、栲胶、水解酒精、纤维素、木质素、木糖、阿拉伯糖、糠醛、土壤调理剂、有机肥、膨化饲料、颗粒饲料、菌棒、纸浆、秸秆浆、纸制品等	1.产品原料70%以上来自所列资源。2.产品符合国家和行业标准
	3.6	废生物质油、废弃润滑油	生物柴油、工业级混合油等	1.产品原料90%以上来自所列资源。2.产品符合国家和行业标准
	3.7	废玻璃、废玻璃纤维	玻璃熟料、玻璃纤维制品、真空绝热板芯材	1.产品原料90%以上来自所列资源。2.产品符合国家和行业标准
	3.8	废旧汽车、废旧办公设备、废旧工业装备、废旧机电设备	通过再制造方式生产的发动机、发电机、电动机、变速箱、转向器、起动机、工业装备、机电设备零部件等汽车零部件、办公设备等	产品符合国家标准
	3.9	厨余垃圾	有机肥料、粗油脂、沼气等	1.产品原料80%以上来自所列资源。2.产品符合国家和行业标准
	3.10	铸造废砂	再生砂、再生砂型覆膜砂、低氨覆膜砂、再生砂	1.产品原料70%以上来自所列资源。2.产品符合国家和行业标准
	3.11	废纸	纸浆、纸制品	1.产品原料90%以上来自所列资源。2.产品符合国家和行业标准

过程中产生的余热发电业务不能享受资源综合利用减计收入的企业所得税优惠政策。

3.1.2　政策沿革

为鼓励企业开展资源综合利用，促进经济社会可持续发展，2008年《中华人民共和国企业所得税法》将资源综合利用企业所得税减计收入优惠政策以法律形式予以确认，《中华人民共和国企业所得税法实施条例》进一步明确减按90%计入收入总额，并提出了《资源综合利用企业所得税优惠目录》。同年，财政部、国家税务总局、国家发展改革委联合发布《资源综合利用企业所得税优惠目录（2008年版）》（财税〔2008〕117号），明确了适用范围、条件和技术标准。随后，财政部、国家税务总局又联合发布《关于执行资源综合利用企业所得税优惠目录有关问题的通知》（财税〔2008〕47号），明确了资源综合利用政策有关管理要求。2009年10月，国家税务总局发布国税函〔2009〕567号文件，就江西泰和玉华水泥有限公司旋窑余热利用电厂利用该公司旋窑水泥生产过程中产生的余热发电可否享受资源综合利用企业所得税优惠政策问题批复江西省地方税务局，明确不能享受资源综合利用减计收入的企业所得税优惠政策。

2021年，财政部等四部门联合发布财政部 税务总局 发展改革委 生态环境部公告2021年第36号，公布《资源综合利用企业所得税优惠目录（2021年版）》，自2021年1月1日起施行。企业从事资源综合利用属于《资源综合利用企业所得税优惠目录（2008年版）》规定范围，但不属于《资源综合利用企业所得税优惠目录（2021年版）》规定范围的，可按政策规定继续享受优惠至2021年12月31日止。《资源综合利用企业所得税优惠目录（2008年版）》自2022年1月1日起废止。

在政策管理方面，2009年，国家税务总局发布《关于资源综合利用企业所得税优惠管理问题的通知》（国税函〔2009〕185号），规定了资源综合利用企业所得税优惠政策采用备案管理方式，并明确取得经资源综合利用主管部门按《资源综合利用企业所得税优惠目录》规定认定的《资源综合利用认定证书》的企业可享受资源综合利用企业所得税优惠。在深化"放管服"改革的进程中，国务院在2015年发布《关于取消非行政许可审批事项的决定》（国发〔2015〕27号）取消了资源综合利用企业（含电厂）认定审批事项，国税函〔2009〕185号文件也被《国家税务总局关于公布全文失效废止和部分条款废止的税收规范性文件目录的公告》（国家税务总局公告2016年第34号）全文废止。上述政策主要发展情况见表3-2。

3.1.3　申报管理

3.1.3.1　享受程序

企业享受优惠事项采取"自行判别、申报享受、相关资料留存备查"的办理方

表3-2　　　　政策主要发展情况表（截至2022年6月1日）

年度	政策依据	主要内容	效力
2007	《中华人民共和国企业所得税法》第三十三条；《中华人民共和国企业所得税法实施条例》第九十九条	以法律形式规定了资源综合利用企业所得税优惠政策	有效
2008	财税〔2008〕117号	公布《资源综合利用企业所得税优惠目录（2008年版）》	2008年1月1日至2021年12月31日
2008	财税〔2008〕47号	明确政策口径	有效
2009	国税函〔2009〕185号	明确了资源综合利用企业所得税优惠政策有关管理问题	全文废止失效。参见：国家税务总局公告2016年第34号
2009	国税函〔2009〕567号	明确政策口径	有效
2021	财政部 税务总局 发展改革委 生态环境部公告2021年第36号	公布《资源综合利用企业所得税优惠目录（2021年版）》	有效，《资源综合利用企业所得税优惠目录（2021年版）》自2021年1月1日起施行

式。企业应当根据经营情况以及相关税收规定自行判断是否符合优惠事项规定的条件，符合条件的可以按规定的时间自行计算减免税额，并通过填报企业所得税纳税申报表享受税收优惠。同时，按规定归集和留存相关资料备查。

3.1.3.2　享受时间

季度预缴及年度汇算清缴均可享受。

3.1.3.3　填报示例

1.A类企业所得税季度预缴申报

查账征收纳税人在季度预缴时享受资源综合利用企业所得税减计收入优惠政策涉及《A200000中华人民共和国企业所得税月（季）度预缴纳税申报表（A类）》1张表单。

纳税人根据《企业所得税申报事项目录》填报《A200000中华人民共和国企业所得税月（季）度预缴纳税申报表（A类）》第7.*行"综合利用资源生产产品取得的收入在计算应纳税所得额时减计收入"，填写后相关数据自动生成至第7行"减：免税收入、减计收入、加计扣除"。

第7行"免税收入、减计收入、加计扣除"：根据相关行次计算结果填报。根据《企业所得税申报事项目录》，在第7.1行、第7.2行……填报税收规定的免税收入、减计收入、加计扣除等优惠事项的具体名称和本年累计金额。发生多项且根据税收规定可以同时享受的优惠事项，可以增加行次，但每个事项仅能填报一次。

第7行=第7.1行+第7.2行+…

▶▶**例3-1**　甬全公司以《资源综合利用企业所得税优惠目录》中的粉煤灰生产砖，其生产原料中粉煤灰占比85%，产品符合国家和行业标准。2021年第二季度销售砖的收入为3 500万元，生产成本为2 500万元，不考虑其他因素。

解析：甬全公司减计收入=3 500×10%=350（万元）。季度预缴申报时填报《A200000中华人民共和国企业所得税月（季）度预缴纳税申报表（A类）》，见表3-3。

表3-3　A200000中华人民共和国企业所得税月（季）度预缴纳税申报表（A类）

行次	预缴税款计算	本年累计
1	营业收入	35 000 000
2	营业成本	25 000 000
3	利润总额	10 000 000
4	加：特定业务计算的应纳税所得额	
5	减：不征税收入	
6	减：资产加速折旧、摊销（扣除）调减额（填写A201020）	
7	减：免税收入、减计收入、加计扣除（7.1+7.2+…）	3 500 000
7.1	综合利用资源生产产品取得的收入在计算应纳税所得额时减计收入	3 500 000
8	减：所得减免（8.1+8.2+…）	
9	减：弥补以前年度亏损	
10	实际利润额（3+4-5-6-7-8-9）\按照上一纳税年度应纳税所得额平均额确定的应纳税所得额	6 500 000
11	税率（25%）	0.25
12	应纳所得税额（10×11）	1 625 000
13	减：减免所得税额（13.1+13.2+…）	
14	减：本年实际已缴纳所得税额	
15	减：特定业务预缴（征）所得税额	
16	本期应补（退）所得税额（12-13-14-15）\税务机关确定的本期应纳所得税额	1 625 000

2.A类企业所得税年度汇算清缴申报

查账征收纳税人在年度汇算清缴时享受资源综合利用企业所得税减计收入优惠政策涉及《A100000中华人民共和国企业所得税年度纳税申报表（A类）》《A107010免税、减计收入及加计扣除优惠明细表》等2张表单。

纳税人填报《A107010免税、减计收入及加计扣除优惠明细表》第18行"（一）综合利用资源生产产品取得的收入在计算应纳税所得额时减计收入"，填写后相关数据自动生成至《A107010免税、减计收入及加计扣除优惠明细表》第17行"二、减计收入（18+19+23+24）"、《A100000中华人民共和国企业所得税年度纳税申报表（A类）》第17行"减：免税、减计收入及加计扣除"。

▶▶▶**例3-2** 接例3-1。甬全公司以《资源综合利用企业所得税优惠目录》中的粉煤灰生产砖，其生产原料中粉煤灰占比85%，产品符合国家和行业标准。2021年第二季度销售砖的收入为3 500万元，生产成本为2 500万元，不考虑其他因素。

解析：甬全公司减计收入=3 500×10%=350（万元）。年度汇缴申报时填报《A100000中华人民共和国企业所得税年度纳税申报表（A类）》《A107010免税、减计收入及加计扣除优惠明细表》，分别见表3-4、表3-5。

表3-4   A100000中华人民共和国企业所得税年度纳税申报表（A类）

行次	类别	项　目	金　额
1		一、营业收入（填写A101010\101020\103000）	35 000 000
2		减：营业成本（填写A102010\102020\103000）	25 000 000
3		减：税金及附加	
4		减：销售费用（填写A104000）	
5		减：管理费用（填写A104000）	
6		减：财务费用（填写A104000）	
7	利润总额计算	减：资产减值损失	
8		加：公允价值变动收益	
9		加：投资收益	
10		二、营业利润（1-2-3-4-5-6-7+8+9）	10 000 000
11		加：营业外收入（填写A101010\101020\103000）	
12		减：营业外支出（填写A102010\102020\103000）	
13		三、利润总额（10+11-12）	10 000 000

行次	类别	项 目	金 额
14	应纳税所得额计算	减：境外所得（填写 A108010）	
15		加：纳税调整增加额（填写 A105000）	
16		减：纳税调整减少额（填写 A105000）	
17		减：免税、减计收入及加计扣除（填写 A107010）	3 500 000
18		加：境外应税所得抵减境内亏损（填写 A108000）	
19		四、纳税调整后所得（13-14+15-16-17+18）	6 500 000
20		减：所得减免（填写 A107020）	
21		减：弥补以前年度亏损（填写 A106000）	
22		减：抵扣应纳税所得额（填写 A107030）	
23		五、应纳税所得额（19-20-21-22）	6 500 000
24	应纳税额计算	税率（25%）	0.25
25		六、应纳所得税额（23×24）	1 625 000
26		减：减免所得税额（填写 A107040）	
27		减：抵免所得税额（填写 A107050）	
28		七、应纳税额（25-26-27）	1 625 000
29		加：境外所得应纳所得税额（填写 A108000）	
30		减：境外所得抵免所得税额（填写 A108000）	
31		八、实际应纳所得税额（28+29-30）	1 625 000
32		减：本年累计实际已缴纳的所得税额	
33		九、本年应补（退）所得税额（31-32）	
34		其中：总机构分摊本年应补（退）所得税额（填写 A109000）	
35		财政集中分配本年应补（退）所得税额（填写 A109000）	
36		总机构主体生产经营部门分摊本年应补（退）所得税额（填写 A109000）	

表3-5 　　　　　　　A107010免税、减计收入及加计扣除优惠明细表

行次	项　目	金　额
	⋮	
17	二、减计收入（18+19+23+24）	3 500 000
18	（一）综合利用资源生产产品取得的收入在计算应纳税所得额时减计收入	3 500 000
19	（二）金融、保险等机构取得的涉农利息、保费减计收入（20+21+22）	
20	1.金融机构取得的涉农贷款利息收入在计算应纳税所得额时减计收入	
21	2.保险机构取得的涉农保费收入在计算应纳税所得额时减计收入	
22	3.小额贷款公司取得的农户小额贷款利息收入在计算应纳税所得额时减计收入	
23	（三）取得铁路债券利息收入减半征收企业所得税	
24	（四）其他（24.1+24.2）	
	⋮	
31	合计（1+17+25）	3 500 000

3.1.3.4 留存备查资料

（1）企业实际资源综合利用情况（包括综合利用的资源、技术标准、产品名称等）的说明；

（2）综合利用资源生产产品取得的收入核算情况说明。

3.1.4 风险提示

企业同时从事其他项目而取得的非资源综合利用收入，应与资源综合利用收入分开核算，没有分开核算的，不得享受优惠政策。

≪≪≪ 3.2 农村金融 ≫≫≫

3.2.1 政策概述

3.2.1.1 基本规定

对金融机构农户小额贷款的利息收入，在计算应纳税所得额时，按90%计入收入总额。

对经省级金融管理部门（金融办、局等）批准成立的小额贷款公司取得的农户小额贷款利息收入，在计算应纳税所得额时，按90%计入收入总额。

对保险公司为种植业、养殖业提供保险业务取得的保费收入，在计算应纳税所得额时，按90%计入收入总额。所称保费收入，是指原保险保费收入加上分保费收入减去分出保费后的余额。

3.2.1.2　小额贷款

小额贷款是指单笔且该农户贷款余额总额在10万元（含本数）以下的贷款。

3.2.1.3　农户

农户是指长期（一年以上）居住在乡镇（不包括城关镇）行政管理区域内的住户，还包括长期居住在城关镇所辖行政村范围内的住户和户口不在本地而在本地居住一年以上的住户，国有农场的职工和农村个体工商户。位于乡镇（不包括城关镇）行政管理区域内和在城关镇所辖行政村范围内的国有经济的机关、团体、学校、企事业单位的集体户；有本地户口，但举家外出谋生一年以上的住户，无论是否保留承包耕地均不属于农户。农户以户为统计单位，既可以从事农业生产经营，也可以从事非农业生产经营。农户贷款的判定应以贷款发放时的承贷主体是否属于农户为准。

3.2.2　政策沿革

为支持农村金融发展，财政部、国家税务总局在2010年联合发布《关于农村金融有关税收政策的通知》（财税〔2010〕4号），明确了农村金融减计收入所得税优惠政策，有效期5年。随着时间的推移，政策到期，两部门又联合相继发布《关于延续并完善支持农村金融发展有关税收政策的通知》（财税〔2014〕102号）、《关于延续支持农村金融发展有关税收政策的通知》（财税〔2017〕44号），将上述优惠政策延续执行三年又三年。

为引导小额贷款公司在"三农"、小微企业等方面发挥积极作用，更好地服务实体经济发展，财政部、国家税务总局在2017年联合发布《关于小额贷款公司有关税收政策的通知》（财税〔2017〕48号），规定经省级金融管理部门（金融办、局等）批准成立的小额贷款公司取得的农户小额贷款利息收入，在计算应纳税所得额时，按90%计入收入总额。政策有效期3年，自2017年1月1日至2019年12月31日。

为进一步支持农户的普惠金融服务，财政部、国家税务总局在2020年联合发布《关于延续实施普惠金融有关税收优惠政策的公告》（财政部 税务总局公告2020年第22号）将上述几项优惠政策实施期限延长至2023年12月31日。

上述政策主要发展情况见表3-6。

表3-6　　　　　　　政策主要发展情况表（截至2022年6月1日）

年度	政策依据	主要内容	效力
2010	财税〔2010〕4号	自2009年1月1日至2023年12月31日，对金融机构农户小额贷款的利息收入在计算应纳税所得额时，按90%计入收入总额。	自2009年1月1日执行至2013年12月31日
2014	财税〔2014〕102号	自2009年1月1日至2023年12月31日，对保险公司为种植业、养殖业提供保险业务取得的保费收入，在计算应纳税所得额时，按90%比例减计收入	自2014年1月1日执行至2016年12月31日
2017	财税〔2017〕44号		自2017年1月1日执行至2023年12月31日。参见：财政部税务总局公告2020年第22号
2017	财税〔2017〕48号	自2017年1月1日至2023年12月31日，对经省级金融管理部门（金融办、局等）批准成立的小额贷款公司取得的农户小额贷款利息收入，在计算应纳税所得额时，按90%计入收入总额	

3.2.3　申报管理

3.2.3.1　享受程序

企业享受优惠事项采取"自行判别、申报享受、相关资料留存备查"的办理方式。企业应当根据经营情况以及相关税收规定自行判断是否符合优惠事项规定的条件，符合条件的可以按规定的时间自行计算减免税额，并通过填报企业所得税纳税申报表享受税收优惠。同时，按规定归集和留存相关资料备查。

3.2.3.2　享受时间

季度预缴及年度汇算清缴均可享受。

3.2.3.3　填报示例

1.A类企业所得税季度预缴申报

查账征收纳税人在季度预缴时享受金融机构农户小额贷款利息收入企业所得税减计收入、保险公司种植业、养殖业保险业务企业所得税减计收入和小额贷款公司农户小额贷款利息收入企业所得税减计收入等优惠政策涉及《A200000中华人民共和国企业所得税月（季）度预缴纳税申报表（A类）》1张表单。

纳税人根据《企业所得税申报事项目录》填报《A200000中华人民共和国企业所得税月（季）度预缴纳税申报表（A类）》第7.*行"金融机构取得的涉农贷款利息收入在计算应纳税所得额时减计收入"、"保险机构取得的涉农保费收入在计算应纳税所得额时减计收入"或"小额贷款公司取得的农户小额贷款利息收入在计算应纳税所得额时减计收入",填写后相关数据自动生成至第7行"减：免税收入、减计收入、加计扣除"。

具体填报参见"3.1.3.3填报示例"。

2.A类企业所得税年度汇算清缴申报

查账征收纳税人在年度汇算清缴时享受金融机构农户小额贷款利息收入企业所得税减计收入、保险公司种植业、养殖业保险业务企业所得税减计收入、小额贷款公司农户小额贷款利息收入企业所得税减计收入等优惠政策涉及《A100000中华人民共和国企业所得税年度纳税申报表（A类）》《A107010免税、减计收入及加计扣除优惠明细表》等2张表单。

纳税人填报《A107010免税、减计收入及加计扣除优惠明细表》第20行"1.金融机构取得的涉农贷款利息收入在计算应纳税所得额时减计收入"、第21行"2.保险机构取得的涉农保费收入在计算应纳税所得额时减计收入"或第22"3.小额贷款公司取得的农户小额贷款利息收入在计算应纳税所得额时减计收入",填写后相关数据自动生成至《A107010免税、减计收入及加计扣除优惠明细表》第17行"二、减计收入（18+19+23+24）"、《A100000中华人民共和国企业所得税年度纳税申报表（A类）》第17行"减：免税、减计收入及加计扣除"。

具体填报参见"3.1.3.3填报示例"。

3.2.3.4　留存备查资料

1.金融机构农户小额贷款利息收入优惠政策

（1）相关利息收入的核算情况说明；

（2）相关贷款合同。

2.小额贷款公司农户小额贷款利息收入优惠政策

（1）相关利息收入的核算情况说明；

（2）相关贷款合同；

（3）省级金融管理部门（金融办、局等）出具的小额贷款公司准入资格文件。

3.保险公司种植业、养殖业保险业务收入优惠政策

（1）相关保费收入的核算情况说明；

（2）相关保险合同。

3.2.4　风险提示

金融机构应对符合条件的农户小额贷款利息收入进行单独核算，不能单独核算的不得适用减计收入优惠政策。

≪≪≪ 3.3 铁路债券利息 ≫≫≫

3.3.1 政策概述

对企业持有2011—2013年发行的中国铁路建设债券取得的利息收入，减半征收企业所得税。这里的"中国铁路建设债券"是指经国家发展改革委核准，以铁道部为发行和偿还主体的债券。

对企业持有2014年和2015年发行的中国铁路建设债券取得的利息收入，减半征收企业所得税。这里的"中国铁路建设债券"是指经国家发展改革委核准，以中国铁路总公司为发行和偿还主体的债券。

对企业投资者持有2016—2023年发行的铁路债券取得的利息收入，减半征收企业所得税。这里的"铁路债券"是指以中国铁路总公司为发行和偿还主体的债券，包括中国铁路建设债券、中期票据、短期融资券等债务融资工具。

3.3.2 政策沿革

2011年，为支持铁路建设，经国务院批准，财政部、国家税务总局下发了《关于铁路建设债券利息收入企业所得税政策的通知》（财税〔2011〕99号），对企业持有2011—2013年发行的中国铁路建设债券取得的利息收入给予减半征收企业所得税的优惠政策。随着时间的推移，政策到期，两部门又联合相继发布《关于2014 2015年铁路建设债券利息收入企业所得税政策的通知》（财税〔2014〕2号）、《关于铁路债券利息收入所得税政策问题的通知》（财税〔2016〕30号）、《关于铁路债券利息收入所得税政策的公告》（财政部 税务总局公告2019年第57号），将上述优惠政策延续执行至2023年12月31日。要说明的是，上述四个文件对铁路债券的称谓、发行和偿还主体的规定略有不同。上述政策主要发展情况见表3-7。

表3-7 政策主要发展情况表（截至2022年6月1日）

年度	政策依据	主要内容	效力
2011	财税〔2011〕99号	对企业持有2011—2015年发行的中国铁路建设债券取得的利息收入，减半征收企业所得税	有效
2014	财税〔2014〕2号		有效
2016	财税〔2016〕30号	对企业投资者持有2016—2023年发行的铁路债券取得的利息收入，减半征收企业所得税	有效
2019	财政部 税务总局公告 2019年第57号		有效

3.3.3　申报管理

3.3.3.1　享受程序

企业享受优惠事项采取"自行判别、申报享受、相关资料留存备查"的办理方式。企业应当根据经营情况以及相关税收规定自行判断是否符合优惠事项规定的条件，符合条件的可以按规定的时间自行计算减免税额，并通过填报企业所得税纳税申报表享受税收优惠。同时，按规定归集和留存相关资料备查。

3.3.3.2　享受时间

季度预缴及年度汇算清缴均可享受。

3.3.3.3　填报示例

1.A类企业所得税季度预缴申报

查账征收纳税人在季度预缴时享受取得铁路债券利息收入减半征收企业所得税优惠政策涉及《A200000中华人民共和国企业所得税月（季）度预缴纳税申报表（A类）》1张表单。

纳税人根据《企业所得税申报事项目录》填报《A200000中华人民共和国企业所得税月（季）度预缴纳税申报表（A类）》第7.*行"取得铁路债券利息收入减半征收企业所得税"，填写后相关数据自动生成至第7行"减：免税收入、减计收入、加计扣除"。

具体填报参见"3.1.3.3填报示例"。

2.A类企业所得税年度汇算清缴申报

查账征收纳税人在年度汇算清缴时享受取得铁路债券利息收入减半征收企业所得税优惠政策涉及《A100000中华人民共和国企业所得税年度纳税申报表（A类）》《A107010免税、减计收入及加计扣除优惠明细表》等2张表单。

纳税人填报《A107010免税、减计收入及加计扣除优惠明细表》第23行"（三）取得铁路债券利息收入减半征收企业所得税"，填写后相关数据自动生成至《A107010免税、减计收入及加计扣除优惠明细表》第17行"二、减计收入（18+19+23+24）"、《A100000中华人民共和国企业所得税年度纳税申报表（A类）》第17行"减：免税、减计收入及加计扣除"。

具体填报参见"3.1.3.3填报示例"。

3.3.3.4　留存备查资料

（1）购买铁路债券证明资料，包括持有时间、票面金额、利率等相关资料；

（2）应收利息（投资收益）科目明细账或按月汇总表；

（3）减免税计算过程的说明。

3.3.4　风险提示

财政部 税务总局公告2019年第57号仅限定铁路债券的发行时间，未限定企业取得利息收入的时间。只要企业投资者持有2019—2023年发行的铁路债券，在2023年以后年度取得的相应利息收入仍可享受减半征收企业所得税优惠政策。

≪≪≪　3.4　社区家庭服务业　≫≫≫

3.4.1　政策概述

3.4.1.1　基本规定

自2019年6月1日起至2025年12月31日，为社区提供养老、托育、家政等服务的机构，提供社区养老、托育、家政服务取得的收入，在计算应纳税所得额时，减按90%计入收入总额。

3.4.1.2　相关概念

社区是指聚居在一定地域范围内的人们所组成的社会生活共同体，包括城市社区和农村社区。

为社区提供养老服务的机构是指在社区依托固定场所设施，采取全托、日托、上门等方式，为社区居民提供养老服务的企业、事业单位和社会组织。社区养老服务是指为老年人提供的生活照料、康复护理、助餐助行、紧急救援、精神慰藉等服务。

为社区提供托育服务的机构是指在社区依托固定场所设施，采取全日托、半日托、计时托、临时托等方式，为社区居民提供托育服务的企业、事业单位和社会组织。社区托育服务是指为3周岁（含）以下婴幼儿提供的照料、看护、膳食、保育等服务。

为社区提供家政服务的机构是指以家庭为服务对象，为社区居民提供家政服务的企业、事业单位和社会组织。社区家政服务是指进入家庭成员住所或医疗机构为孕产妇、婴幼儿、老人、病人、残疾人提供的照护服务，以及进入家庭成员住所提供的保洁、烹饪等服务。

3.4.2　政策沿革

为支持养老、托育、家政等社区家庭服务业发展，2019年6月，财政部、国家税务总局、国家发展改革委、民政部、商务部、卫生健康委联合发布《关于养老、托育、家政等社区家庭服务业税费优惠政策的公告》（财政部 税务总局 发展改革委 民政部 商务部 卫生健康委公告2019年第76号），对相关税收优惠政策进行明确。上述政策主要发展情况见表3-8。

表3-8　　　　　　　政策主要发展情况表（截至2022年6月1日）

年度	政策依据	主要内容	效力
2019	财政部 税务总局 发展改革委 民政部 商务部 卫生健康委公告2019年第76号	自2019年6月1日起至2025年12月31日，为社区提供养老、托育、家政等服务的机构，提供社区养老、托育、家政服务取得的收入，在计算应纳税所得额时，减按90%计入收入总额	有效

3.4.3　申报管理

3.4.3.1　享受程序

企业享受优惠事项采取"自行判别、申报享受、相关资料留存备查"的办理方式。企业应当根据经营情况以及相关税收规定自行判断是否符合优惠事项规定的条件，符合条件的可以按规定的时间自行计算减免税额，并通过填报企业所得税纳税申报表享受税收优惠。同时，按规定归集和留存相关资料备查。

3.4.3.2　享受时间

季度预缴及年度汇算清缴均可享受。

3.4.3.3　填报示例

1.A类企业所得税季度预缴申报

查账征收纳税人在季度预缴时享受养老、托育、家政等社区家庭服务业企业所得税优惠政策涉及《A200000中华人民共和国企业所得税月（季）度预缴纳税申报表（A类）》1张表单。

纳税人根据《企业所得税申报事项目录》填报《A200000中华人民共和国企业所得税月（季）度预缴纳税申报表（A类）》第7.*行"取得的社区家庭服务收入在计算应纳税所得额时减计收入"，填写后相关数据自动生成至第7行"减：免税收入、减计收入、加计扣除"。

具体填报参见"3.1.3.3填报示例"。

2.A类企业所得税年度汇算清缴申报

查账征收纳税人在年度汇算清缴时享受养老、托育、家政等社区家庭服务业企业所得税优惠政策涉及《A100000中华人民共和国企业所得税年度纳税申报表（A类）》《A107010免税、减计收入及加计扣除优惠明细表》等2张表单。

纳税人填报《A107010免税、减计收入及加计扣除优惠明细表》第24.1行"1.取得的社区家庭服务收入在计算应纳税所得额时减计收入"，填写后相关数据自动生成至《A100000中华人民共和国企业所得税年度纳税申报表（A类）》第17行"减：免税、减计收入及加计扣除"。

具体填报参见"3.1.3.3填报示例"。

4 加计扣除

«« 4.1 研究开发费用加计扣除 »»

4.1.1 政策概述

4.1.1.1 基本规定

企业开展研发活动中实际发生的研发费用，未形成无形资产计入当期损益的，在按规定据实扣除的基础上，在 2018 年 1 月 1 日至 2023 年 12 月 31 日期间，再按照实际发生额的 75% 在税前加计扣除；形成无形资产的，在上述期间按照无形资产成本的 175% 在税前摊销。

制造业企业开展研发活动中实际发生的研发费用，未形成无形资产计入当期损益的，在按规定据实扣除的基础上，自 2021 年 1 月 1 日起，再按照实际发生额的 100% 在税前加计扣除；形成无形资产的，自 2021 年 1 月 1 日起，按照无形资产成本的 200% 在税前摊销。所称制造业企业，是指以制造业业务为主营业务，享受优惠当年主营业务收入占收入总额的比例达到 50% 以上的企业。制造业的范围按照《国民经济行业分类》（GB/T 4754—2017）确定，如国家有关部门更新《国民经济行业分类》，从其规定。收入总额按照企业所得税法第六条的规定执行。

科技型中小企业开展研发活动中实际发生的研发费用，未形成无形资产计入当期损益的，在按规定据实扣除的基础上，自 2022 年 1 月 1 日起，再按照实际发生额的 100% 在税前加计扣除；形成无形资产的，自 2022 年 1 月 1 日起，按照无形资产成本的 200% 在税前摊销。科技型中小企业条件和管理办法按照《科技部 财政部 国家税务总局关于印发〈科技型中小企业评价办法〉的通知》（国科发政〔2017〕115 号）执行。

4.1.1.2 研发活动

企业为获得科学与技术新知识，创造性运用科学技术新知识，或实质性改进技术、产品（服务）、工艺而持续进行的具有明确目标的系统性活动。

下列活动不适用税前加计扣除政策：

（1）企业产品（服务）的常规性升级。

（2）对某项科研成果的直接应用，如直接采用公开的新工艺、材料、装置、产品、服务或知识等。

（3）企业在商品化后为顾客提供的技术支持活动。

（4）对现存产品、服务、技术、材料或工艺流程进行的重复或简单改变。

（5）市场调查研究、效率调查或管理研究。

（6）作为工业（服务）流程环节或常规的质量控制、测试分析、维修维护。

（7）社会科学、艺术或人文学方面的研究。

4.1.1.3　研发项目转请鉴定机制

《财政部 国家税务总局 科技部关于完善研究开发费用税前加计扣除政策的通知》（财税〔2015〕119号）规定：税务机关对企业享受加计扣除优惠的研发项目有异议的，可以转请地市级（含）以上科技行政主管部门出具鉴定意见，科技部门应及时回复意见。企业承担省部级（含）以上科研项目的，以及以前年度已鉴定的跨年度研发项目，不再需要鉴定。

《科技部 财政部 国家税务总局关于进一步做好企业研发费用加计扣除政策落实工作的通知》（国科发政〔2017〕211号）进一步细化规定：（1）税务部门对企业享受加计扣除优惠的研发项目有异议的，应及时通过县（区）级科技部门将项目资料送地市级（含）以上科技部门进行鉴定；由省直接管理的县/市，可直接由县级科技部门进行鉴定（以下统称"鉴定部门"）。（2）鉴定部门在收到税务部门的鉴定需求后，应及时组织专家进行鉴定，并在规定时间内通过原渠道将鉴定意见反馈税务部门。鉴定时，应由3名以上相关领域的产业、技术、管理等专家参加。（3）税务部门对鉴定部门的鉴定意见有异议的，可转请省级人民政府科技行政管理部门出具鉴定意见。

4.1.1.4　不适用加计扣除政策的行业

（1）烟草制造业。

（2）住宿和餐饮业。

（3）批发和零售业。

（4）房地产业。

（5）租赁和商务服务业。

（6）娱乐业。

（7）财政部和国家税务总局规定的其他行业。

不适用税前加计扣除政策行业的企业，是指以上述所列行业业务为主营业务，其研发费用发生当年的主营业务收入占企业按税法第六条规定计算的收入总额减除不征税收入和投资收益的余额50%（不含）以上的企业。

4.1.1.5　允许加计扣除的研发费用

1.人员人工费用

直接从事研发活动人员的工资薪金、基本养老保险费、基本医疗保险费、失业保险费、工伤保险费、生育保险费和住房公积金，以及外聘研发人员的劳务费用。

企业直接从事研发活动人员包括研究人员、技术人员、辅助人员。研究人员是指主要从事研究开发项目的专业人员；技术人员是指具有工程技术、自然科学和生命科学中一个或一个以上领域的技术知识和经验，在研究人员指导下参与研发工作的人员；辅助人员是指参与研究开发活动的技工。

企业外聘研发人员是指与本企业签订劳务用工协议（合同）和临时聘用的研究人员、技术人员、辅助人员。

接受劳务派遣的企业按照协议（合同）约定支付给劳务派遣企业，且由劳务派遣企业实际支付给外聘研发人员的工资薪金等费用，属于外聘研发人员的劳务费用。

工资薪金包括按规定可以在税前扣除的对研发人员股权激励的支出。

2.直接投入费用

（1）研发活动直接消耗的材料、燃料和动力费用。

（2）用于中间试验和产品试制的模具、工艺装备开发及制造费，不构成固定资产的样品、样机及一般测试手段购置费，试制产品的检验费。

（3）用于研发活动的仪器、设备的运行维护、调整、检验、维修等费用，以及通过经营租赁方式租入的用于研发活动的仪器、设备租赁费。

3.折旧费用

这是指用于研发活动的仪器、设备的折旧费。

企业用于研发活动的仪器、设备，符合税法规定且选择加速折旧优惠政策的，在享受研发费用税前加计扣除政策时，就税前扣除的折旧部分计算加计扣除。

4.无形资产摊销

这是指用于研发活动的软件、专利权、非专利技术（包括许可证、专有技术、设计和计算方法等）的摊销费用。

用于研发活动的无形资产，符合税法规定且选择缩短摊销年限的，在享受研发费用税前加计扣除政策时，就税前扣除的摊销部分计算加计扣除。

5.新产品设计费、新工艺规程制定费、新药研制的临床试验费、勘探开发技术的现场试验费

这是指企业在新产品设计、新工艺规程制定、新药研制的临床试验、勘探开发技术的现场试验过程中发生的与开展该项活动有关的各类费用。

6.其他相关费用

这是指与研发活动直接相关的其他费用，如技术图书资料费、资料翻译费、专家咨询费、高新科技研发保险费，研发成果的检索、分析、评议、论证、鉴定、评审、评估、验收费用，知识产权的申请费、注册费、代理费，差旅费、会议费，职工福利费、补充养老保险费、补充医疗保险费。此项费用总额不得超过可加计扣除研发费用总额的10%。

2021年开始，企业在一个纳税年度内同时开展多项研发活动的，由原来按照每一研发项目分别计算"其他相关费用"限额，改为统一计算全部研发项目"其他相关费用"限额。

企业按照以下公式计算"其他相关费用"的限额，其中资本化项目发生的费用在形成无形资产的年度统一纳入计算：

$$\text{全部研发项目的其他相关费用限额} = \frac{\text{全部研发项目的人员人工等五项费用之和} \times 10\%}{(1-10\%)}$$

式中"人员人工等五项费用"是指财税〔2015〕119号文件第一条第（一）项"允许加计扣除的研发费用"第1目至第5目费用，包括"人员人工费用""直接投入费用""折旧费用""无形资产摊销""新产品设计费、新工艺规程制定费、新药研制的临床试验费、勘探开发技术的现场试验费"。

当"其他相关费用"实际发生数小于限额时，按实际发生数计算税前加计扣除额；当"其他相关费用"实际发生数大于限额时，按限额计算税前加计扣除额。

4.1.1.6　特殊事项

1.多用途对象费用的归集

企业从事研发活动的人员和用于研发活动的仪器、设备、无形资产，同时从事或用于非研发活动的，应对其人员活动及仪器设备、无形资产使用情况做必要记录，并将其实际发生的相关费用按实际工时占比等合理方法在研发费用和生产经营费用间分配，未分配的不得加计扣除。

2.特殊收入的扣减

企业取得研发过程中形成的下脚料、残次品、中间试制品等特殊收入，在计算确认收入当年的加计扣除研发费用时，应从已归集研发费用中扣减该特殊收入，不足扣减的，加计扣除研发费用按零计算。

企业研发活动直接形成产品或作为组成部分形成的产品对外销售的，研发费用中对应的材料费用不得加计扣除。

产品销售与对应的材料费用发生在不同纳税年度且材料费用已计入研发费用的，可在销售当年以对应的材料费用发生额直接冲减当年的研发费用，不足冲减的，结转以后年度继续冲减。

3.财政性资金的处理

企业取得作为不征税收入处理的财政性资金用于研发活动所形成的费用或无形资产，不得计算加计扣除或摊销。

企业取得的政府补助，会计处理时采用直接冲减研发费用方法且税务处理时未将其确认为应税收入的，应按冲减后的余额计算加计扣除金额。

4.不允许加计扣除的费用

法律、行政法规和国务院财税主管部门规定不允许企业所得税前扣除的费用和支出项目不得计算加计扣除。

已计入无形资产但不属于允许加计扣除研发费用范围的，企业摊销时不得计算加计扣除。

4.1.1.7 委托研发

1.一般规定

企业委托外部机构或个人开展研发活动发生的费用，可按规定税前扣除；加计扣除时按照研发活动发生费用的80%作为加计扣除基数。所称"研发活动发生费用"是指委托方实际支付给受托方的费用。委托外部研究开发费用实际发生额应按照独立交易原则确定。委托个人研发的，应凭个人出具的发票等合法有效凭证在税前加计扣除。无论委托方是否享受研发费用税前加计扣除政策，受托方均不得加计扣除。

2.委托关联方开展研发活动

委托方委托关联方开展研发活动的，受托方需向委托方提供研发过程中实际发生的研发项目费用支出明细情况。

3.委托境外进行研发活动

委托境外进行研发活动所发生的费用，按照费用实际发生额的80%计入委托方的委托境外研发费用。委托境外研发费用不超过境内符合条件的研发费用三分之二的部分，可以按规定在企业所得税前加计扣除。

上述费用实际发生额应按照独立交易原则确定。委托方与受托方存在关联关系的，受托方应向委托方提供研发项目费用支出明细情况。

委托境外进行研发活动不包括委托境外个人进行的研发活动。

4.1.1.8 企业研发活动的形式

1.基本规定

根据国家税务总局发布的《研发费用加计扣除政策执行指引（1.0版）》，企业研发活动一般分为自主研发、委托研发、合作研发、集中研发以及以上方式的组合。

（1）自主研发，是指企业主要依靠自己的资源，独立进行研发，并在研发项目的主要方面拥有完全独立的知识产权。

（2）委托研发，是指被委托单位或机构基于企业委托而开发的项目。企业以支付报酬的形式获得被委托单位或机构的成果。

（3）合作研发，是指立项企业通过契约的形式与其他企业共同对同一项目的不同领域分别投入资金、技术、人力等，共同完成研发项目。

（4）集中研发，是指企业集团根据生产经营和科技开发的实际情况，对技术要求高、投资数额大、单个企业难以独立承担，或者研发力量集中在企业集团，由企业集团统筹管理研发的项目进行集中开发。

2. 合作研发与集中研发的区别

企业共同合作开发的项目，由合作各方就自身实际承担的研发费用分别计算加计扣除。

企业集团根据生产经营和科技开发的实际情况，对技术要求高、投资数额大，需要集中研发的项目，其实际发生的研发费用，可以按照权利和义务相一致、费用支出和收益分享相配比的原则，合理确定研发费用的分摊方法，在受益成员企业间进行分摊，由相关成员企业分别计算加计扣除。

3. 委托研发与合作研发的区别

根据《研发费用加计扣除政策执行指引（1.0版）》，委托研发是指被委托人基于他人委托而开发的项目。委托人以支付报酬的形式获得被委托人的研发成果的所有权。委托项目的特点是研发经费受委托人支配，项目成果必须体现委托人的意志和实现委托人的使用目的。除了委托指向的具体技术指标、研发时间和合同的常规条款外，只有委托方部分或全部拥有研发成果的知识产权时，才可按照委托研发享受加计扣除政策。若知识产权最后属于受托方，则不能按照委托研发享受加计扣除政策。

合作研发是指研发立项企业通过契约的形式与其他企业共同对项目的某一个关键领域分别投入资金、技术、人力，共同参与产生智力成果的创作活动，共同完成研发项目。合作各方应直接参与研发活动，而非仅提供咨询、物质条件或其他辅助性活动。合作开发在合同中应注明，双方分别投入、各自承担费用、知识产权双方共有或各自拥有自己的研究成果的知识产权。合作研发共同完成的知识产权，如果合同没有约定权属的，由合作各方共同所有。可以享受研发费用加计扣除优惠政策的合作方应该拥有合作研发项目成果的所有权。

4.1.1.9 创意设计活动

《财政部 国家税务总局 科技部关于完善研究开发费用税前加计扣除政策的通知》（财税〔2015〕119号）规定：企业为获得创新性、创意性、突破性的产品进行创意设计活动而发生的相关费用，可按照本通知规定进行税前加计扣除。

创意设计活动是指多媒体软件、动漫游戏软件开发，数字动漫、游戏设计制作；房屋建筑工程设计（绿色建筑评价标准为三星）、风景园林工程专项设计；工业设计、多媒体设计、动漫及衍生产品设计、模型设计等。

4.1.1.10　其他规定

1.享受主体

研发费用加计扣除政策适用于会计核算健全、实行查账征收并能够准确归集研发费用的居民企业。

2.会计核算

企业应按照国家财务会计制度要求，对研发支出进行会计处理；同时，对享受加计扣除的研发费用按研发项目设置辅助账，准确归集核算当年可加计扣除的各项研发费用实际发生额。企业在一个纳税年度内进行多项研发活动的，应按照不同研发项目分别归集可加计扣除的研发费用。

企业应对研发费用和生产经营费用分别核算，准确、合理归集各项费用支出，对划分不清的，不得实行加计扣除。

3.研发支出辅助账样式

2015年，《国家税务总局关于企业研究开发费用税前加计扣除政策有关问题的公告》（国家税务总局公告2015年第97号）发布了研发支出辅助账和研发支出辅助账汇总表样式（简称2015年版研发支出辅助账样式）。2021年，《国家税务总局关于进一步落实研发费用加计扣除政策有关问题的公告》（国家税务总局公告2021年第28号）增设了简化版研发支出辅助账和研发支出辅助账汇总表样式（简称2021年版研发支出辅助账样式），2015年版研发支出辅助账样式继续有效。

企业按照研发项目设置辅助账时，可以自主选择使用2015年版研发支出辅助账样式，或者2021年版研发支出辅助账样式，也可以参照上述样式自行设计研发支出辅助账样式。

企业自行设计的研发支出辅助账样式，应当包括2021年版研发支出辅助账样式所列数据项，且逻辑关系一致，能准确归集允许加计扣除的研发费用。

4.季度预缴征管规定

2021年起，企业10月份预缴申报第三季度（按季预缴）或9月份（按月预缴）企业所得税时，可以自主选择就当年前三季度研发费用享受加计扣除优惠政策。对10月份预缴申报期未选择享受研发费用加计扣除优惠政策的，可以在办理当年度企业所得税汇算清缴时统一享受。

企业享受研发费用加计扣除政策采取"真实发生、自行判别、申报享受、相关资料留存备查"的办理方式，由企业依据实际发生的研发费用支出，自行计算加计扣除金额，填报《A200000中华人民共和国企业所得税月（季）度预缴纳税申报表（A类）》享受税收优惠，并根据享受加计扣除优惠的研发费用情况（前三季度）填写《A107012研发费用加计扣除优惠明细表》。《A107012研发费用加计扣除优惠明细表》与规定的其他资料一并留存备查。

4.1.2 政策沿革

1.研发费用加计扣除政策逐步系统化（2008—2012 年）

2008 年，《中华人民共和国企业所得税法》及其实施条例的实施，将研发费用加计扣除优惠政策以法律形式予以确认。为便于纳税人享受政策，国家税务总局同年发布《企业研究开发费用税前扣除管理办法（试行）》（国税发〔2008〕116号），对研发费用加计扣除政策做出了系统而详细的规定。2009 年，《国家税务总局关于企业所得税若干税务事项衔接问题的通知》（国税函〔2009〕98 号）出台，明确新旧税法衔接问题。

2.研发费用加计扣除范围渐次扩大、比例逐步提升且核算申报不断简化（2013 年至今）

2013 年，在总结中关村国家自主创新示范区试点经验的基础上，财政部、国家税务总局发布《关于研究开发费用税前加计扣除有关政策问题的通知》（财税〔2013〕70 号），在国税发〔2008〕116 号文件的基础上扩大了可纳入税前加计扣除的研究开发费用范围。

2015 年，为进一步促进企业研发创新活动，财政部、国家税务总局和科技部联合下发《财政部 国家税务总局 科技部关于完善研究开发费用税前加计扣除政策的通知》（财税〔2015〕119 号），放宽了享受优惠的企业研发活动及研发费用的范围，大幅减少了研发费用加计扣除口径与高新技术企业认定研发费用归集口径的差异，并首次明确了负面清单制度。国家税务总局同时下发了《关于企业研究开发费用税前加计扣除政策有关问题的公告》（国家税务总局 2015 年第 97 号），简化了研发费用在税务处理中的归集、核算及备案管理，进一步降低了企业享受优惠的门槛。

2017 年 5 月，为进一步鼓励科技型中小企业加大研发费用投入，根据国务院常务会议决定，财政部、国家税务总局、科技部联合印发了《关于提高科技型中小企业研究开发费用税前加计扣除比例的通知》（财税〔2017〕34 号），将科技型中小企业享受研发费用加计扣除比例由 50% 提高到 75%。国家税务总局同时下发了《关于提高科技型中小企业研究开发费用税前加计扣除比例有关问题的公告》（国家税务总局公告 2017 年第 18 号），进一步明确政策执行口径，保证优惠政策的贯彻实施。三部门还印发了《科技型中小企业评价办法》，明确了科技型中小企业评价标准和程序。

2017 年 11 月，为进一步做好研发费用加计扣除优惠政策的贯彻落实工作，切实解决政策落实过程中存在的问题，国家税务总局下发了《关于研发费用税前加计扣除归集范围有关问题的公告》（国家税务总局公告 2017 年第 40 号），聚焦研发费用归集范围，完善了部分研发费用执行口径。

2018 年，根据国务院常务会议决定，财政部、国家税务总局、科技部联合印发了《关于企业委托境外研究开发费用税前加计扣除有关政策问题的通知》（财税〔2018〕64号），取消企业委托境外研发费用不得加计扣除的限制，允许符合条件的委托境外机构研发费用加计扣除，明确了相关政策口径。

同年，为进一步支持科技创新，根据国务院常务会议决定，财政部、国家税务总局联合印发了《关于提高研究开发费用税前加计扣除比例的通知》（财税〔2018〕99号），将企业研发费用加计扣除比例提高到75%的政策由科技型中小企业扩大至所有企业。

2019年，《国家税务总局关于修订企业所得税年度纳税申报表有关问题的公告》（国家税务总局公告2019年第41号）规定：企业申报享受研发费用加计扣除政策时，按照《国家税务总局关于发布修订后的〈企业所得税优惠政策事项办理办法〉的公告》（国家税务总局公告2018年第23号）的规定执行，不再填报《研发项目可加计扣除研究开发费用情况归集表》和报送《"研发支出"辅助账汇总表》。《"研发支出"辅助账汇总表》由企业留存备查。本公告适用于2019年度及以后年度企业所得税汇算清缴申报。

2021年，为进一步支持小微企业、科技创新和相关社会事业发展，财政部、国家税务总局出台《关于延长部分税收优惠政策执行期限的公告》（财政部 税务总局公告2021年第6号），将财税〔2018〕99号文件规定的75%比例加计扣除优惠政策执行期限延长至2023年12月31日。

同年，《关于进一步完善研发费用税前加计扣除政策的公告》（财政部 税务总局公告2021年第13号）出台，将制造业研发费用加计扣除比例由75%提高到100%。此后，国家税务总局又印发了《关于进一步落实研发费用加计扣除政策有关问题的公告》（国家税务总局公告2021年第28号），进一步激励企业加大研发投入：一是在2021年10月份预缴申报时，允许企业自主选择提前享受前三季度研发费用加计扣除优惠。此前，研发费用加计扣除优惠在年度汇算清缴时享受，平时预缴时不享受。二是增设优化简化研发费用辅助账样式，降低了填写难度。三是调整优化了"其他相关费用"限额的计算方法。原来按照每一研发项目分别计算"其他相关费用"限额，第28号公告改为统一计算所有研发项目"其他相关费用"限额，简化了计算方法，允许多个项目"其他相关费用"限额调剂使用，总体上提高了可加计扣除的金额。

2022年，《财政部 税务总局 科技部关于进一步提高科技型中小企业研发费用税前加计扣除比例的公告》（财政部 税务总局 科技部公告2022年第16号）出台，将科技型中小企业研发费用加计扣除比例提高到100%。科技型中小企业条件和管理办法仍按照《科技部 财政部 国家税务总局关于印发〈科技型中小企业评价办法〉的通知》（国科发政〔2017〕115号）执行。《国家税务总局关于企业预缴申报享受研发费用加计扣除优惠政策有关事项的公告》（国家税务总局公告2022年第10号）出台，明确自2022年1月1日起，企业10月份预缴申报可以自主选择就当年前三季度研发费用享受加计扣除优惠政策成为长效机制。

上述政策主要发展情况见表4-1。

表4-1　　　　　　　　　政策主要发展情况表（截至2022年6月1日）

年度	政策文件	主要内容	效力
2007	《中华人民共和国企业所得税法》第三十条；《中华人民共和国企业所得税法实施条例》第九十五条	以法律形式规定了研发费用加计扣除优惠政策	有效
2008	国税发〔2008〕116号	对研发费用加计扣除政策做出了系统而详细的规定	2008年1月1日—2015年12月31日
2013	财税〔2013〕70号	将扩大研发费用加计扣除范围的试点政策推广到全国	2013年1月1日—2015年12月31日
2015	财税〔2015〕119号	放宽了享受优惠的企业研发活动及研发费用的范围，首次明确了负面清单制度。简化了对研发费用的归集和核算管理要求	有效，废止第二条中"企业委托境外机构或个人进行研发活动所发生的费用，不得加计扣除"。参见：财税〔2018〕64号
2015	国家税务总局公告2015年第97号	简化了研发费用在税务处理中的归集、核算及备案管理	条款失效。第一条及第二条第（一）项、第（二）项、第（四）项同时废止。参见：国家税务总局公告2017年第40号。第五条中"并在报送《年度财务会计报告》的同时随附注一并报送主管税务机关"的规定和第六条第（一）项、附件6废止。参见：国家税务总局公告2019年第41号。第二条第（三）项"其他相关费用的归集与限额计算"的规定废止。参见：国家税务总局公告2021年第28号
2017	财税〔2017〕34号	将科技型中小企业享受研发费用加计扣除比例由50%提高到75%	有效
2017	国家税务总局公告2017年第18号	明确政策执行口径	有效
2017	国科发政〔2017〕115号	明确了科技型中小企业评价标准和程序	有效
2017	国家税务总局公告2017年第40号	聚焦研发费用归集范围，完善和明确了部分研发费用执行口径	有效
2018	财税〔2018〕64号	明确了符合条件的委托境外机构研发费用可以加计扣除	有效
2018	财税〔2018〕99号	将企业研发费用加计扣除比例提高到75%	有效

年度	政策文件	主要内容	效力
2019	国家税务总局公告2019年第41号	不再填报《研发项目可加计扣除研究开发费用情况归集表》和报送《"研发支出"辅助账汇总表》	有效
2021	财政部 税务总局公告2021年第6号	将财税〔2018〕99号文件规定的优惠政策执行期限延长至2023年12月31日	有效
	财政部 税务总局公告2021年第13号	将制造业研发费用加计扣除比例由75%提高到100%	有效
	国家税务总局公告2021年第28号	进一步完善政策	有效
2022	财政部 税务总局科技部公告2022年第16号	将科技型中小企业研发费用加计扣除比例提高到100%	有效
	国家税务总局公告2022年第10号	企业10月份预缴申报可以自主选择就当年前三季度研发费用享受加计扣除优惠政策	有效

4.1.3　申报管理

4.1.3.1　享受程序

企业享受优惠事项采取"自行判别、申报享受、相关资料留存备查"的办理方式。企业应当根据经营情况以及相关税收规定自行判断是否符合优惠事项规定的条件，符合条件的可以按规定的时间自行计算减免税额，并通过填报企业所得税纳税申报表享受税收优惠。同时，按规定归集和留存相关资料备查。

4.1.3.2　享受时间

年度汇算清缴、第三季度预缴可享受。

4.1.3.3　填报示例

1.A类企业所得税季度预缴申报

查账征收纳税人在季度预缴时享受研发费用加计扣除优惠政策涉及《A200000中华人民共和国企业所得税月（季）度预缴纳税申报表（A类）》1张表单。

纳税人根据《企业所得税申报事项目录》填报《A200000中华人民共和国企业所

得税月（季）度预缴纳税申报表（A类）》第7.*行"企业开发新技术、新产品、新工艺发生的研究开发费用加计扣除"，填写后相关数据自动生成至第7行"减：免税收入、减计收入、加计扣除"。

第7行"免税收入、减计收入、加计扣除"：根据相关行次计算结果填报。根据《企业所得税申报事项目录》，在第7.1行、第7.2行……填报税收规定的免税收入、减计收入、加计扣除等优惠事项的具体名称和本年累计金额。发生多项且根据税收规定可以同时享受的优惠事项，可以增加行次，但每个事项仅能填报一次。

第7行 = 第7.1行 + 第7.2行 + …

▶▶▶**例4-1** 甬全公司为某服装制造企业，经计算归集，2021年前三季度符合条件的研发费用支出为115万元，可加计扣除额为115万元，2021年前三季度企业利润总额为535万元，第三季度预缴申报时填报《A200000中华人民共和国企业所得税月（季）度预缴纳税申报表（A类）》，见表4-2。

表4-2　A200000中华人民共和国企业所得税月（季）度预缴纳税申报表（A类）

行次	预缴税款计算	本年累计
1	营业收入	
2	营业成本	
3	利润总额	5 350 000
4	加：特定业务计算的应纳税所得额	
5	减：不征税收入	
6	减：资产加速折旧、摊销（扣除）调减额（填写A201020）	
7	减：免税收入、减计收入、加计扣除（7.1+7.2+…）	1 150 000
7.1	企业开发新技术、新产品、新工艺发生的研究开发费用加计扣除（制造业按100%加计扣除）	1 150 000
8	减：所得减免（8.1+8.2+…）	
9	减：弥补以前年度亏损	
10	实际利润额（3+4-5-6-7-8-9）\按照上一纳税年度应纳税所得额平均额确定的应纳税所得额	4 200 000
11	税率（25%）	0.25
12	应纳所得税额（10×11）	1 050 000
13	减：减免所得税额（13.1+13.2+…）	
14	减：本年实际已缴纳所得税额	
15	减：特定业务预缴（征）所得税额	
16	本期应补（退）所得税额（12-13-14-15）\税务机关确定的本期应纳所得税额	1 050 000

2.A 类企业所得税年度汇算清缴申报

查账征收纳税人在年度汇算清缴时享受研发费用税前加计扣除优惠政策涉及《A000000 企业所得税年度纳税申报基础信息表》《A100000 中华人民共和国企业所得税年度纳税申报表（A 类）》《A107010 免税、减计收入及加计扣除优惠明细表》《A107012 研发费用加计扣除优惠明细表》等 4 张表单。

纳税人首先在表 A000000 "224 研发支出辅助账样式"中对应勾选：纳税人选择使用 2015 年版研发支出辅助账样式及其优化版（如上海市 2018 年优化版研发支出辅助账样式）的，选择"2015 版"；纳税人选择 2021 年版研发支出辅助账样式的，选择"2021 版"；纳税人自行设计研发支出辅助账样式的，选择"自行设计"。

纳税人再根据实际情况填报《A107012 研发费用加计扣除优惠明细表》相应行次，填写后第 51 行数据自动生成至《A107010 免税、减计收入及加计扣除优惠明细表》第 26 行"（一）开发新技术、新产品、新工艺发生的研究开发费用加计扣除（填写表 A107012）"或第 27 行"（二）科技型中小企业开发新技术、新产品、新工艺发生的研究开发费用加计扣除（填写表 A107012）"以及《A100000 中华人民共和国企业所得税年度纳税申报表（A 类）》第 17 行"减：免税、减计收入及加计扣除"。其中：

当表 A000000 "210-3"项目未填有入库编号时，表 A107012 第 51 行 = 表 A107010 第 26 行 = 表 A100000 第 17 行；

当表 A000000 "210-3"项目填有入库编号时，表 A107012 第 51 行 = 表 A107010 第 27 行 = 表 A100000 第 17 行。

《A107012 研发费用加计扣除优惠明细表》具体填报如下：

纳税人根据研发支出辅助账样式选择填报不同行次，当纳税人使用 2021 版研发支出辅助账样式或者使用自行设计研发支出辅助账样式时，第 3 行"（一）人员人工费用"、第 7 行"（二）直接投入费用"、第 16 行"（三）折旧费用"、第 19 行"（四）无形资产摊销"、第 23 行"（五）新产品设计费等"、第 28 行"（六）其他相关费用"等行次下的明细行次无须填报，上述行次不执行规定的表内计算关系。

（1）第 1 行"本年可享受研发费用加计扣除项目数量"：填报纳税人本年研发项目中可享受研发费用加计扣除优惠政策的项目数量。

（2）第 2 行"一、自主研发、合作研发、集中研发"：填报第 3+7+16+19+23+34 行金额。

（3）第 3 行"（一）人员人工费用"：填报第 4+5+6 行金额。

直接从事研发活动的人员、外聘研发人员同时从事非研发活动的，填报按实际工时占比等合理方法分配的用于研发活动的相关费用。

（4）第 4 行"1.直接从事研发活动人员工资薪金"：填报纳税人直接从事研发活动人员，包括研究人员、技术人员、辅助人员的工资、薪金、奖金、津贴、补贴以及按规定可以在税前扣除的对研发人员股权激励的支出。

（5）第5行"2.直接从事研发活动人员五险一金"：填报纳税人直接从事研发活动人员，包括研究人员、技术人员、辅助人员的基本养老保险费、基本医疗保险费、失业保险费、工伤保险费、生育保险费和住房公积金。

（6）第6行"3.外聘研发人员的劳务费用"：填报与纳税人或劳务派遣企业签订劳务用工协议（合同）的外聘研发人员的劳务费用，以及临时聘用的研究人员、技术人员、辅助人员的劳务费用。

（7）第7行"（二）直接投入费用"：填报第8+9+10+11+12+13+14+15行金额。

（8）第8行"1.研发活动直接消耗材料费用"：填报纳税人研发活动直接消耗的材料费用。

（9）第9行"2.研发活动直接消耗燃料费用"：填报纳税人研发活动直接消耗的燃料费用。

（10）第10行"3.研发活动直接消耗动力费用"：填报纳税人研发活动直接消耗的动力费用。

（11）第11行"4.用于中间试验和产品试制的模具、工艺装备开发及制造费"：填报纳税人研发活动中用于中间试验和产品试制的模具、工艺装备开发及制造的费用。

（12）第12行"5.用于不构成固定资产的样品、样机及一般测试手段购置费"：填报纳税人研发活动中用于不构成固定资产的样品、样机及一般测试手段购置费用。

（13）第13行"6.用于试制产品的检验费"：填报纳税人研发活动中用于试制产品的检验费。

（14）第14行"7.用于研发活动的仪器、设备的运行维护、调整、检验、维修等费用"：填报纳税人用于研发活动的仪器、设备的运行维护、调整、检验、维修等费用。

（15）第15行"8.通过经营租赁方式租入的用于研发活动的仪器、设备租赁费"：填报纳税人以经营租赁方式租入的用于研发活动的仪器、设备租赁费。以经营租赁方式租入的用于研发活动的仪器、设备，同时用于非研发活动的，填报按实际工时占比等合理方法分配的用于研发活动的相关费用。

（16）第16行"（三）折旧费用"：填报第17+18行金额。用于研发活动的仪器、设备，同时用于非研发活动的，填报按实际工时占比等合理方法分配的用于研发活动的相关费用。纳税人用于研发活动的仪器、设备，符合税收规定且选择加速折旧优惠政策的，在享受研发费用税前加计扣除政策时，按照税前扣除的折旧口径填报。

（17）第17行"1.用于研发活动的仪器的折旧费"：填报纳税人用于研发活动的仪器的折旧费。

（18）第18行"2.用于研发活动的设备的折旧费"：填报纳税人用于研发活动

的设备的折旧费。

（19）第19行"（四）无形资产摊销"：填报第20+21+22行金额。用于研发活动的无形资产，同时用于非研发活动的，填报按实际工时占比等合理方法在研发费用和生产经营费用间分配的用于研发活动的相关费用。纳税人用于研发活动的无形资产，符合税收规定且选择加速摊销优惠政策的，在享受研发费用税前加计扣除政策时，按照税前扣除的摊销口径填报。

（20）第20行"1.用于研发活动的软件的摊销费用"：填报纳税人用于研发活动的软件的摊销费用。

（21）第21行"2.用于研发活动的专利权的摊销费用"：填报纳税人用于研发活动的专利权的摊销费用。

（22）第22行"3.用于研发活动的非专利技术（包括许可证、专有技术、设计和计算方法等）的摊销费用"：填报纳税人用于研发活动的非专利技术（包括许可证、专有技术、设计和计算方法等）的摊销费用。

（23）第23行"（五）新产品设计费等"：填报第24+25+26+27行金额。新产品设计费、新工艺规程制定费、新药研制的临床试验费、勘探开发技术的现场试验费等由辅助生产部门提供的，填报按照一定的分配标准分配给研发项目的金额。

（24）第24行"1.新产品设计费"：填报纳税人研发活动中发生的新产品设计费。

（25）第25行"2.新工艺规程制定费"：填报纳税人研发活动中发生的新工艺规程制定费。

（26）第26行"3.新药研制的临床试验费"：填报纳税人研发活动中发生的新药研制的临床试验费。

（27）第27行"4.勘探开发技术的现场试验费"：填报纳税人研发活动中发生的勘探开发技术的现场试验费。

（28）第28行"（六）其他相关费用"：填报第29+30+31+32+33行金额。

（29）第29行"1.技术图书资料费、资料翻译费、专家咨询费、高新科技研发保险费"：填报纳税人研发活动中发生的技术图书资料费、资料翻译费、专家咨询费、高新科技研发保险费。

（30）第30行"2.研发成果的检索、分析、评议、论证、鉴定、评审、评估、验收费用"：填报纳税人研发活动中发生的研发成果的检索、分析、评议、论证、鉴定、评审、评估、验收费用。

（31）第31行"3.知识产权的申请费、注册费、代理费"：填报纳税人研发活动中发生的知识产权的申请费、注册费、代理费。

（32）第32行"4.职工福利费、补充养老保险费、补充医疗保险费"：填报纳税人研发活动人员发生的职工福利费、补充养老保险费、补充医疗保险费。

（33）第33行"5.差旅费、会议费"：填报纳税人研发活动发生的差旅费、会议费。

（34）第34行"（七）经限额调整后的其他相关费用"：填报第28行与其他相关费用限额的孰小值。其他相关费用限额按以下公式计算：

其他相关费用限额=第3+7+16+19+23行×10%÷（1-10%）

（35）第35行"二、委托研发"：填报第36+37+39行金额。

（36）第36行"（一）委托境内机构或个人进行研发活动所发生的费用"：填报纳税人研发项目委托境内机构或个人进行研发活动所发生的费用。

（37）第37行"（二）委托境外机构进行研发活动发生的费用"：填报纳税人研发项目委托境外机构进行研发活动所发生的费用。

（38）第38行"其中：允许加计扣除的委托境外机构进行研发活动发生的费用"：填报纳税人按照税收规定允许加计扣除的委托境外机构进行研发活动发生的研发费用。

（39）第39行"（三）委托境外个人进行研发活动发生的费用"：填报纳税人委托境外个人进行研发活动发生的费用。本行不参与加计扣除优惠金额的计算。

（40）第40行"三、年度研发费用小计"：填报第2行+第36行×80%+第38行金额。

（41）第41行"（一）本年费用化金额"：填报纳税人研发活动本年费用化部分金额。

（42）第42行"（二）本年资本化金额"：填报纳税人研发活动本年结转无形资产的金额。

（43）第43行"四、本年形成无形资产摊销额"：填报纳税人研发活动本年形成无形资产的摊销额。

（44）第44行"五、以前年度形成无形资产本年摊销额"：填报纳税人研发活动以前年度形成无形资产本年摊销额。

（45）第45行"六、允许扣除的研发费用合计"：填报第41+43+44行金额。

（46）第46行"特殊收入部分"：填报纳税人已归集计入研发费用，但在当期取得的研发过程中形成的下脚料、残次品、中间试制品等特殊收入。

（47）第47行"七、允许扣除的研发费用抵减特殊收入后的金额"：填报第45-46行金额。

（48）第48行"当年销售研发活动直接形成产品（包括组成部分）对应的材料部分"：填报纳税人当年销售研发活动直接形成产品（包括组成部分）对应的材料部分金额。

（49）第49行"以前年度销售研发活动直接形成产品（包括组成部分）对应材料部分结转金额"：填报纳税人以前年度销售研发活动直接形成产品（包括组成部分）对应材料部分结转金额。

（50）第50行"八、加计扣除比例"：根据有关政策规定填报。

（51）第51行"九、本年研发费用加计扣除总额"：填报第（47-48-49）行×第50行的金额，当第47-48-49行<0时，本行填报0。

（52）第52行"十、销售研发活动直接形成产品（包括组成部分）对应材料部分结转以后年度扣减金额"：当第47-48-49行≥0时，填报0；当第47-48-49行<0时，填报第47-48-49行金额的绝对值。

▶▶例4-2　甬全公司为装备制造企业，2021年开展两项符合条件的研发活动。L项目为纯委托开发项目，于2021年2月与境外某科研机构（非关联）签订委托开发协议，约定委托研发费用共计20万元，9月研发完成验收合格，取得专利证书，计入无形资产进行核算，从10月开始投入使用，并按照10年期限进行摊销。K项目为自主研发项目，时期为2021年3—8月，会计核算时将与K项目所有相关的支出均记入"研发支出——费用化"科目，K项目共归集了212.2万元费用，具体明细项目见表4-3。2021年9月，将K项目直接形成的部分产成品对外销售，取得销售收入200万元，其对应的材料费用为30万元。10月份，取得下脚料收入2万元。不考虑其他事项，请分析甬全公司2021年度所得税影响。

表4-3　　　　　　　　　　　　　　K项目归集费用明细

序号	支出项目	金额（元）
1	直接材料费用	800 000
2	燃料费用	60 000
3	动力费用	80 000
4	研发人员工资薪金	600 000
5	研发人员"五险一金"	150 000
6	研发人员福利费	50 000
7	外聘研发人员劳务费	20 000
8	研发活动房屋折旧费	150 000
9	研发活动设备折旧费	180 000
10	无形资产摊销费（软件）	10 000
11	资料费	8 000
12	差旅费	2 000
13	会议费	5 000
14	业务招待费	7 000
15	合计	2 122 000

解析：

对K项目：

1.剔除不符合加计扣除税收政策口径的项目：

（1）研发活动房屋折旧费15万元不能加计扣除。

（2）业务招待费0.7万元不能加计扣除。

2.其他相关费用6.5万元<前五类研发费用合计190万元×10%÷（1-10%），未超过可加计扣除研发费用总额的10%，均可计入加计扣除基数。

3.下脚料收入2万元应从已归集研发费用中扣减，填入表A107012第46行。

4.K项目直接形成的部分产成品对外销售所对应的材料费用30万元应从已归集研发费用中扣减，填入表A107012第48行。

对L项目：

1.委托境外进行研发活动所发生的费用20万元，按照费用实际发生额的80%计入委托方的委托境外研发费用，即16万元，不超过境内符合条件的研发费用的三分之二，可以按规定在企业所得税前加计扣除，填入表A107012第37行、第38行、第42行。

2.2021年形成无形资产摊销金额=200 000×80%×（3÷12）÷10=4 000（元）

制造业企业2021年研发费用加计扣除比例为100%。具体填报分别见表4-4至表4-6。

表4-4　　　　　　　　A107012研发费用加计扣除优惠明细表

行次	项　目	金额（数量）
1	本年可享受研发费用加计扣除项目数量	2
2	一、自主研发、合作研发、集中研发（3+7+16+19+23+34）	1 965 000
3	（一）人员人工费用（4+5+6）	770 000
4	1.直接从事研发活动人员工资薪金	600 000
5	2.直接从事研发活动人员五险一金	150 000
6	3.外聘研发人员的劳务费用	20 000
7	（二）直接投入费用（8+9+10+11+12+13+14+15）	940 000
8	1.研发活动直接消耗材料费用	800 000
9	2.研发活动直接消耗燃料费用	60 000
10	3.研发活动直接消耗动力费用	80 000
11	4.用于中间试验和产品试制的模具、工艺装备开发及制造费	
12	5.用于不构成固定资产的样品、样机及一般测试手段购置费	
13	6.用于试制产品的检验费	
14	7.用于研发活动的仪器、设备的运行维护、调整、检验、维修等费用	
15	8.通过经营租赁方式租入的用于研发活动的仪器、设备租赁费	
16	（三）折旧费用（17+18）	180 000
17	1.用于研发活动的仪器的折旧费	
18	2.用于研发活动的设备的折旧费	180 000
19	（四）无形资产摊销（20+21+22）	10 000
20	1.用于研发活动的软件的摊销费用	10 000
21	2.用于研发活动的专利权的摊销费用	
22	3.用于研发活动的非专利技术（包括许可证、专有技术、设计和计算方法等）的摊销费用	
23	（五）新产品设计费等（24+25+26+27）	
24	1.新产品设计费	
25	2.新工艺规程制定费	

行次	项　　目	金额（数量）
26	3.新药研制的临床试验费	
27	4.勘探开发技术的现场试验费	
28	（六）其他相关费用（29+30+31+32+33）	65 000
29	1.技术图书资料费、资料翻译费、专家咨询费、高新科技研发保险费	8 000
30	2.研发成果的检索、分析、评议、论证、鉴定、评审、评估、验收费用	
31	3.知识产权的申请费、注册费、代理费	
32	4.职工福利费、补充养老保险费、补充医疗保险费	50 000
33	5.差旅费、会议费	7 000
34	（七）经限额调整后的其他相关费用	65 000
35	二、委托研发（36+37+39）	200 000
36	（一）委托境内机构或个人进行研发活动所发生的费用	
37	（二）委托境外机构进行研发活动发生的费用	200 000
38	其中：允许加计扣除的委托境外机构进行研发活动发生的费用	160 000
39	（三）委托境外个人进行研发活动发生的费用	
40	三、年度研发费用小计（2+36×80%+38）	2 125 000
41	（一）本年费用化金额	1 965 000
42	（二）本年资本化金额	160 000
43	四、本年形成无形资产摊销额	4 000
44	五、以前年度形成无形资产本年摊销额	
45	六、允许扣除的研发费用合计（41+43+44）	1 969 000
46	减：特殊收入部分	20 000
47	七、允许扣除的研发费用抵减特殊收入后的金额（45-46）	1 949 000
48	减：当年销售研发活动直接形成产品（包括组成部分）对应的材料部分	300 000
49	减：以前年度销售研发活动直接形成产品（包括组成部分）对应材料部分结转金额	
50	八、加计扣除比例（%）	100
51	九、本年研发费用加计扣除总额（47-48-49）×50	1 649 000
52	十、销售研发活动直接形成产品（包括组成部分）对应材料部分结转以后年度扣减金额（当47-48-49≥0，本行=0；当47-48-49<0，本行=47-48-49的绝对值）	

表4-5   A107010免税、减计收入及加计扣除优惠明细表

行次	项目	金额
	⋮	
25	三、加计扣除（26+27+28+29+30）	1 649 000
26	（一）开发新技术、新产品、新工艺发生的研究开发费用加计扣除（填写A107012）	1 649 000
27	（二）科技型中小企业开发新技术、新产品、新工艺发生的研究开发费用加计扣除（填写A107012）	
28	（三）企业为获得创新性、创意性、突破性的产品进行创意设计活动而发生的相关费用加计扣除	
29	（四）安置残疾人员所支付的工资加计扣除	
	⋮	
31	合计（1+17+25）	1 649 000

表4-6   A100000中华人民共和国企业所得税年度纳税申报表（A类）

行次	类别	项目	金额
		⋮	
14		减：境外所得（填写A108010）	
15		加：纳税调整增加额（填写A105000）	
16		减：纳税调整减少额（填写A105000）	
17		减：免税、减计收入及加计扣除（填写A107010）	1 649 000
18	应纳税所得额计算	加：境外应税所得抵减境内亏损（填写A108000）	
19		四、纳税调整后所得（13-14+15-16-17+18）	
20		减：所得减免（填写A107020）	
21		减：弥补以前年度亏损（填写A106000）	
22		减：抵扣应纳税所得额（填写A107030）	
23		五、应纳税所得额（19-20-21-22）	
		⋮	

4.1.3.4　留存备查资料

1.一般企业、科技型中小企业

（1）自主、委托、合作研究开发项目计划书和企业有权部门关于自主、委托、合作研究开发项目立项的决议文件；

（2）自主、委托、合作研究开发专门机构或项目组的编制情况和研发人员名单；

（3）经科技行政主管部门登记的委托、合作研究开发项目的合同；

（4）从事研发活动的人员（包括外聘人员）和用于研发活动的仪器、设备、无形资产的费用分配说明（包括工作使用情况记录及费用分配计算证据材料）；

（5）集中研发项目研发费决算表、集中研发项目费用分摊明细情况表和实际分享收益比例等资料；

（6）"研发支出"辅助账及汇总表；

（7）企业如果已取得地市级（含）以上科技行政主管部门出具的鉴定意见，应作为资料留存备查；

（8）科技型中小企业取得的入库登记编号证明资料（科技型中小企业适用）。

2.创意设计活动相关费用加计扣除

（1）创意设计活动相关合同；

（2）创意设计活动相关费用核算情况的说明。

3.委托境外机构研发费用加计扣除

（1）企业委托研发项目计划书和企业有权部门立项的决议文件；

（2）委托研究开发专门机构或项目组的编制情况和研发人员名单；

（3）经科技行政主管部门登记的委托境外研发合同；

（4）"研发支出"辅助账及汇总表；

（5）委托境外研发银行支付凭证和受托方开具的收款凭据；

（6）当年委托研发项目的进展情况等资料；

（7）企业如果已取得地市级（含）以上科技行政主管部门出具的鉴定意见，应作为资料留存备查。

4.1.4　风险提示

（1）亏损企业可以享受研发费用加计扣除政策。因享受政策而形成的亏损可以按照规定结转以后年度弥补。

（2）研发活动失败，所发生的符合条件的研发费用仍可以享受加计扣除优惠。

（3）实务中，企业应当关注自身主营业务变化情况，及时更正税务登记行业信息并正确填报企业所得税年报 A000000 基础信息表中的"105 所属国民经济行业（填写代码）"信息，避免因为行业判定错误导致可享未享、不应享而享、未足额享受、超额享受等情况发生。

主要关注以下几种高风险情形：一是企业税务登记为负面清单行业，2021 年后第三季度预缴享受了研发费用加计扣除政策。二是企业税务登记为负面清单行业，年度汇算清缴享受了研发费用加计扣除政策。三是企业所得税年报 A000000 基础信息表"105 所属国民经济行业（填写代码）"为负面清单行业，年度汇算清缴享受了研发费用加计扣除政策。四是企业税务登记为制造业，2021 年后第三季度预缴按照 75% 比例享受研发费用加计扣除政策。五是企业税务登记为非制造业，且企业非科技型中小企业，第三季度预缴按照 100% 比例享受研发费用加计扣除政策。六是企业所得税年报 A000000 基础信息表"105 所属国民经济行业（填写代码）"为制造业，2021 年及以后年度汇算清缴按照 75% 比例享受研发费用加计扣除政策。七是企业所得税年报 A000000 基础信息表"105 所属国民经济行业（填写代码）"为非制造业，且企业非科技型中小企业，年度汇算清缴按照 100% 比例享受研发费用加计扣除政策。八是 2022 年后，企业当年度为科技型中小企业，当年度汇算清缴按照 75% 比例享受研发费用加计扣除政策。

（4）关注加速折旧政策和加计扣除政策的衔接及政策变化。2016 年度汇算清缴，企业用于研发活动的仪器、设备，符合税法规定且选择加速折旧优惠政策的，在享受研发费用税前加计扣除时，就已经进行会计处理计算的折旧、费用的部分加计扣除，但不得超过按税法规定计算的金额。自 2017 年度起，企业用于研发活动的仪器、设备，符合税法规定且选择加速折旧优惠政策的，在享受研发费用税前加计扣除政策时，就税前扣除的折旧部分计算加计扣除。

▶▶▶例 4-3　甲汽车制造企业 2015 年 12 月购入并投入使用一台专门用于研发活动的设备，单位价值 1 200 万元，会计处理按 8 年折旧，税法上规定的最低折旧年限为 10 年，不考虑残值。甲企业对该项设备选择缩短折旧年限的加速折旧方式，折旧年限缩短为 6 年（10×60%）。2016 年企业会计处理计提折旧额 150 万元（1 200÷8），税收上因享受加速折旧优惠可以扣除的折旧额是 200 万元（1 200÷6），申报研发费用加计扣除时，就其会计处理的"仪器、设备的折旧费" 150 万元可以进行加计扣除 75 万元（150×50%）。若企业会计处理按 4 年进行折旧，其他情形不变，则 2016 年企业会计处理计提折旧额 300 万元（1 200÷4），税收上因享受加速折旧优惠可以扣除的折旧额是 200 万元（1 200÷6），申报享受研发费用加计扣除时，对其在实际会计处理上已确认的"仪器、设备的折旧费"，但未超过税法规定的税前扣除金额 200 万元可以进行加计扣除 100 万元（200×50%）。

▶▶▶**例4-4**　接例4-3，甲汽车制造企业2015年12月购入并投入使用一台专门用于研发活动的设备，单位价值1 200万元，税法上规定的最低折旧年限为10年，不考虑残值。甲企业对该项设备选择缩短折旧年限的加速折旧方式，折旧年限缩短为6年（10×60%）。若该设备6年内用途未发生变化，每年均符合加计扣除政策规定，则不论该企业会计上如何折旧，2017年度及以后年度汇算清缴，每年直接就其税前扣除"仪器、设备折旧费"200万元进行加计扣除，不需比较会计、税收折旧孰小，计算方法大为简化。

（5）关注"其他相关费用"限额计算方法的变化。按现行政策规定，其他相关费用采取限额管理方式，不得超过可加计扣除研发费用总额的10%。国家税务总局公告2015年第97号明确按每一项目分别计算其他相关费用限额，对于有多个研发项目的企业，其有的研发项目其他相关费用占比不到10%，有的超过10%，不同研发项目的限额不能调剂使用。国家税务总局公告2021年第28号将其他相关费用限额的计算方法调整为按全部项目统一计算，不再分项目计算，进一步减轻企业负担、方便计算，让企业更多地享受优惠。

▶▶▶**例4-5**　假设某公司2021年度有A和B两个研发项目。项目A人员人工等五项费用之和为90万元，其他相关费用为12万元；项目B人员人工等五项费用之和为100万元，其他相关费用为8万元。

（1）按照国家税务总局公告2015年第97号的计算方法：项目A的其他相关费用限额为10万元（90×10%÷（1-10%）），按照孰小原则，可加计扣除的其他相关费用为10万元；项目B的其他相关费用限额为11.11万元（100×10%÷（1-10%）），按照孰小原则，可加计扣除的其他相关费用为8万元。两个项目可加计扣除的其他相关费用合计为18万元。

（2）按照国家税务总局公告2021年第28号的计算方法：两个项目的其他相关费用限额为21.11万元（（90+100）×10%÷（1-10%）），可加计扣除的其他相关费用为20万元（12+8），大于18万元，且仅需计算一次，减轻了工作量。

（6）关注是否漏填表A107012第34行。《A107012研发费用加计扣除优惠明细表》第28行"（六）其他相关费用（29+30+31+32+33）"有数值的企业需关注第34行"（七）经限额调整后的其他相关费用"是否准确填写了数值，第34行的数据计入加计扣除研发费用基数。

（7）委托研发应签订技术开发合同。根据《技术合同认定登记管理办法》（国科发政字〔2000〕063号）第六条的规定：未申请认定登记和未予登记的技术合同，不得享受国家对有关促进科技成果转化规定的税收、信贷和奖励等方面的优惠政策。委托境外研发由委托方到科技行政主管部门登记委托研发合同，委托境内研发由受托方到科技行政主管部门登记委托研发合同。

（8）关注会计、加计扣除、高新三个口径的研发费用归集差异，见表4-7。

表4-7

会计、加计扣除、高新三项研发费用归集比较表

	会计	加计扣除	高新	差异分析
政策依据	《关于企业加强研发费用财务管理的若干意见》(财企〔2007〕194号)	《关于完善研究开发费用税前加计扣除政策的通知》(财税〔2015〕119号)等，见4.1.2政策沿革	《关于修订印发〈高新技术企业认定管理办法〉的通知》(国科发火〔2016〕32号)、《关于修订印发〈高新技术企业认定管理工作指引〉的通知》(国科发火〔2016〕195号)	
人员人工费用	企业在职研发人员的工资、奖金、津贴、补贴、社会保险费、住房公积金等人工费用，以及外聘研发人员的劳务费用	直接从事研发活动人员的工资薪金、基本养老保险金、基本医疗保险费、失业保险费、工伤保险费、生育保险费和住房公积金，以及外聘研发人员的劳务费用	企业科技人员的工资薪金、基本养老保险金、基本医疗保险费、失业保险费、工伤保险费、生育保险费，以及外聘科技人员的劳务费用	高新技术企业人工费用归集对象是科技人员，须计实际工作时间在183天以上
直接投入费用	用于中间试验和产品试制的模具、工艺装备开发及制造费，设备调整及检验费、样品、样机及一般测试手段购置费，试制产品的检验费等	用于中间试验和产品试制的模具、工艺装备开发及制造费，不构成固定资产的样品、样机及一般检验费，试制产品的检验费	用于中间试验和产品试制的模具、工艺装备开发及制造费，不构成固定资产的样品、样机及一般检验费，试制产品的检验费	
直接投入费用	用于研发活动的仪器、设备、房屋等固定资产的租赁费以及相关维护、维修等运行费用	用于研发活动的仪器、设备的运行维护、调整、维修、检验，以及通过经营租赁方式租入的用于研发活动的仪器、设备租赁费	用于研发活动的仪器、设备的运行维护、调整、检测、维修等费用，以及通过经营租赁方式租入的固定资产的租赁费	房屋租赁费不计入加计扣除范围
折旧费用与长期待摊费用	用于研发活动的仪器、设备、房屋等固定资产的折旧费	用于研发活动的仪器、设备的折旧费。(企业用于研发活动的仪器、设备，符合税法规定且选择加速折旧优惠政策的，在享受研发费用税前加计扣除政策时，就税前扣除的折旧部分计算加计扣除)	用于研发活动的仪器、设备的折旧费。在用建筑物的折旧费，以及研发设施的改建、改装、装修和修理过程中发生的长期待摊费用	房屋折旧费不计入加计扣除范围。享受加速折旧政策的设备折旧费计入加计扣除的，高新口径基数与金额与会计不同

续表

	会计	加计扣除	高新	差异分析
无形资产摊销费用	用于研发活动的软件、专利权、非专利技术等无形资产的摊销费用	用于研发活动的软件、专利权、非专利技术（包括许可证、专有技术、设计和计算方法等）的摊销费用。（用于研发活动的无形资产，符合税法规定且选择缩短摊销年限的，在享受研发费用税前加计扣除政策时，就税前扣除的摊销部分计算加计扣除）	用于研究开发活动软件、知识产权、非专利技术（专有技术、许可证、设计和计算方法等）的摊销费用	享受加速折旧政策的无形资产计入加计扣除基数的，高新口径金额与会计金额不同
设计费用	无	新产品设计费	新产品和新工艺进行构思、开发和制造，进行工序、技术规范、操作特性方面的设计等发生的费用，包括为获得创新性、创意性、突破性产品进行的创意设计活动发生的相关费用	
装备调试费用与试验费用	无	新工艺规程制定费、新药研制的临床试验费、勘探开发技术的现场试验费	装备调试费用是指工装准备过程中研究开发活动所发生的费用，包括研制特殊、专用的生产机器，改变生产和质量控制程序，或制定新方法、工装、模具等活动所发生的费用。为大规模批量化和商业化生产所进行的常规性工装准备和工业工程发生的费用不能计入。试验费用包括新药研制的临床试验费、勘探开发技术的现场试验费、田间试验费等	

续表

	会计	加计扣除	高新	差异分析
委托外部研究开发费用	通过外包、合作研发等方式，委托其他单位、个人或者与之合作进行研发而支付的费用	企业委托外部机构或个人进行研发活动所发生的费用，按照费用实际发生额的80%计入委托方研发费用并计算加计扣除。委托外部研究开发费用实际发生额应按照独立交易原则确定。委托方与受托方存在关联关系的，受托方应向委托方提供研发项目费用支出明细情况。委托境外机构进行研发活动所发生的费用，按照费用实际发生额的80%计入委托方的委托境外研发费用。委托境外研发费用不超过境内符合条件的研发费用三分之二的部分，可以按规定在企业所得税前加计扣除。企业委托境外个人进行研发活动所发生的费用，不得加计扣除。	企业委托外部研究开发活动所发生的费用（研发活动成果为企业拥有，且与该企业的主要经营业务紧密相关）。委托外部研发费用的实际发生额应按照独立交易原则确定，按照实际发生额的80%计入委托方研发费用总额。企业在中国境内发生的研发费用总额占全部研发费用总额的比例不低于60%	企业委托境外个人研发不得加计扣除。加计扣除政策与高新口径对委托境外研发费用金额有比例限制
其他费用	与研发活动直接相关的其他费用，如技术图书资料费、资料翻译费、专家咨询费、高新科技研发保险费、研发成果的检索、论证、评审、鉴定、评估，以及知识产权的申请费、注册费、代理费等	与研发活动直接相关的其他费用，如技术图书资料费、资料翻译费、专家咨询费、高新科技研发保险费、研发成果的检索、论证、评审、鉴定、验收费、知识产权的申请费、注册费、代理费，差旅费、会议费、职工福利费、补充养老保险费、补充医疗保险费。此项加计扣除研发费用总额不超过可加计扣除研发费用总额的10%	上述费用之外与研究开发活动直接相关的其他费用，包括技术图书资料费、资料翻译费、专家咨询费、高新科技研发保险费、研发成果的检索、论证、评审、鉴定、验收费用、知识产权的申请费、注册费、通信费、代理费等。此项费用一般不得超过研究开发总费用的20%，另有规定的除外	加计扣除政策与高新口径对其他相关费用与费用总额有比例限制

≪≪ 4.2　安置残疾人员支付工资加计扣除 ≫≫

4.2.1　政策概述

4.2.1.1　基本规定

企业安置残疾人员的，在按照支付给残疾职工工资据实扣除的基础上，可以在计算应纳税所得额时按照支付给残疾职工工资的100%加计扣除。

4.2.1.2　残疾人员范围

残疾人员的范围适用《中华人民共和国残疾人保障法》的有关规定。

根据《中华人民共和国残疾人保障法》第二条的规定，残疾人是指在心理、生理、人体结构上，某种组织、功能丧失或者不正常，全部或者部分丧失以正常方式从事某种活动能力的人。残疾人包括视力残疾、听力残疾、言语残疾、肢体残疾、智力残疾、精神残疾、多重残疾和其他残疾的人。残疾标准由国务院规定。

4.2.1.3　适用条件

（1）依法与安置的每位残疾人签订了1年以上（含1年）的劳动合同或服务协议，并且安置的每位残疾人在企业实际上岗工作；

（2）为安置的每位残疾人按月足额缴纳了企业所在区县人民政府根据国家政策规定的基本养老保险、基本医疗保险、失业保险和工伤保险等社会保险；

（3）定期通过银行等金融机构向安置的每位残疾人实际支付了不低于企业所在区县适用的经省级人民政府批准的最低工资标准的工资；

（4）具备安置残疾人上岗工作的基本设施。

4.2.2　政策沿革

为发挥税收政策促进残疾人就业的作用，鼓励用人单位依法安置残疾人就业，2008年《中华人民共和国企业所得税法》及其实施条例的实施，将安置残疾人员支付工资加计扣除优惠政策以法律形式予以确认。为便于纳税人享受政策，2009年，财政部、国家税务总局发布了《关于安置残疾人员就业有关企业所得税优惠政策问题的通知》（财税〔2009〕70号），对有关税务处理问题做出了明确具体的规定。截至目前，安置残疾人员支付工资加计扣除政策未发生变化。政策主要发展情况见表4-8。

表4-8　　　　　　　　政策主要发展情况表（截至2022年6月1日）

年度	政策依据	主要内容	效力
2007	《中华人民共和国企业所得税法》第三十条；《中华人民共和国企业所得税法实施条例》第九十六条	以法律形式规定了安置残疾人员支付工资加计扣除政策	有效
2009	财税〔2009〕70号	明确有关政策口径	有效

4.2.3　申报管理

4.2.3.1　享受程序

企业享受优惠事项采取"自行判别、申报享受、相关资料留存备查"的办理方式。企业应当根据经营情况以及相关税收规定自行判断是否符合优惠事项规定的条件，符合条件的可以按规定的时间自行计算减免税额，并通过填报企业所得税纳税申报表享受税收优惠。同时，按规定归集和留存相关资料备查。

4.2.3.2　享受时间

仅年度汇算清缴享受。

4.2.3.3　填报示例

纳税人在年度汇算清缴时享受安置残疾人员所支付的工资加计扣除所得税优惠政策涉及《A100000中华人民共和国企业所得税年度纳税申报表（A类）》《A107010免税、减计收入及加计扣除优惠明细表》等2张表单。

纳税人填报《A107010免税、减计收入及加计扣除优惠明细表》第29行"（四）安置残疾人员所支付的工资加计扣除"，填写后数据自动生成至《A100000中华人民共和国企业所得税年度纳税申报表（A类）》第17行"减：免税、减计收入及加计扣除"。

▶▶▶例4-6　　甬全公司是一家金属门窗加工企业，共有残疾职工5人，符合财税〔2009〕70号规定的条件。该企业2021年支付残疾职工工资210 000元，不考虑其他事项。

解析：甬全公司可按照支付给残疾职工工资的100%计算加计扣除210 000元。甬全公司年度汇算清缴时填报《A100000中华人民共和国企业所得税年度纳税申报表（A类）》《A107010免税、减计收入及加计扣除优惠明细表》，分别见表4-9、

表4-10。

表4-9　　　A100000中华人民共和国企业所得税年度纳税申报表（A类）

行次	类别	项　　目	金　　额
		⋮	
14	应纳税所得额计算	减：境外所得（填写A108010）	
15		加：纳税调整增加额（填写A105000）	
16		减：纳税调整减少额（填写A105000）	
17		减：免税、减计收入及加计扣除（填写A107010）	210 000
18		加：境外应税所得抵减境内亏损（填写A108000）	
19		四、纳税调整后所得（13-14+15-16-17+18）	
20		减：所得减免（填写A107020）	
21		减：弥补以前年度亏损（填写A106000）	
22		减：抵扣应纳税所得额（填写A107030）	
23		五、应纳税所得额（19-20-21-22）	
		⋮	

表4-10　　　　　A107010免税、减计收入及加计扣除优惠明细表

行次	项目	金额
	⋮	
25	三、加计扣除（26+27+28+29+30）	210 000
26	（一）开发新技术、新产品、新工艺发生的研究开发费用加计扣除（填写A107012）	
27	（二）科技型中小企业开发新技术、新产品、新工艺发生的研究开发费用加计扣除（填写A107012）	
28	（三）企业为获得创新性、创意性、突破性的产品进行创意设计活动而发生的相关费用加计扣除	
29	（四）安置残疾人员所支付的工资加计扣除	210 000
	⋮	
31	合计（1+17+25）	210 000

4.2.3.4 留存备查资料

（1）为安置的每位残疾人按月足额缴纳了企业所在区县人民政府根据国家政策规定的基本养老保险、基本医疗保险、失业保险和工伤保险等社会保险证明资料；

（2）通过非现金方式支付工资薪酬的证明；

（3）安置残疾职工名单及其《残疾人证》或《残疾军人证》；

（4）与残疾人员签订的劳动合同或服务协议。

5　加速折旧

《《 5.1　政策概述 》》

5.1.1　基本规定

企业的固定资产由于技术进步等原因，确需加速折旧的，可以采取缩短折旧年限或者加速折旧的方法。

5.1.1.1　缩短折旧年限法

采取缩短折旧年限法的，最低折旧年限不得低于企业所得税法实施条例第六十条规定折旧年限的60%。

若为购置已使用过的固定资产，其最低折旧年限不得低于企业所得税法实施条例规定的最低折旧年限减去已使用年限后剩余年限的60%。

▶▶▶例 5-1　购入一套已使用10年的房产，采用缩短折旧年限政策的，其最低折旧年限不得低于企业所得税法实施条例规定的最低折旧年限减去已使用年限后剩余年限的60%，即不得低于（20-10）×60%=6（年）。

5.1.1.2　加速折旧法

采取加速折旧法的，可以使用双倍余额递减法或者年数总和法。

1.双倍余额递减法

双倍余额递减法是指在不考虑固定资产预计净残值的情况下，根据每期期初固定资产原值减去累计折旧后的金额和双倍的直线法折旧率计算固定资产折旧的一种方法。应用这种方法计算折旧额时，由于每年年初固定资产净值没有减去预计净残值，所以在计算固定资产折旧额时，应在其折旧年限到期前的两年期间，将固定资产净值减去预计净残值后的余额平均摊销。其计算公式如下：

年折旧率=2÷预计使用寿命（年）×100%

月折旧率=年折旧率÷12

月折旧额=月初固定资产账面净值×月折旧率

2.年数总和法

年数总和法又称年限合计法，是指将固定资产的原值减去预计净残值后的余额，乘以一个以固定资产尚可使用寿命为分子、以预计使用寿命逐年数字之和为分母的逐年递减的分数计算每年的折旧额。其计算公式如下：

年折旧率=尚可使用年限÷预计使用寿命的年数总和×100%

月折旧率=年折旧率÷12

月折旧额=（固定资产原值−预计净残值）×月折旧率

5.1.2   缩短年限、加速折旧的适用范围

5.1.2.1   技术进步、强震动、高腐蚀等原因

《中华人民共和国企业所得税法》第三十二条所称可以采取缩短折旧年限或者加速折旧的方法的固定资产，包括：

（1）由于技术进步，产品更新换代较快的固定资产；

（2）常年处于强震动、高腐蚀状态的固定资产。

5.1.2.2   所有行业2014年后新购进的专门用于研发的仪器、设备，单位价值超过100万元的

对所有行业企业2014年1月1日后新购进的专门用于研发的仪器、设备，单位价值超过100万元的，可缩短折旧年限或采取加速折旧的方法。

5.1.2.3   六大行业2014年1月1日后新购进的固定资产

对生物药品制造业，专用设备制造业，铁路、船舶、航空航天和其他运输设备制造业，计算机、通信和其他电子设备制造业，仪器仪表制造业，信息传输、软件和信息技术服务业等6个行业的企业2014年1月1日后新购进的固定资产，可缩短折旧年限或采取加速折旧的方法。

5.1.2.4   四大领域2015年1月1日后新购进的固定资产

对轻工、纺织、机械、汽车等四个领域重点行业企业2015年1月1日后新购进的固定资产（包括自行建造），允许缩短折旧年限或采取加速折旧方法。

5.1.2.5   制造业2019年1月1日后新购进的固定资产

自2019年1月1日起，适用《财政部 国家税务总局关于完善固定资产加速折旧

企业所得税政策的通知》（财税〔2014〕75号）和《财政部 国家税务总局关于进一步完善固定资产加速折旧企业所得税政策的通知》（财税〔2015〕106号）规定固定资产加速折旧优惠的行业范围，扩大至全部制造业领域。

5.1.2.6　海南自由贸易港企业

自2020年1月1日至2024年12月31日，对在海南自由贸易港设立的企业，新购置（含自建、自行开发）固定资产或无形资产，单位价值超过500万元的，可以缩短折旧、摊销年限或采取加速折旧、摊销的方法。

所称固定资产，是指除房屋、建筑物以外的固定资产。

5.1.2.7　企业外购软件、集成电路生产企业的生产设备

企业外购的软件，凡符合固定资产或无形资产确认条件的，可以按照固定资产或无形资产进行核算，其折旧或摊销年限可以适当缩短，最短可为2年（含）。

集成电路生产企业的生产设备，其折旧年限可以适当缩短，最短可为3年（含）。

5.1.3　一次性税前扣除适用范围

5.1.3.1　研发设备一次性扣除

企业在2014年1月1日后购进并专门用于研发活动的仪器、设备，单位价值不超过100万元的，可以一次性在计算应纳税所得额时扣除。

5.1.3.2　单位价值不超过5 000元的固定资产一次性扣除

企业持有的固定资产，单位价值不超过5 000元的，可以一次性在计算应纳税所得额时扣除。企业在2013年12月31日前持有的单位价值不超过5 000元的固定资产，其折余价值部分，2014年1月1日以后可以一次性在计算应纳税所得额时扣除。

5.1.3.3　单位价值不超过500万元的设备、器具一次性扣除

企业在2018年1月1日至2023年12月31日期间新购进的设备、器具，单位价值不超过500万元的，允许一次性计入当期成本费用在计算应纳税所得额时扣除，不再分年度计算折旧。所称设备、器具，是指除房屋、建筑物以外的固定资产。

5.1.3.4　六大行业一次性扣除

对生物药品制造业，专用设备制造业，铁路、船舶、航空航天和其他运输设备

制造业，计算机、通信和其他电子设备制造业，仪器仪表制造业，信息传输、软件和信息技术服务业等六个行业的小型微利企业2014年1月1日后新购进的研发和生产经营共用的仪器、设备，单位价值不超过100万元的，允许一次性计入当期成本费用在计算应纳税所得额时扣除，不再分年度计算折旧。

5.1.3.5　四大领域一次性扣除

对轻工、纺织、机械、汽车等四个领域重点行业的小型微利企业2015年1月1日后新购进的研发和生产经营共用的仪器、设备，单位价值不超过100万元的，允许一次性计入当期成本费用在计算应纳税所得额时扣除，不再分年度计算折旧。

5.1.3.6　疫情防控重点保障物资生产企业一次性扣除

2020年1月1日至2021年3月31日，对疫情防控重点保障物资生产企业为扩大产能新购置的相关设备，允许一次性计入当期成本费用在企业所得税税前扣除。所称疫情防控重点保障物资生产企业名单，由省级及以上发展改革部门、工业和信息化部门确定。

5.1.3.7　海南自由贸易港企业一次性扣除

自2020年1月1日起至2024年12月31日，对在海南自由贸易港设立的企业，新购置（含自建、自行开发）固定资产或无形资产，单位价值不超过500万元（含）的，允许一次性计入当期成本费用在计算应纳税所得额时扣除，不再分年度计算折旧和摊销。所称固定资产，是指除房屋、建筑物以外的固定资产。

5.1.3.8　按比例一次性税前扣除

中小微企业在2022年1月1日至2022年12月31日期间新购置的设备、器具，单位价值在500万元以上的，按照单位价值的一定比例自愿选择在企业所得税税前扣除。其中，企业所得税法实施条例规定最低折旧年限为3年的设备器具，单位价值的100%可在当年一次性税前扣除；最低折旧年限为4年、5年、10年的，单位价值的50%可在当年一次性税前扣除，其余50%按规定在剩余年度计算折旧进行税前扣除。

所称中小微企业是指从事国家非限制和禁止行业，且符合以下条件的企业：

（1）信息传输业、建筑业、租赁和商务服务业：从业人员2 000人以下，或营业收入10亿元以下或资产总额12亿元以下；

（2）房地产开发经营：营业收入20亿元以下或资产总额1亿元以下；

（3）其他行业：从业人员1 000人以下或营业收入4亿元以下。

所称设备、器具，是指除房屋、建筑物以外的固定资产；所称从业人数，包括与企业建立劳动关系的职工人数和企业接受的劳务派遣用工人数。

从业人数和资产总额指标，应按企业全年的季度平均值确定。具体计算公式如下：

季度平均值=（季初值+季末值）÷2

全年季度平均值=全年各季度平均值之和÷4

年度中间开业或者终止经营活动的，以其实际经营期作为一个纳税年度确定上述相关指标。

«« 5.2　政策沿革 »»

2008年，《中华人民共和国企业所得税法》及其实施条例的实施，将固定资产加速折旧优惠政策以法律形式予以确认。为便于纳税人享受政策，国家税务总局随后发布了《国家税务总局关于企业固定资产加速折旧所得税处理有关问题的通知》（国税发〔2009〕81号），对加速折旧方法、购置已使用过的固定资产等有关政策口径予以细化明确。

2014—2015年，财政部、国家税务总局先后下发了《财政部 国家税务总局关于完善固定资产加速折旧企业所得税政策的通知》（财税〔2014〕75号）、《国家税务总局关于固定资产加速折旧税收政策有关问题的公告》（国家税务总局公告2014年第64号）、《财政部 国家税务总局关于进一步完善固定资产加速折旧企业所得税政策的通知》（财税〔2015〕106号）、《国家税务总局关于进一步完善固定资产加速折旧企业所得税政策有关问题的公告》（国家税务总局公告2015年第68号）等文件，针对六大行业、四大领域适时出台了固定资产加速折旧政策，并在2019年发布了《财政部 税务总局关于扩大固定资产加速折旧优惠政策适用范围的公告》（财政部 税务总局公告2019年第66号）进一步扩围至全部制造业企业。

同时，一次性税前扣除政策也在稳步扩围。从财税〔2014〕75号文件规定100万元以下研发设备及5 000元以下固定资产一次性税前扣除，到2018年出台了《财政部 税务总局关于设备、器具扣除有关企业所得税政策的通知》（财税〔2018〕54号），允许单位价值不超过500万元的设备、器具一次性税前扣除，实现了较大突破。2020年，为鼓励抗击新冠肺炎疫情，又适时出台了《财政部 税务总局关于支持新型冠状病毒感染的肺炎疫情防控有关税收政策的公告》（财政部 税务总局公告2020年第8号），对疫情防控重点保障物资生产企业为扩大产能新购置的相关设备准予一次性税前扣除。2022年，为促进中小微企业设备更新和技术升级，《财政部 税务总局关于中小微企业设备器具所得税税前扣除有关政策的公告》（财政部 税务总局公告2022年第12号）进一步规定了中小微企业设备、器具所得税税前扣除政策。上述政策主要发展情况见表5-1。

表5-1 政策主要发展情况表（截至2022年6月1日）

年度	政策依据	主要内容	效力
2007	《中华人民共和国企业所得税法》第三十二条；《中华人民共和国企业所得税法实施条例》第九十八条	以法律形式规定了固定资产加速折旧优惠政策	有效
2009	国税发〔2009〕81号	对《中华人民共和国企业所得税法》及其实施条例规定的加速折旧政策适用情形及加速折旧方法予以细化明确	部分条款废止，废止第五条。参见：国家税务总局公告2016年第34号
2012	财税〔2012〕27号	增加了企业外购的软件、集成电路生产企业的生产设备加速折旧政策	部分条款失效。参见：财税〔2016〕49号
2014	财税〔2014〕75号	增加了六个行业、专门用于研发的仪器设备、不超过5000元的固定资产等加速折旧政策	有效
2014	国家税务总局公告2014年第64号	对财税〔2014〕75号文件配套的有关征管规定予以细化	条款废止。附件《固定资产加速折旧（扣除）预缴情况统计表》及其填报说明同时废止。参见：国家税务总局公告2015年第31号。条款废止。废止第七条第一款。参见：国家税务总局公告2016年第34号
2015	财税〔2015〕106号	增加了四个领域的固定资产加速折旧政策	有效
2015	国家税务总局公告2015年第68号	对财税〔2015〕106号文件配套的有关征管规定予以细化	有效
2018	财税〔2018〕54号	增加了单位价值不超过500万元的设备、器具一次性扣除政策	2018年1月1日起延长至2023年12月31日。参见：财政部税务总局公告2021年第6号
2018	国家税务总局公告2018年第46号	对财税〔2018〕54号文件配套的有关征管规定予以细化	
2019	财政部 税务总局公告2019年第66号	将财税〔2014〕75号和财税〔2015〕106号文件规定的固定资产加速折旧优惠的行业范围，扩大至全部制造业领域	有效
2020	财税〔2020〕31号	在海南自由贸易港设立的企业，新购置（含自建、自行开发）固定资产或无形资产加速折旧政策	自2020年1月1日起执行至2024年12月31日
2020	财政部 税务总局公告2020年第8号	对疫情防控重点保障物资生产企业为扩大产能新购置的相关设备一次性扣除政策	2020年1月1日起延长至2021年3月31日。参见：财政部税务总局公告2021年第7号
2022	财政部 税务总局公告2022年第12号	规定中小微企业设备、器具所得税税前扣除政策	2022年1月1日至2022年12月31日

«« 5.3　申报管理 »»

5.3.1　享受程序

企业享受优惠事项采取"自行判别、申报享受、相关资料留存备查"的办理方式。企业应当根据经营情况以及相关税收规定自行判断是否符合优惠事项规定的条件，符合条件的可以按规定的时间自行计算减免税额，并通过填报企业所得税纳税申报表享受税收优惠。同时，按规定归集和留存相关资料备查。

5.3.2　享受时间

季度预缴及年度汇算清缴均可享受。

5.3.3　填报示例

1.A类企业所得税季度预缴申报

查账征收纳税人在季度预缴时享受固定资产加速折旧或一次性扣除企业所得税优惠政策涉及《A200000中华人民共和国企业所得税月（季）度预缴纳税申报表（A类）》《A201020资产加速折旧、摊销（扣除）优惠明细表》等2张表单。

纳税人填报《A201020资产加速折旧、摊销（扣除）优惠明细表》，填写后第3行第5列数据自动生成至《A200000中华人民共和国企业所得税月（季）度预缴纳税申报表（A类）》第6行"减：资产加速折旧、摊销（扣除）调减额"。

表A200000第6行"减：资产加速折旧、摊销（扣除）调减额"：填报资产税收上享受加速折旧、摊销优惠政策计算的折旧额、摊销额大于同期会计折旧额、摊销额期间发生纳税调减的本年累计金额。本行根据《A201020资产加速折旧、摊销（扣除）优惠明细表》填报。

《A201020资产加速折旧、摊销（扣除）优惠明细表》适用于按照《财政部 国家税务总局关于完善固定资产加速折旧企业所得税政策的通知》（财税〔2014〕75号）、《财政部 国家税务总局关于进一步完善固定资产加速折旧企业所得税政策的通知》（财税〔2015〕106号）、《财政部 税务总局关于设备、器具扣除有关企业所得税政策的通知》（财税〔2018〕54号）、《财政部 税务总局关于扩大固定资产加速折旧优惠政策适用范围的公告》（财政部 税务总局公告2019年第66号）、《财政部 税务总局关于支持新型冠状病毒感染的肺炎疫情防控有关税收政策的公告》（财政部 税务总局公告2020年第8号）、《财政部 税务总局关于支持疫情防控保供等税费政策实施期限的公告》（财政部 税务总局公告 2020 年第 28 号）、《财政部 税务总局关于海南自由贸易港企业所得税优惠政策的通知》（财税〔2020〕31 号）等文件的规定，享受资产加速折旧、摊销和一次性扣除优惠政策的纳税人填报。不享受资产加速折旧、摊销和一次性扣除优惠政策的纳税人，无须填报。

根据《国家税务总局关于企业固定资产加速折旧所得税处理有关问题的通知》（国税发〔2009〕81 号）、《财政部 国家税务总局关于进一步鼓励软件产业和集成电路产业发展企业所得税政策的通知》（财税〔2012〕27 号）等的规定，上述政策仅适用于年度汇算清缴，纳税人在月（季）度预缴申报时不填报表 A201020。

填报表 A201020 应掌握以下原则：

（1）本表仅填报执行加速折旧、摊销和一次性扣除政策的资产，不执行上述政策的资产不在本表填报。

（2）自该资产开始计提折旧、摊销起，在"享受加速政策计算的折旧\摊销金额"大于"按照税收一般规定计算的折旧\摊销金额"的折旧、摊销期间内，必须填报本表。

"享受加速政策计算的折旧\摊销金额"是指纳税人享受文件规定资产加速折旧、摊销优惠政策的资产，采取税收加速折旧、摊销或一次性扣除方式计算的税收折旧、摊销额。

"按照税收一般规定计算的折旧\摊销金额"是指该资产按照税收一般规定计算的折旧、摊销金额，即该资产在不享受加速折旧、摊销政策情况下，按照税收规定的最低折旧年限以直线法计算的折旧、摊销金额。对于享受一次性扣除的资产，"按照税收一般规定计算的折旧\摊销金额"直接填报按照税收一般规定计算的一个月的折旧、摊销金额。

（3）自该资产开始计提折旧、摊销起，在"享受加速政策计算的折旧\摊销金额"小于"按照税收一般规定计算的折旧\摊销金额"的折旧、摊销期间内，不填报本表。

资产折旧、摊销本年先后出现"税收折旧、摊销大于一般折旧、摊销"和"税收折旧、摊销小于等于一般折旧、摊销"两种情形的，在"税收折旧、摊销小于等于一般折旧、摊销"期间，仍需根据该资产"税收折旧、摊销大于一般折旧、摊销"期内最后一期折旧、摊销的有关情况填报本表，直至本年最后一次月（季）度预缴纳税申报。

（4）以前年度开始享受加速政策的，若该资产本年符合第（2）条原则，应继续填报本表。

表 A201020 的具体填报如下：

（1）行次填报

①第 1 行"一、加速折旧、摊销（不含一次性扣除）"：根据相关行次计算结果填报。根据《企业所得税申报事项目录》，在第 1.1 行、第 1.2 行……填报税收规定的资产加速折旧、摊销（不含一次性扣除）优惠事项的具体信息。同时发生多个

事项的可以增加行次，但每个事项仅能填报一次。一项资产仅可适用一项优惠事项，不得重复填报。

②第2行"二、一次性扣除"：根据相关行次计算结果填报。根据《企业所得税申报事项目录》，在第2.1行、第2.2行……填报税收规定的资产一次性扣除优惠事项的具体信息。发生多项且根据税收规定可以同时享受的优惠事项，可以增加行次，但每个事项仅能填报一次。一项资产仅可适用一项优惠事项，不得重复填报。

（2）列次填报

纳税人享受加速折旧、摊销和一次性扣除优惠政策的资产，仅填报采取税收加速折旧、摊销计算的税收折旧、摊销大于按照税法一般规定计算的折旧、摊销期间的金额；税收折旧、摊销小于一般折旧、摊销期间的金额，不再填报本表。同时，保留本年税收折旧、摊销大于一般折旧、摊销期间最后一期的本年累计金额继续填报，直至本年度最后一期月（季）度预缴纳税申报。

①第1列"本年享受优惠的资产原值"

填报纳税人按照文件规定享受资产加速折旧、摊销和一次性扣除优惠政策的资产，会计处理计提折旧、摊销的资产原值（或历史成本）的金额。

②第2列"账载折旧\摊销金额"

填报纳税人按照文件规定享受资产加速折旧、摊销和一次性扣除优惠政策的资产，会计核算的本年资产折旧、摊销额。

③第3列"按照税收一般规定计算的折旧\摊销金额"

填报纳税人按照文件规定享受资产加速折旧、摊销优惠政策的资产，按照税收一般规定计算的允许税前扣除的本年资产折旧、摊销额；享受一次性扣除的资产，本列填报该资产按照税法一般规定计算的一个月的折旧、摊销额。

所有享受上述优惠的资产都须计算填报一般折旧、摊销额，包括税收和会计处理不一致的资产。

④第4列"享受加速政策计算的折旧\摊销金额"

填报纳税人按照文件规定享受资产加速折旧、摊销和一次性扣除优惠政策的资产，按照税收规定的加速折旧、摊销方法计算的本年资产折旧、摊销额和按上述文件规定一次性税前扣除的金额。

⑤第5列"纳税调减金额"

纳税人按照文件规定享受资产加速折旧、摊销和一次性扣除优惠政策的资产，在列次填报时间口径规定的期间内，根据会计折旧、摊销金额与税收加速折旧、摊销金额填报：

当会计折旧、摊销金额小于等于税收折旧、摊销金额时，该项资产的"纳税调减金额"＝"享受加速政策计算的折旧\摊销金额"－"账载折旧\摊销金额"。

当会计折旧、摊销金额大于税收折旧、摊销金额时，该项资产"纳税调减金额"按0填报。

⑥第6列"享受加速政策优惠金额"：根据相关列次计算结果填报。本列＝第4

列-第3列。

>>>例5-2　甬宁公司是一家制造业企业，2021年1月12日购入一台生产设备A，取得增值税专用发票，不含税金额为300万元，并在当月投入使用。2021年2月5日又购入一台生产设备B，取得增值税专用发票，不含税金额为720万元，并在当月投入使用。假定甬宁公司是一家查账征收企业，2021年第一季度利润总额为1 000万元，购入设备A享受一次性扣除政策，购入设备B享受缩短折旧年限政策，不考虑其他事项。请分析甬宁公司2021年第一季度所得税影响。

解析：甬宁公司购入生产设备A可享受购入单位价值500万元以下设备、器具一次性扣除政策；购入生产设备B可享受制造业企业购入单位价值500万元以上固定资产缩短折旧年限政策，最低折旧年限为企业所得税法实施条例第六十条规定折旧年限的60%，即按6年进行折旧。甬宁公司2021年第一季度预缴申报时，填写《A200000中华人民共和国企业所得税月（季）度预缴纳税申报表（A类）》《A201020资产加速折旧、摊销（扣除）优惠明细表》，分别见表5-2、表5-3。

表5-2　A200000中华人民共和国企业所得税月（季）度预缴纳税申报表（A类）

行次	预缴税款计算	本年累计
1	营业收入	
2	营业成本	
3	利润总额	10 000 000
4	加：特定业务计算的应纳税所得额	
5	减：不征税收入	
6	减：资产加速折旧、摊销（扣除）调减额（填写A201020）	2 990 000
7	减：免税收入、减计收入、加计扣除（7.1+7.2+…）	
8	减：所得减免（8.1+8.2+…）	
9	减：弥补以前年度亏损	
10	实际利润额（3+4-5-6-7-8-9）\按照上一纳税年度应纳税所得额平均额确定的应纳税所得额	7 010 000
11	税率（25%）	0.25
12	应纳所得税额（10×11）	1 752 500
13	减：减免所得税额（13.1+13.2+…）	
14	减：本年实际已缴纳所得税额	
15	减：特定业务预缴（征）所得税额	
16	本期应补（退）所得税额（12-13-14-15）\税务机关确定的本期应纳所得税额	

表5-3   **A201020 资产加速折旧、摊销（扣除）优惠明细表**

行次	项目	本年享受优惠的资产原值	本年累计折旧\摊销（扣除）金额				
			账载折旧\摊销金额	按照税收一般规定计算的折旧\摊销金额	享受加速政策计算的折旧\摊销金额	纳税调减金额	享受加速政策优惠金额
		1	2	3	4	5	6（4-3）
1	一、加速折旧、摊销（不含一次性扣除，1.1+1.2+…）	7 200 000	60 000	60 000	100 000	40 000	40 000
1.1	重要行业固定资产加速折旧	7 200 000	60 000	60 000	100 000	40 000	40 000
1.2	（填写优惠事项名称）						
2	二、一次性扣除（2.1+2.2+…）	3 000 000	50 000	25 000	3 000 000	2 950 000	2 975 000
2.1	500万元以下设备器具一次性扣除	3 000 000	50 000	25 000	3 000 000	2 950 000	2 975 000
2.2	（填写优惠事项名称）						
3	合计（1+2）	10 200 000	110 000	85 000	3 100 000	2 990 000	3 015 000

2.A类企业所得税年度汇算清缴申报

查账征收纳税人在年度汇算清缴时享受固定资产加速折旧企业所得税优惠政策涉及《A100000 中华人民共和国企业所得税年度纳税申报表（A类）》《A105000 纳税调整项目明细表》《A105080 资产折旧、摊销及纳税调整明细表》等3张表单。

纳税人根据实际情况填报《A105080 资产折旧、摊销及纳税调整明细表》，填写后第41行第9列数值自动生成至《A105000 纳税调整项目明细表》第32行第3列或第4列，以及《A100000 中华人民共和国企业所得税年度纳税申报表（A类）》第15行"加：纳税调整增加额"或第16行"减：纳税调整减少额"。其中，若表A105080 第41行第9列≥0，第41行第9列=表A105000 第32行第3列=表A100000 第15行；若表A105080 第41行第9列<0，第41行第9列的绝对值=表A105000 第32行第4列=表A100000 第16行。

《A105080 资产折旧、摊销及纳税调整明细表》适用于纳税人根据政策规定填报资产折旧、摊销的会计处理、税收处理，以及纳税调整情况。纳税人只要发生相关事项，均需填报本表。具体填报如下：

（1）列次填报

对于不征税收入形成的资产，其折旧、摊销额不得税前扣除。第4列至第8列税收金额不包含不征税收入所形成资产的折旧、摊销额。

①第1列"资产原值"：填报纳税人会计处理计提折旧、摊销的资产原值（或历史成本）的金额。

②第2列"本年折旧、摊销额"：填报纳税人会计核算的本年资产折旧、摊销额。

③第3列"累计折旧、摊销额"：填报纳税人会计核算的累计（含本年）资产折旧、摊销额。

④第4列"资产计税基础"：填报纳税人按照税收规定据以计算折旧、摊销的

资产原值（或历史成本）的金额。

⑤第5列"税收折旧、摊销额"：填报纳税人按照税收规定计算的允许税前扣除的本年资产折旧、摊销额。

第8行至第17行、第30行至第32行第5列"税收折旧、摊销额"：填报享受相关加速折旧、摊销优惠政策的资产，采取税收加速折旧、摊销或一次性扣除方式计算的税收折旧额合计金额、摊销额合计金额。本列仅填报"税收折旧、摊销额"大于"享受加速折旧政策的资产按税收一般规定计算的折旧、摊销额"月份的金额合计。例如，享受加速折旧、摊销优惠政策的资产，发生本年度某些月份其"税收折旧、摊销额"大于"享受加速折旧政策的资产按税收一般规定计算的折旧、摊销额"，其余月份其"税收折旧、摊销额"小于"享受加速折旧政策的资产按税收一般规定计算的折旧、摊销额"的情形，仅填报"税收折旧、摊销额"大于"享受加速折旧政策的资产按税收一般规定计算的折旧、摊销额"月份的税收折旧额合计金额、摊销额合计金额。

⑥第6列"享受加速折旧政策的资产按税收一般规定计算的折旧、摊销额"：仅适用于第8行至第17行、第30行至第32行，填报纳税人享受加速折旧、摊销优惠政策的资产，按照税收一般规定计算的折旧额合计金额、摊销额合计金额。按照税收一般规定计算的折旧、摊销额，是指该资产在不享受加速折旧、摊销优惠政策情况下，按照税收规定的最低折旧年限以直线法计算的折旧额、摊销额。本列仅填报"税收折旧、摊销额"大于"享受加速折旧政策的资产按税收一般规定计算的折旧、摊销额"月份的按税收一般规定计算的折旧额合计金额、摊销额合计金额。

⑦第7列"加速折旧、摊销统计额"：用于统计纳税人享受各类固定资产加速折旧政策的优惠金额，按第5-6列金额填报。

⑧第8列"累计折旧、摊销额"：填报纳税人按照税收规定计算的累计（含本年）资产折旧、摊销额。

⑨第9列"纳税调整金额"：填报第2-5列金额。

（2）行次填报

第2行至第7行、第19行至第20行、第22行至第29行、第34行至第40行：填报各类资产有关情况。

第8行至第17行、第30行至第32行：填报纳税人享受相关加速折旧、摊销优惠政策的资产有关情况及优惠统计情况。

①第8行"（一）重要行业固定资产加速折旧"：适用于符合财税〔2014〕75号、财税〔2015〕106号和财政部 税务总局公告2019年第66号文件规定的制造业、信息传输、软件和信息技术服务业行业（以下称"重要行业"）的企业填报，填报新购进固定资产享受加速折旧政策的有关情况及优惠统计情况。重要行业纳税人按照上述文件规定享受固定资产一次性扣除政策的资产情况在第11行"（四）500万元以下设备器具一次性扣除"中填报。

②第9行"（二）其他行业研发设备加速折旧"：适用于重要行业以外的其他行业企业填报，填报单位价值100万元以上专用研发设备采取缩短折旧年限或加速

折旧方法的有关情况及优惠统计情况。

③第10行"（三）特定地区企业固定资产加速折旧"，适用于海南自由贸易港等特定地区设立的企业填报享受固定资产加速折旧政策有关情况。本行填报第10.1+10.2行金额。

第10.1行"1.海南自由贸易港企业固定资产加速折旧"：海南自由贸易港企业填报新购置（含自建）500万元以上的固定资产，按照税收规定采取缩短折旧年限或加速折旧方法的有关情况及优惠统计情况。若固定资产同时符合重要行业加速折旧政策条件，纳税人自行选择在本表第8行或本行填报，但不得重复填报。

第10.2行"2.其他特定地区企业固定资产加速折旧"：其他特定地区企业填报按照税收规定采取缩短折旧年限或加速折旧方法的固定资产有关情况及优惠统计情况。若固定资产同时符合重要行业加速折旧政策条件，纳税人自行选择在本表第8行或本行填报，但不得重复填报。

④第11行"（四）500万元以下设备器具一次性扣除"：填报新购进单位价值不超过500万元的设备、器具等，按照税收规定一次性扣除的有关情况及优惠统计情况。对疫情防控重点保障物资生产企业，其为扩大产能新购置的相关设备价值不超过500万元的，其按照税收规定一次性扣除的有关情况及优惠统计情况在本行填列。

⑤第12行"（五）疫情防控重点保障物资生产企业单价500万元以上设备一次性扣除"，填报疫情防控重点保障物资生产企业单价500万元以上设备，按照税收规定一次性扣除的有关情况及优惠统计情况。

⑥第13行"（六）特定地区企业固定资产一次性扣除"：适用于海南自由贸易港等特定地区设立的企业填报享受固定资产一次性扣除政策有关情况。本行填报第13.1+13.2行金额。

第13.1行"1.海南自由贸易港企业固定资产一次性扣除"：海南自由贸易港企业填报新购置（含自建）固定资产，按照税收规定采取一次性摊销方法的有关情况及优惠统计情况。若固定资产同时符合"500万元以下设备器具一次性扣除"政策，由纳税人自行选择在第11行或本行填报，但不得重复填报。

第13.2行"2.其他特定地区企业固定资产一次性扣除"：其他特定地区企业填报按照税收规定采取一次性扣除方法的有关固定资产情况及优惠统计情况。若固定资产同时符合"500万元以下设备器具一次性扣除"政策，纳税人自行选择在第11行或本行填报，但不得重复填报。

⑦第14行"（七）技术进步、更新换代固定资产加速折旧"：填报固定资产因技术进步、产品更新换代较快而按税收规定享受固定资产加速折旧政策的有关情况及优惠统计情况。

⑧第15行"（八）常年强震动、高腐蚀固定资产加速折旧"：填报常年处于强震动、高腐蚀状态的固定资产按税收规定享受固定资产加速折旧政策的有关情况及优惠统计情况。

⑨第16行"（九）外购软件加速折旧"：填报企业外购软件作为固定资产处

理，按财税〔2012〕27号文件规定享受加速折旧政策的有关情况及优惠统计情况。

⑩第17行"（十）集成电路企业生产设备加速折旧"：填报集成电路生产企业的生产设备，按照财税〔2012〕27号文件规定享受加速折旧政策的有关情况及优惠统计情况。

⑪第30行"（一）企业外购软件加速摊销"：填报企业外购软件作无形资产处理，按财税〔2012〕27号文件规定享受加速摊销政策的有关情况及优惠统计情况。

⑫第31行"（二）特定地区企业无形资产加速摊销"：适用于海南自由贸易港等特定地区设立的企业填报享受无形资产加速摊销政策有关情况。本行填报第31.1+31.2行金额。

第31.1行"海南自由贸易港企业无形资产加速摊销"：海南自由贸易港企业填报新购置（含自行开发）无形资产，按照税收规定采取缩短摊销年限或加速摊销方法的有关情况及优惠统计情况。

第31.2行"其他特定地区企业无形资产加速摊销"：其他特定地区企业填报按照税收规定采取缩短摊销年限或加速摊销方法的无形资产有关情况及优惠统计情况。

⑬第32行"（三）特定地区企业无形资产一次性摊销"：适用于海南自由贸易港等特定地区设立的企业填报享受无形资产一次性摊销政策有关情况。本行填报第32.1+32.2行金额。

第32.1行"海南自由贸易港企业无形资产一次性摊销"：海南自由贸易港企业填报新购置（含自行开发）无形资产，按照税收规定采取一次性摊销方法有关情况及优惠统计情况。

第32.2行"其他特定地区企业无形资产一次性摊销"：其他特定地区企业填报按照税收规定采取一次性摊销方法的无形资产有关情况及优惠统计情况。

▶▶▶例5-3 甬宁公司固定资产情况如下：

（1）2019年12月31日购入一项房产，价值2 400万元，会计和税收均采用直线法计提折旧，折旧年限20年。房产当月投入使用。

（2）2020年12月15日购入一项生产设备，当日取得增值税专用发票，不含税金额300万元，会计上采用直线法计提折旧，折旧年限10年，税收上采用一次性扣除政策。生产设备当月投入使用。

假定甬宁公司是查账征收企业，2021年度利润总额1 000万元，不考虑其他事项。请分析甬宁公司2021年度所得税影响。

解析：（1）房产：2021年度会计计提折旧=2 400÷20=120（万元），会计累计计提折旧=2 400÷20×2=240（万元）；税收折旧同会计折旧。

（2）生产设备：2021年度会计计提折旧=300÷10=30（万元），会计累计计提折旧=300÷10=30（万元）；2021年度税收计提折旧=300万元，税收累计计提折旧=300万元。

甬宁公司2021年度汇算清缴时填报《A100000中华人民共和国企业所得税年

度纳税申报表（A类）》《A105000纳税调整项目明细表》《A105080资产折旧、摊销及纳税调整明细表》，分别见表5-4至表5-6。

表5-4　　　A100000中华人民共和国企业所得税年度纳税申报表（A类）

行次	类别	项　目	金　额
1	利润总额计算	⋮	
13		三、利润总额（10+11+12）	10 000 000
14	应纳税所得额计算	减：境外所得（填写A108010）	
15		加：纳税调整增加额（填写A105000）	
16		减：纳税调整减少额（填写A105000）	2 700 000
17		减：免税、减计收入及加计扣除（填写A107010）	
18		加：境外应税所得抵减境内亏损（填写A108000）	
19		四、纳税调整后所得（13-14+15-16-17+18）	7 300 000
20		减：所得减免（填写A107020）	
21		减：弥补以前年度亏损（填写A106000）	
22		减：抵扣应纳税所得额（填写A107030）	
23		五、应纳税所得额（19-20-21-22）	7 300 000
24	应纳税额计算	税率（25%）	0.25
25		六、应纳所得税额（23×24）	1 825 000
26		减：减免所得税额（填写A107040）	
27		减：抵免所得税额（填写A107050）	
28		七、应纳税额（25-26-27）	1 825 000
29		加：境外所得应纳所得税额（填写A108000）	
30		减：境外所得抵免所得税额（填写A108000）	
31		八、实际应纳所得税额（28+29-30）	1 825 000
32		减：本年累计实际已缴纳的所得税额	
33		九、本年应补（退）所得税额（31-32）	
34		其中：总机构分摊本年应补（退）所得税额（填写A109000）	
35		财政集中分配本年应补（退）所得税额（填写A109000）	
36		总机构主体生产经营部门分摊本年应补（退）所得税额（填写A109000）	

表5-5　　　　　　　　　A105000纳税调整项目明细表

行次	项　目	账载金额	税收金额	调增金额	调减金额
		1	2	3	4
	⋮				
31	三、资产类调整项目（32+33+34+35）	*	*	0	2 700 000
32	（一）资产折旧、摊销（填写A105080）	1 500 000	4 200 000	0	2 700 000
	⋮				
46	合计（1+12+31+36+44+45）	*	*	0	2 700 000

表5-6

A105080资产折旧、摊销及纳税调整明细表

行次	项目	账载金额			税收金额					纳税调整金额
		资产原值	本年折旧、摊销额	累计折旧、摊销额	资产计税基础	税收折旧、摊销额	享受加速折旧政策的资产按税收一般规定计算的折旧、摊销额	加速折旧、摊销统计额	累计折旧、摊销额	纳税调整金额
		1	2	3	4	5	6	7 (5-6)	8	9 (2-5)
1	一、固定资产（2+3+4+5+6+7）	27 000 000	1 500 000	2 700 000	27 000 000	4 200 000	*	*	5 400 000	-2 700 000
2	（一）房屋、建筑物	24 000 000	1 200 000	2 400 000	24 000 000	1 200 000	*	*	2 400 000	0
	（二）飞机、火车、轮船、机器、机械和其他生产设备	3 000 000	300 000	300 000	3 000 000	3 000 000	*	*	3 000 000	-2 700 000
	…									
11	其中：享受固定资产加速折旧及一次性扣除政策的资产加速折旧大于一般折旧额的部分	3 000 000	300 000	3 000 000	3 000 000	3 000 000	25 000	2 975 000	3 000 000	*
	…									
41	合计（1+18+21+33+39+40）	27 000 000	1 500 000	2 700 000	27 000 000	4 200 000	25 000	2 975 000	5 400 000	-2 700 000

5.3.4　留存备查资料

5.3.4.1　2014年（不含）以前出台的固定资产加速折旧政策

（1）固定资产的功能、预计使用年限短于规定计算折旧的最低年限的理由、证明资料及有关情况的说明；

（2）被替代的旧固定资产的功能、使用及处置等情况的说明；

（3）固定资产加速折旧拟采用的方法和折旧额的说明，外购软件拟缩短折旧或摊销年限情况的说明；

（4）集成电路生产企业证明材料；

（5）购入固定资产或软件的发票、记账凭证。

5.3.4.2　2014年、2015年、2019年出台的行业加速折旧政策

（1）企业属于重点行业、领域企业的说明材料（以某重点行业业务为主营业务，固定资产投入使用当年主营业务收入占企业收入总额50%（不含）以上）；

（2）购进固定资产的发票、记账凭证（购入已使用过的固定资产，应提供已使用年限的相关说明）；

（3）核算有关资产税法与会计差异的台账。

5.3.4.3　财税〔2018〕54号设备、器具一次性扣除政策

（1）有关固定资产购进时点的资料（如以货币形式购进固定资产的发票，以分期付款或赊销方式购进固定资产的到货时间说明，自行建造固定资产的竣工决算情况说明等）；

（2）固定资产记账凭证；

（3）核算有关资产税务处理与会计处理差异的台账。

««　5.4　风险提示　»»

（1）购进包括以货币形式购进和自行建造两种形式。将自行建造也纳入享受优惠的范围，主要是考虑自行建造固定资产所使用的材料实际也是购进的，因此把自行建造的固定资产也看作"购进"的。融资租赁的固定资产不属于购进的范畴，不能适用加速折旧政策。

（2）购进时点按以下原则确认：以货币形式购进的固定资产，除采取分期付款或赊销方式购进外，按发票开具时间确认。以分期付款或赊销方式购进的固定资产，按固定资产到货时间确认。自行建造的固定资产，按竣工结算时间确认。

（3）"新购进"中的"新"字，只是区别于原已购进的固定资产，而不是一定要购进全新的固定资产，因此企业购进的使用过的固定资产也可适用加速折旧政策。

（4）企业会计处理上是否采取加速折旧方法，不影响企业享受加速折旧税收优惠政策，企业在享受加速折旧税收优惠政策时，不需要会计上也同时采取与税收上相同的折旧方法。

（5）亏损企业可以享受固定资产加速折旧优惠政策，实行固定资产加速折旧政策产生的亏损可以按规定在以后纳税年度内结转弥补。

（6）加速折旧企业所得税优惠适用于账证健全、实行查账征收的企业，核定征收企业不能享受加速折旧税收优惠。

（7）适用于六大行业、四大领域等特定行业的固定资产加速折旧政策，以后年度主营业务收入占比发生变化导致行业变更的，不影响企业继续享受加速折旧优惠政策。企业在生产经营过程中，主营业务收入占比可能会发生变化，为增强政策可操作性，以新购置并使用固定资产当年数据为标准，判断其是否可以享受优惠政策。以后年度发生变化的，不影响企业继续享受加速折旧优惠政策。

（8）企业以单独计价的固定资产为计提折旧的单位，可以按照固定资产各自属性分别确定折旧方法。同一批次或同一资产类的不同固定资产单位，可以按照税法规定采取不同的折旧方法。

6 项目所得减免

«« 6.1 农、林、牧、渔业项目所得 »»

6.1.1 政策概述

6.1.1.1 基本规定

企业从事农、林、牧、渔业项目的所得，可以免征、减征企业所得税。具体如下，其中注"*"部分自2011年1月1日起执行，其他部分自2008年1月1日起执行：

（1）企业从事下列项目的所得，免征企业所得税：

①蔬菜、谷物、薯类、油料、豆类、棉花、麻类、糖料、水果、坚果的种植。

②农作物新品种的选育。

*企业从事农作物新品种选育的免税所得，是指企业对农作物进行品种和育种材料选育形成的成果，以及由这些成果形成的种子（苗）等繁殖材料的生产、初加工、销售一体化取得的所得。

③中药材的种植。

④林木的培育和种植。

*企业从事林木的培育和种植的免税所得，是指企业对树木、竹子的育种和育苗、抚育和管理以及规模造林活动取得的所得，包括企业通过拍卖或收购方式取得林木所有权并经过一定的生长周期，对林木进行再培育取得的所得。

⑤牲畜、家禽的饲养。

*猪、兔的饲养，按"牲畜、家禽的饲养"项目处理。

*饲养牲畜、家禽产生的分泌物、排泄物，按"牲畜、家禽的饲养"项目处理。

⑥林产品的采集。

⑦灌溉、农产品初加工、兽医、农技推广、农机作业和维修等农、林、牧、渔服务业项目。

⑧远洋捕捞。

*对取得农业部①颁发的"远洋渔业企业资格证书"并在有效期内的远洋渔业企业，从事远洋捕捞业务取得的所得免征企业所得税。

（2）企业从事下列项目的所得，减半征收企业所得税：

①花卉、茶以及其他饮料作物和香料作物的种植。

*观赏性作物的种植，按"花卉、茶以及其他饮料作物和香料作物的种植"项目处理。

②海水养殖、内陆养殖。

*"牲畜、家禽的饲养"以外的生物养殖项目，按"海水养殖、内陆养殖"项目处理。

6.1.1.2　免征企业所得税的农产品初加工范围

以下内容，注"*"部分自2010年1月1日起执行，其他部分自2008年1月1日起执行：

1. 种植业类

（1）粮食初加工

①小麦初加工。通过对小麦进行清理、配麦、磨粉、筛理、分级、包装等简单加工处理，制成的小麦面粉及各种专用粉。

*小麦初加工产品还包括麸皮、麦糠、麦仁。

②稻米初加工。通过对稻谷进行清理、脱壳、碾米（或不碾米）、烘干、分级、包装等简单加工处理，制成的成品粮及其初制品，具体包括大米、蒸谷米。

*稻米初加工产品还包括稻糠（砻糠、米糠和统糠）。

③玉米初加工。通过对玉米籽粒进行清理、浸泡、粉碎、分离、脱水、干燥、分级、包装等简单加工处理，生产的玉米粉、玉米碴、玉米片等；鲜嫩玉米经筛选、脱皮、洗涤、速冻、分级、包装等简单加工处理，生产的鲜食玉米（速冻黏玉米、甜玉米、花色玉米、玉米籽粒）。

④薯类初加工。通过对马铃薯、甘薯等薯类进行清洗、去皮、磋磨、切制、干燥、冷冻、分级、包装等简单加工处理，制成薯类初级制品。具体包括：薯粉、薯片、薯条。

*薯类初加工产品还包括变性淀粉以外的薯类淀粉。薯类淀粉生产企业需达到国家环保标准，且年产量在一万吨以上。

⑤食用豆类初加工。通过对大豆、绿豆、红小豆等食用豆类进行清理去杂、浸洗、晾晒、分级、包装等简单加工处理，制成的豆面粉、黄豆芽、绿豆芽。

⑥其他类粮食初加工。通过对燕麦、荞麦、高粱、谷子等杂粮进行清理去杂、脱壳、烘干、磨粉、轧片、冷却、包装等简单加工处理，制成的燕麦米、燕麦粉、

---

① 现为中华人民共和国农业农村部，本书后同。

燕麦麸皮、燕麦片、荞麦米、荞麦面、小米、小米面、高粱米、高粱面。

*杂粮还包括大麦、糯米、青稞、芝麻、核桃；相应的初加工产品还包括大麦芽、糯米粉、青稞粉、芝麻粉、核桃粉。

（2）林木产品初加工

通过将伐倒的乔木、竹（含活立木、竹）去枝、去梢、去皮、去叶、锯段等简单加工处理，制成的原木、原竹、锯材。

（3）园艺植物初加工

①蔬菜初加工。

a.将新鲜蔬菜通过清洗、挑选、切割、预冷、分级、包装等简单加工处理，制成净菜、切割蔬菜。

b.利用冷藏设施，将新鲜蔬菜通过低温贮藏，以备淡季供应的速冻蔬菜，如速冻茄果类、叶类、豆类、瓜类、葱蒜类、柿子椒、蒜苔。

c.将植物的根、茎、叶、花、果、种子和食用菌通过干制等简单加工处理，制成的初制干菜，如黄花菜、玉兰片、萝卜干、冬菜、梅干菜、木耳、香菇、平菇。

以蔬菜为原料制作的各类蔬菜罐头（罐头是指以金属罐、玻璃瓶、经排气密封的各种食品。下同）及碾磨后的园艺植物（如胡椒粉、花椒粉等）不属于初加工范围。

②水果初加工。通过对新鲜水果（含各类山野果）清洗、脱壳、切块（片）、分类、储藏保鲜、速冻、干燥、分级、包装等简单加工处理，制成的各类水果、果干、原浆果汁、果仁、坚果。

*新鲜水果包括番茄。

③花卉及观赏植物初加工。通过对观赏用、绿化及其他各种用途的花卉及植物进行保鲜、储藏、烘干、分级、包装等简单加工处理，制成的各类鲜、干花。

（4）油料植物初加工

通过对菜籽、花生、大豆、葵花籽、蓖麻籽、芝麻、胡麻籽、茶子、桐子、棉籽、红花籽及米糠等粮食的副产品等，进行清理、热炒、磨坯、榨油（搅油、墩油）、浸出等简单加工处理，制成的植物毛油和饼粕等副产品。具体包括菜籽油、花生油、豆油、葵花油、蓖麻籽油、芝麻油、胡麻籽油、茶子油、桐子油、棉籽油、红花油、米糠油以及油料饼粕、豆饼、棉籽饼。

精炼植物油不属于初加工范围。

*粮食副产品还包括玉米胚芽、小麦胚芽。

*"油料植物初加工"工序包括"冷却、过滤"等。

（5）糖料植物初加工

通过对各种糖料植物，如甘蔗、甜菜、甜菊等，进行清洗、切割、压榨等简单加工处理，制成的制糖初级原料产品。

*甜菊又名甜叶菊。

*"糖料植物初加工"工序包括"过滤、吸附、解析、碳脱、浓缩、干燥"等。

（6）茶叶初加工

通过对茶树上采摘下来的鲜叶和嫩芽进行杀青（萎凋、摇青）、揉捻、发酵、烘干、分级、包装等简单加工处理，制成的初制毛茶。

精制茶、边销茶、紧压茶和掺兑各种药物的茶及茶饮料不属于初加工范围。

（7）药用植物初加工

通过对各种药用植物的根、茎、皮、叶、花、果实、种子等，进行挑选、整理、捆扎、清洗、晾晒、切碎、蒸煮、炒制等简单加工处理，制成的片、丝、块、段等中药材。

加工的各类中成药不属于初加工范围。

（8）纤维植物初加工

①棉花初加工。通过轧花、剥绒等脱绒工序简单加工处理，制成的皮棉、短绒、棉籽。

②麻类初加工。通过对各种麻类作物（大麻、黄麻、槿麻、苎麻、苘麻、亚麻、罗布麻、蕉麻、剑麻等）进行脱胶、抽丝等简单加工处理，制成的干（洗）麻、纱条、丝、绳。

*麻类作物还包括芦苇。

③蚕茧初加工。通过烘干、杀蛹、缫丝、煮剥、拉丝等简单加工处理，制成的蚕、蛹、生丝、丝棉。

*蚕包括蚕茧，生丝包括厂丝。

（9）热带、南亚热带作物初加工

通过对热带、南亚热带作物去除杂质、脱水、干燥、分级、包装等简单加工处理，制成的工业初级原料。具体包括：天然橡胶生胶和天然浓缩胶乳、生咖啡豆、胡椒籽、肉桂油、桉油、香茅油、木薯淀粉、木薯干片、坚果。

2.畜牧业类

（1）畜禽类初加工

①肉类初加工。通过对畜禽类动物（包括各类牲畜、家禽和人工驯养、繁殖的野生动物以及其他经济动物）宰杀、去头、去蹄、去皮、去内脏、分割、切块或切片、冷藏或冷冻、分级、包装等简单加工处理，制成的分割肉、保鲜肉、冷藏肉、冷冻肉、绞肉、肉块、肉片、肉丁。

*肉类初加工产品还包括火腿等风干肉、猪牛羊杂骨。

②蛋类初加工。通过对鲜蛋进行清洗、干燥、分级、包装、冷藏等简单加工处理，制成的各种分级、包装的鲜蛋、冷藏蛋。

③奶类初加工。通过对鲜奶进行净化、均质、杀菌或灭菌、灌装等简单加工处理，制成的巴氏杀菌奶、超高温灭菌奶。

④皮类初加工。通过对畜禽类动物皮张剥取、浸泡、刮里、晾干或熏干等简单加工处理，制成的生皮、生皮张。

⑤毛类初加工。通过对畜禽类动物毛、绒或羽绒分级、去杂、清洗等简单加工处理，制成的洗净毛、洗净绒或羽绒。

⑥蜂产品初加工。通过去杂、过滤、浓缩、熔化、磨碎、冷冻简单加工处理，制成的蜂蜜、蜂蜡、蜂胶、蜂花粉。

肉类罐头、肉类熟制品、蛋类罐头、各类酸奶、奶酪、奶油、王浆粉、各种蜂产品口服液、胶囊不属于初加工范围。

（2）饲料类初加工

① 植物类饲料初加工。通过碾磨、破碎、压榨、干燥、酿制、发酵等简单加工处理，制成的糠麸、饼粕、糟渣、树叶粉。

② 动物类饲料初加工。通过破碎、烘干、制粉等简单加工处理，制成的鱼粉、虾粉、骨粉、肉粉、血粉、羽毛粉、乳清粉。

③ 添加剂类初加工。通过粉碎、发酵、干燥等简单加工处理，制成的矿石粉、饲用酵母。

（3）牧草类初加工

通过对牧草、牧草种籽、农作物秸秆等，进行收割、打捆、粉碎、压块、成粒、分选、青贮、氨化、微化等简单加工处理，制成的干草、草捆、草粉、草块或草饼、草颗粒、牧草种籽以及草皮、秸秆粉（块、粒）。

3. 渔业类

（1）水生动物初加工

将水产动物（鱼、虾、蟹、鳖、贝、棘皮类、软体类、腔肠类、两栖类、海兽类动物等）整体或去头、去鳞（皮、壳）、去内脏、去骨（刺）、擂溃或切块、切片，经冰鲜、冷冻、冷藏等保鲜防腐处理、包装等简单加工处理，制成的水产动物初制品。

熟制的水产品和各类水产品的罐头以及调味烤制的水产食品不属于初加工范围。

（2）水生植物初加工

将水生植物（海带、裙带菜、紫菜、龙须菜、麒麟菜、江篱、浒苔、羊栖菜、莼菜等）整体或去根、去边梢、切段，经热烫、冷冻、冷藏等保鲜防腐处理、包装等简单加工处理的初制品，以及整体或去根、去边梢、切段，经晾晒、干燥（脱水）、包装、粉碎等简单加工处理的初制品。

罐装（包括软罐）产品不属于初加工范围。

6.1.1.3　"公司+农户"经营模式企业

企业采取"公司+农户"经营模式从事牲畜、家禽的饲养，即公司与农户签订委托养殖合同，向农户提供畜禽苗、饲料、兽药及疫苗等（所有权（产权）仍属于公司），农户将畜禽养大成为成品后交付公司回收，公司承担诸如市场、管理、采购、销售等经营职责及绝大部分经营管理风险，公司和农户是劳务外包关系。此类以"公司+农户"经营模式从事农、林、牧、渔业项目生产的企业，可以按照《中华人民共和国企业所得税法实施条例》第八十六条的有关规定，享受减免企业所得税优惠政策。

6.1.1.4　黑龙江垦区国有农场土地承包费

黑龙江垦区国有农场实行以家庭承包经营为基础、统分结合的双层经营体制。国有农场作为法人单位，将所拥有的土地发包给农场职工经营，农场职工以家庭为单位成为家庭承包户，属于农场内部非法人组织。农场对家庭承包户实施农业生产经营和企业行政的统一管理，统一为农场职工上交养老、医疗、失业、工伤、生育五项社会保险和农业保险费；家庭承包户按内部合同规定承包，就其农、林、牧、渔业生产取得的收入，以土地承包费名义向农场上缴。

上述承包形式属于农场内部承包经营的形式，黑龙江垦区国有农场从家庭农场承包户以"土地承包费"形式取得的从事农、林、牧、渔业生产的收入，属于农场"从事农、林、牧、渔业项目"的所得，可以适用《中华人民共和国企业所得税法》第二十七条及《中华人民共和国企业所得税法实施条例》第八十六条规定的企业所得税优惠政策。

6.1.2　政策沿革

2008年，《中华人民共和国企业所得税法》及其实施条例的实施，将农、林、牧、渔业项目所得优惠政策以法律形式予以确认。为便于纳税人享受政策，财政部、国家税务总局同年发布《财政部 国家税务总局关于发布享受企业所得税优惠政策的农产品初加工范围（试行）的通知》（财税〔2008〕149号），明确了享受企业所得税优惠政策的农产品初加工范围。

2009年初，国家税务总局下发国税函〔2009〕779号文，批复明确黑龙江垦区国有农场从家庭农场承包户以"土地承包费"形式取得的从事农、林、牧、渔业生产的收入，属于农场"从事农、林、牧、渔业项目"的所得，可以适用《中华人民共和国企业所得税法》第二十七条及《中华人民共和国企业所得税法实施条例》第八十六条规定的企业所得税优惠政策。

2010年7月，《国家税务总局关于"公司+农户"经营模式企业所得税优惠问题的公告》（国家税务总局公告2010年第2号）出台，明确以"公司+农户"经营模式从事农、林、牧、渔业项目生产的企业，可以按照《中华人民共和国企业所得税法实施条例》第八十六条的有关规定，享受减免企业所得税优惠政策。

2011年，为进一步规范农产品初加工企业所得税优惠政策，切实解决政策落实过程中存在的问题，财政部、国家税务总局先后下发了《财政部 国家税务总局关于享受企业所得税优惠的农产品初加工有关范围的补充通知》（财税〔2011〕26

号）、《国家税务总局关于实施农 林 牧 渔业项目企业所得税优惠问题的公告》（国家税务总局公告2011年第48号），对农、林、牧、渔业项目企业所得税优惠政策的有关事项做出了详细的规定。上述政策主要发展情况见表6-1。

表6-1　　　　　政策主要发展情况表（截至2022年6月1日）

年度	政策依据	主要内容	当前效力
2007	《中华人民共和国企业所得税法》第二十七条；《中华人民共和国企业所得税法实施条例》第八十六条	以法律形式规定了农、林、牧、渔业项目企业所得税优惠政策	有效
2008	国税函〔2008〕850号	明确有关管理口径	第三条废止。参见：国家税务总局公告2018年第33号
2008	财税〔2008〕149号	发布享受企业所得税优惠政策的农产品初加工范围（试行）	有效
2009	国税函〔2009〕779号	明确土地承包费适用政策口径	有效
2010	国家税务总局公告2010年第2号	明确"公司+农户"经营模式适用政策口径	有效
2011	财税〔2011〕26号	进一步明确享受企业所得税优惠政策的农产品初加工范围	有效
2011	国家税务总局公告2011年第48号	明确有关政策口径	有效

6.1.3　申报管理

6.1.3.1　享受程序

企业享受优惠事项采取"自行判别、申报享受、相关资料留存备查"的办理方式。企业应当根据经营情况以及相关税收规定自行判断是否符合优惠事项规定的条件，符合条件的可以按规定的时间自行计算减免税额，并通过填报企业所得税纳税申报表享受税收优惠。同时，按规定归集和留存相关资料备查。

6.1.3.2　享受时间

季度预缴及年度汇算清缴均可享受。

6.1.3.3 填报示例

1.A类企业所得税季度预缴申报

查账征收纳税人在季度预缴时享受从事农、林、牧、渔业项目的所得减免征收企业所得税优惠政策涉及《A200000中华人民共和国企业所得税月（季）度预缴纳税申报表（A类）》1张表单。

纳税人根据《企业所得税申报事项目录》填报《A200000中华人民共和国企业所得税月（季）度预缴纳税申报表（A类）》第8.*行"从事农、林、牧、渔业项目的所得减免征收企业所得税优惠（免税项目）"或"从事农、林、牧、渔业项目的所得减免征收企业所得税优惠（减半项目）"，填写后相关数据自动生成至第8行"减：所得减免"。

第8行"减：所得减免"：根据相关行次计算结果填报。第3+4-5-6-7行≤0时，第8行不填报。根据《企业所得税申报事项目录》，在第8.1行、第8.2行……填报税收规定的所得减免优惠事项的名称和本年累计金额。发生多项且根据税收规定可以同时享受的优惠事项，可以增加行次，但每个事项仅能填报一次。每项优惠事项下有多个具体项目的，应分别确定各具体项目所得，并填写盈利项目（项目所得>0）的减征、免征所得额的合计金额。

▶▶▶**例6-1** 甬鑫公司从事养猪业务，2021年第三季度该项目累计实现所得200万元，不考虑其他事项。

解析：养猪项目所得200万元享受从事农、林、牧、渔业项目的所得减免征收企业所得税优惠政策，季度预缴申报时填报《A200000中华人民共和国企业所得税月（季）度预缴纳税申报表（A类）》，见表6-2。

表6-2　A200000中华人民共和国企业所得税月（季）度预缴纳税申报表（A类）

行次	预缴税款计算	本年累计
1	营业收入	
2	营业成本	
3	利润总额	2 000 000
4	加：特定业务计算的应纳税所得额	
5	减：不征税收入	
6	减：资产加速折旧、摊销（扣除）调减额（填写A201020）	
7	减：免税收入、减计收入、加计扣除（7.1+7.2+…）	

行次	预缴税款计算	本年累计
8	减：所得减免（8.1+8.2+…）	2 000 000
8.1	从事农、林、牧、渔业项目的所得减免征收企业所得税优惠（免税项目）	2 000 000
9	减：弥补以前年度亏损	
10	实际利润额（3+4-5-6-7-8-9）\按照上一纳税年度应纳税所得额平均额确定的应纳税所得额	0
11	税率（25%）	0.25
12	应纳所得税额（10×11）	0
13	减：减免所得税额（13.1+13.2+…）	
14	减：本年实际已缴纳所得税额	
15	减：特定业务预缴（征）所得税额	
16	本期应补（退）所得税额（12-13-14-15）\税务机关确定的本期应纳所得税额	

2.A类企业所得税年度汇算清缴申报

查账征收纳税人在年度汇算清缴时享受从事农、林、牧、渔业项目的所得减免征收企业所得税优惠政策涉及《A100000中华人民共和国企业所得税年度纳税申报表（A类）》《A107020所得减免优惠明细表》等2张表单。

纳税人填报《A107020所得减免优惠明细表》第1行至第3行的第1~11列，填写后第31行第11列"减免所得额"合计数自动生成至《A100000中华人民共和国企业所得税年度纳税申报表（A类）》第20行"减：所得减免"。要说明的是：当表A107020合计行第11列≥0，且表A107020合计行第11列≤表A100000第19行时，表A107020合计行第11列=表A100000第20行；当表A107020合计行第11列≥0，且表A107020合计行第11列＞表A100000第19行时，表A100000第20行=表A100000第19行。

表A107020具体填报如下：

（1）列次填报

①第1列"项目名称"：填报纳税人享受减免所得优惠的项目在会计核算上的名称。项目名称以纳税人内部规范称谓为准。

②第2列"优惠事项名称"：按照该项目享受所得减免企业所得税优惠事项的具体政策内容选择填报。

"一、农、林、牧、渔业项目"在以下优惠事项中选择填报：蔬菜、谷物、薯类、油料、豆类、棉花、麻类、糖料、水果、坚果的种植；农作物新品种的选育；中药材的种植；林木的培育和种植；牲畜、家禽的饲养；林产品的采集；灌溉、兽医、农技推广、农机作业和维修等农、林、牧、渔服务业项目；农产品初加工；远洋捕捞；花卉、茶以及其他饮料作物和香料作物的种植；海水养殖、内陆养殖；其他。

③第3列"优惠方式"：填报该项目享受所得减免企业所得税优惠的具体方式。该项目享受免征企业所得税优惠的，填报"免税"；项目享受减半征收企业所得税优惠的，填报"减半征收"。

④第4列"项目收入"：填报享受所得减免企业所得税优惠项目取得的收入总额。

⑤第5列"项目成本"：填报享受所得减免企业所得税优惠项目发生的成本总额。

⑥第6列"相关税费"：填报享受所得减免企业所得税优惠项目实际发生的有关税费总额，包括除企业所得税和允许抵扣的增值税以外的各项税金及其附加、合同签订费用、律师费等相关费用及其他支出。

⑦第7列"应分摊期间费用"：填报享受所得减免企业所得税优惠项目合理分摊的期间费用总额。合理分摊比例可以按照投资额、销售收入、资产额、人员工资等参数确定，一经确定，不得随意变更。

⑧第8列"纳税调整额"：填报纳税人按照税收规定需要调整减免税项目收入、成本、费用的金额，纳税调减以"-"号填列。

⑨第9列"项目所得额\免税项目"：填报享受所得减免企业所得税优惠的纳税人计算确认的本期免税项目所得额。本列根据第3列分析填报，第3列填报"免税"的，填报第4-5-6-7+8列金额，当第4-5-6-7+8列金额<0时，填报0。

第9列"四、符合条件的技术转让项目"的"小计"行：当第4-5-6-7+8列金额≤限额时，填报第4-5-6-7+8列金额（超过限额部分的金额填入第10列）；当第4-5-6-7+8列金额<0时，填报0。如果本行第2列选择"一般技术转让项目"，限额为500万元；如果选择"中关村国家自主创新示范区特定区域技术转让项目"，限额为2 000万元。

⑩第10列"项目所得额\减半项目"：填报享受所得减免企业所得税优惠的纳税人本期经计算确认的减半征收项目所得额。本列根据第3列分析填报，第3列填报"减半征税"的，填报第4-5-6-7+8列金额，当第4-5-6-7+8列金额<0时，填报0。

第10列"四、符合条件的技术转让项目"的"小计"行：填报第4-5-6-7+8列金额超过限额的部分。如果本行第2列选择"一般技术转让项目"，限额为500万元；如果选择"中关村国家自主创新示范区特定区域技术转让项目"，限额为2 000万元。

⑪第11列"减免所得额"：享受所得减免企业所得税优惠的企业，填报该项目

按照税收规定实际可以享受免征、减征的所得额，按第9列+第10列×50%金额填报。

（2）行次填报

第1行至第3行"一、农、林、牧、渔业项目"：按农、林、牧、渔业项目的优惠政策具体内容分别填报，一个项目填报一行，纳税人有多个项目的，可自行增加行次填报。各行相应列次填报金额的合计金额填入"小计"行。

▶▶▶例6-2　甬鑫公司既从事生猪的饲养，又从事淡水鱼的养殖。2021年实现收入5 000万元。其中养猪收入3 000万元，养鱼收入2 000万元。公司对养猪和养鱼项目的成本进行了合理划分，分别为1 500万元和1 000万元。公司全年发生期间费用150万元，其中管理费用90万元，销售费用40万元，财务费用20万元。企业按收入比例分摊期间费用，不考虑相关税费，无其他纳税调整事项。

解析：养猪项目应分摊的期间费用：3 000×150÷（3 000+2 000）=90（万元）；

养鱼项目应分摊的期间费用：2 000×150÷（3 000+2 000）=60（万元）；

养猪项目所得=3 000-1 500-90=1 410（万元）；

养鱼项目所得=2 000-1 000-60=940（万元）；

甬鑫公司2021年年度汇缴申报时填报《A100000中华人民共和国企业所得税年度纳税申报表（A类）》《A107020所得减免优惠明细表》，分别见表6-3、表6-4。

表6-3　　A100000中华人民共和国企业所得税年度纳税申报表（A类）

行次	类别	项　目	金　额
1		一、营业收入（填写A101010\101020\103000）	50 000 000
2		减：营业成本（填写A102010\102020\103000）	25 000 000
3		减：税金及附加	
4		减：销售费用（填写A104000）	400 000
5		减：管理费用（填写A104000）	900 000
6		减：财务费用（填写A104000）	200 000
7	利润总额计算	减：资产减值损失	
8		加：公允价值变动收益	
9		加：投资收益	
10		二、营业利润（1-2-3-4-5-6-7+8+9）	23 500 000
11		加：营业外收入（填写A101010\101020\103000）	
12		减：营业外支出（填写A102010\102020\103000）	
13		三、利润总额（10+11-12）	23 500 000

续表

行次	类别	项目	金额
14	应纳税所得额计算	减：境外所得（填写A108010）	
15		加：纳税调整增加额（填写A105000）	
16		减：纳税调整减少额（填写A105000）	
17		减：免税、减计收入及加计扣除（填写A107010）	
18		加：境外应税所得抵减境内亏损（填写A108000）	
19		四、纳税调整后所得（13-14+15-16-17+18）	23 500 000
20		减：所得减免（填写A107020）	18 800 000
21		减：弥补以前年度亏损（填写A106000）	
22		减：抵扣应纳税所得额（填写A107030）	
23		五、应纳税所得额（19-20-21-22）	4 700 000
24	应纳税额计算	税率（25%）	0.25
25		六、应纳所得税额（23×24）	1 175 000
26		减：减免所得税额（填写A107040）	
27		减：抵免所得税额（填写A107050）	
28		七、应纳税额（25-26-27）	1 175 000
29		加：境外所得应纳所得税额（填写A108000）	
30		减：境外所得抵免所得税额（填写A108000）	
31		八、实际应纳所得税额（28+29-30）	1 175 000
32		减：本年累计实际已缴纳的所得税额	
33		九、本年应补（退）所得税额（31-32）	
34		其中：总机构分摊本年应补（退）所得税额（填写A109000）	
35		财政集中分配本年应补（退）所得税额（填写A109000）	
36		总机构主体生产经营部门分摊本年应补（退）所得税额（填写A109000）	

表6-4

A107020所得减免优惠明细表

行次	减免项目	项目名称 1	优惠事项名称 2	优惠方式 3	项目收入 4	项目成本 5	相关税费 6	应分摊期间费用 7	纳税调整额 8	项目所得额 免税项目 9	项目所得额 减半项目 10	减免所得额 11 (9+10×50%)
1	一、农、林、牧、渔业项目	养猪	牲畜、家禽的饲养	免税	30 000 000	15 000 000	0	900 000	0	14 100 000	0	14 100 000
2		养鱼	内陆养殖	减半征收	20 000 000	10 000 000	0	600 000	0	0	9 400 000	4 700 000
3		小计	*	*	50 000 000	25 000 000	0	1 500 000	0	14 100 000	9 400 000	18 800 000
4	二、国家重点扶持的公共基础设施项目											
5												
6		小计	*	*								
…												
31	合计	*	*	*	50 000 000	25 000 000	0	1 500 000	0	14 100 000	9 400 000	18 800 000

6.1.3.4 留存备查资料

（1）企业从事相关业务取得的资格证书或证明资料，包括有效期内的远洋渔业企业资格证书、从事农作物新品种选育的认定证书、动物防疫条件合格证、林木种子生产经营许可证、兽医的资格证明等；

（2）与农户签订的委托养殖合同（"公司+农户"经营模式的企业）；

（3）与家庭承包户签订的内部承包合同（国有农场实行内部家庭承包经营）；

（4）农产品初加工项目及工艺流程说明（两个或两个以上的分项目说明）；

（5）同时从事适用不同企业所得税待遇项目的，每年度单独计算减免税项目所得的计算过程及其相关账册，期间费用合理分摊的依据和标准；

（6）生产场地证明资料，包括土地使用权证、租用合同等；

（7）企业委托或受托其他企业或个人从事符合规定的农、林、牧、渔业项目的委托合同、受托合同、支出明细等证明材料。

6.1.4 风险提示

（1）企业从事国家限制和禁止发展的项目，不得享受农、林、牧、渔业项目减免企业所得税优惠政策。

（2）企业购买农产品后直接进行销售的贸易活动产生的所得，不能享受农、林、牧、渔业项目减免企业所得税优惠政策。

（3）企业对外购茶叶进行筛选、分装、包装后进行销售的所得，不享受农产品初加工的优惠政策。

（4）企业委托其他企业或个人从事企业所得税法实施条例第八十六条规定农、林、牧、渔业项目取得的所得，可享受相应的税收优惠政策。企业受托从事企业所得税法实施条例第八十六条规定农、林、牧、渔业项目取得的收入，比照委托方享受相应的税收优惠政策。

（5）企业根据委托合同，受托对符合农产品初加工范围内的农产品进行初加工服务，其所收取的加工费，可以按照农产品初加工的免税项目处理。

（6）企业同时从事适用不同企业所得税政策规定项目的，应分别核算，单独计算优惠项目的计税依据及优惠数额；分别核算不清的，可由主管税务机关按照比例分摊法或其他合理方法进行核定。

«‹‹ 6.2 公共基础设施项目所得 ›››

6.2.1 政策概述

6.2.1.1 基本规定

企业从事国家重点扶持的公共基础设施项目投资经营的所得，可以免征、减征企业所得税。自项目取得第一笔生产经营收入所属纳税年度起，第一年至第三年免征企业所得税，第四年至第六年减半征收企业所得税。

所称国家重点扶持的公共基础设施项目，是指《公共基础设施项目企业所得税优惠目录》规定的港口码头、机场、铁路、公路、城市公共交通、电力、水利等项目。

第一笔生产经营收入，是指公共基础设施项目建成并投入运营（包括试运营）后所取得的第一笔主营业务收入。

6.2.1.2 《公共基础设施项目企业所得税优惠目录》

财税〔2008〕116号文件公布了《公共基础设施项目企业所得税优惠目录（2008年版）》，沿用至今，见表6-5。

表6-5　　　　**公共基础设施项目企业所得税优惠目录（2008年版）**

序号	类别	项目	范围、条件及技术标准
1	港口码头	码头、泊位、通航建筑物新建项目	由省级以上政府投资主管部门核准的沿海港口万吨级及以上泊位、内河千吨级及以上泊位、滚装泊位、内河航运枢纽新建项目
2	机场	民用机场新建项目	由国务院核准的民用机场新建项目，包括民用机场迁建、军航机场军民合用改造项目
3	铁路	铁路新线建设项目	由省级以上政府投资主管部门或国务院行业主管部门核准的客运专线、城际轨道交通和Ⅲ级及以上铁路建设项目
4		既有线路改造项目	由省级以上政府投资主管部门或国务院行业主管部门核准的铁路电气化改造、增建二线项目以及其他改造投入达到项目固定资产账面原值75%以上的改造项目

续表

序号	类别	项目	范围、条件及技术标准
5	公路	公路新建项目	由省级以上政府投资主管部门核准的一级以上的公路建设项目
6	城市公共交通	城市快速轨道交通新建项目	由国务院核准的城市地铁、轻轨新建项目
7	电力	水力发电新建项目（包括控制性水利枢纽工程）	由国务院投资主管部门核准的在主要河流上新建的水电项目，总装机容量在25万千瓦及以上的新建水电项目，以及抽水蓄能电站项目
8		核电站新建项目	由国务院核准的核电站新建项目
9		电网（输变电设施）新建项目	由国务院投资主管部门核准的330千伏及以上跨省及长度超过200千米的交流输变电新建项目，500千伏及以上直流输变电新建项目；由省级以上政府投资主管部门核准的革命老区、老少边穷地区电网新建工程项目；农网输变电新建项目
10		风力发电新建项目	由政府投资主管部门核准的风力发电新建项目
11		海洋能发电新建项目	由省级以上政府投资主管部门核准的海洋能发电新建项目
12		太阳能发电新建项目	由政府投资主管部门核准的太阳能发电新建项目
13		地热发电新建项目	由政府投资主管部门核准的地热发电新建项目
14	水利	灌区配套设施及农业节水灌溉工程新建项目	由政府投资主管部门核准的灌区水源工程、灌排系统工程、节水工程
15		地表水水源工程新建项目	由政府投资主管部门核准的水库、塘堰、水窖及配套工程
16		调水工程新建项目	由政府投资主管部门核准的取水、输水、配水工程
17		农村人畜饮水工程新建项目	由政府投资主管部门核准的农村人畜饮水工程中取水、输水、净化水、配水工程
18		牧区水利工程新建项目	由政府投资主管部门核准的牧区水利工程中的取水、输配水、节水灌溉及配套工程

6.2.1.3 承包经营、承包建设和内部自建自用项目

企业从事承包经营、承包建设和内部自建自用《公共基础设施项目企业所得税优惠目录》规定项目的所得，不得享受"三免三减半"企业所得税优惠。

承包经营，是指与从事该项目经营的法人主体相独立的另一法人经营主体，通过承包该项目的经营管理而取得劳务性收益的经营活动。

承包建设，是指与从事该项目经营的法人主体相独立的另一法人经营主体，通过承包该项目的工程建设而取得建筑劳务收益的经营活动。

内部自建自用，是指项目的建设仅作为本企业主体经营业务的设施，满足本企业自身的生产经营活动需要，而不属于向他人提供公共服务业务的公共基础设施建设项目。

6.2.1.4 一次核准、分批次建设的项目

企业投资经营符合《公共基础设施项目企业所得税优惠目录》规定条件和标准的公共基础设施项目，采用一次核准、分批次（如码头、泊位、航站楼、跑道、路段、发电机组等）建设的，凡同时符合以下条件的，可按每一批次为单位计算所得，并享受"三免三减半"企业所得税优惠：

（1）不同批次在空间上相互独立；

（2）每一批次自身具备取得收入的功能；

（3）以每一批次为单位进行会计核算，单独计算所得，并合理分摊期间费用。

6.2.1.5 农村饮水安全工程新建项目

对饮水工程运营管理单位从事《公共基础设施项目企业所得税优惠目录》规定的饮水工程新建项目投资经营的所得，自项目取得第一笔生产经营收入所属纳税年度起，第一年至第三年免征企业所得税，第四年至第六年减半征收企业所得税。

饮水工程，是指为农村居民提供生活用水而建设的供水工程设施。所称饮水工程运营管理单位是指负责农村饮水安全工程运营管理的自来水公司、供水公司、供水（总）站（厂、中心）、村集体、在民政部门注册登记的用水户协会等单位。

6.2.1.6 电网企业电网新建项目

居民企业从事符合《公共基础设施项目企业所得税优惠目录》规定条件和标准的电网（输变电设施）的新建项目，可依法享受"三免三减半"的企业所得税优惠政策。基于企业电网新建项目的核算特点，暂以资产比例法，即以企业新增输变电固定资产原值占企业总输变电固定资产原值的比例，合理计算电网新建项目的应纳税所得额，并据此享受"三免三减半"的企业所得税优惠政策。电网企业新建项目

享受优惠的具体计算方法如下：

对于企业能独立核算收入的330千伏及以上跨省及长度超过200千米的交流输变电新建项目和500千伏及以上直流输变电新建项目，应在项目投运后，按该项目营业收入、营业成本等单独计算其应纳税所得额；该项目应分摊的期间费用，可按照企业期间费用与分摊比例计算确定，其计算公式为：

应分摊的期间费用=企业期间费用×分摊比例

$$\text{第一年分摊比例} = \text{该项目输变电资产原值} \div \left[\left(\frac{1}{\text{当年企业期初总输变电资产原值}} + \frac{1}{\text{当年企业期末总输变电资产原值}} \right) \div 2 \right] \times \left(\frac{\text{当年取得第一笔生产经营收入至当年底的月份数}}{12} \div 12 \right)$$

$$\text{第二年及以后年度分摊比例} = \text{该项目输变电资产原值} \div \left[\left(\frac{1}{\text{当年企业期初总输变电资产原值}} + \frac{1}{\text{当年企业期末总输变电资产原值}} \right) \div 2 \right]$$

对于企业符合优惠条件但不能独立核算收入的其他新建输变电项目，可先依照企业所得税法及相关规定计算出企业的应纳税所得额，再按照项目投运后的新增输变电固定资产原值占企业总输变电固定资产原值的比例，计算得出该新建项目减免的应纳税所得额。享受减免的应纳税所得额的计算公式为：

当年减免的应纳税所得额=当年企业应纳税所得额×减免比例

$$\text{减免比例} = \frac{\text{当年新增输变电资产原值}}{\dfrac{\text{当年企业期初总输变电资产原值} + \text{当年企业期末总输变电资产原值}}{2}} \times \frac{1}{2} + \frac{\text{符合税法规定、享受到第二年和第三年输变电资产原值之和}}{\dfrac{\text{当年企业期初总输变电资产原值} + \text{当年企业期末总输变电资产原值}}{2}} + \frac{\text{符合税法规定、享受到第四年至第六年输变电资产原值之和}}{\dfrac{\text{当年企业期初总输变电资产原值} + \text{当年企业期末总输变电资产原值}}{2}} \times \frac{1}{2}$$

6.2.2 政策沿革

1.国家重点扶持的公共基础设施项目所得减免优惠政策系统化（2008年）

2008年《中华人民共和国企业所得税法》及其实施条例的实施，将国家重点扶持的公共基础设施项目所得减免优惠政策以法律形式予以确认。为便于纳税人享受政策，财政部、国家税务总局、国家发展改革委同年联合发布了《关于公布公共基础设施项目企业所得税优惠目录（2008年版）的通知》（财税〔2008〕116号），以目录形式对公共基础设施项目范围做出了系统而详细的规定。此后，《财政部 国家税务总局关于执行公共基础设施项目企业所得税优惠目录有关问题的通知》（财税〔2008〕46号）明确了政策享受相关条件。

2.进一步明确相关政策口径（2009—2014年）

2009年，国家税务总局发布《关于实施国家重点扶持的公共基础设施项目企业所得税优惠问题的通知》（国税发〔2009〕80号），进一步明确了相关政策口径和税务机关管理要求。2012年，财政部、国家税务总局出台了《关于公共基础设施项目和环境保护、节能节水项目企业所得税优惠政策问题的通知》（财税〔2012〕10号），明确2008年以前已经批准的项目优惠处理方式。2013年，因电网企业新增项目的"三免三减半"优惠政策自2008年以来一直没有得到很好落实。为妥善解决电网企业新增符合优惠条件投资项目享受所得税优惠问题，应电网企业的申请并征求相关省级税务机关的意见，国家税务总局出台了《关于电网企业电网新建项目享受所得税优惠政策问题的公告》（国家税务总局公告2013年第26号），对电网企业电网新建项目的计算方法、管理备案、执行日期及以前事项的处理进行了补充规定。2014年，财政部、国家税务总局出台了《关于公共基础设施项目享受企业所得税优惠政策问题的补充通知》（财税〔2014〕55号），明确了"一次核准、分批次建设"形式的公共基础设施项目享受优惠条件。

3. 明确农村饮水安全工程建设运营税收政策（2012—2021年）

为了改善农村人居环境，提高农村生活质量，支持农村饮水安全工程（以下简称饮水工程）的建设、运营，财政部、国家税务总局相继出台了系列文件。2012年，《关于支持农村饮水安全工程建设运营税收政策的通知》（财税〔2012〕30号）规定对饮水工程运营管理单位从事《公共基础设施项目企业所得税优惠目录》规定的饮水工程新建项目投资经营的所得实行"三免三减半"优惠政策。2016年、2019年和2021年先后出台了《关于继续实行农村饮水安全工程建设运营税收优惠政策的通知》（财税〔2016〕19号）、《关于继续实行农村饮水安全工程税收优惠政策的公告》（财政部 税务总局公告2019年第67号）和《关于延长部分税收优惠政策执行期限的公告》（财政部 税务总局公告2021年第6号），延续实施支持农村饮水安全工程建设运营税收政策。上述政策主要发展情况见表6-6。

表6-6　　　　　　政策主要发展情况表（截至2022年6月1日）

年度	政策依据	主要内容	效力
2007	《中华人民共和国企业所得税法》第二十七条；《中华人民共和国企业所得税法实施条例》第八十七条	以法律形式规定了国家重点扶持的公共基础设施项目企业所得税优惠政策	有效
2008	财税〔2008〕116号	公布了公共基础设施项目企业所得税优惠目录（2008年版）	有效
2008	财税〔2008〕46号	明确了有关政策管理要求	有效
2009	国税发〔2009〕80号	进一步明确了政策内涵与管理要求	废止第七条。参见：国家税务总局令第42号

年度	政策依据	主要内容	效力
2012	财税〔2012〕10号	明确2008年以前已经批准的项目优惠处理方式	有效
2013	国家税务总局公告2013年第26号	明确电网企业电网新建项目享受优惠相关规定	有效
2014	财税〔2014〕55号	补充"一次核准、分批次建设"形式享受优惠条件	有效
2012	财税〔2012〕30号	明确饮水工程新建项目投资经营的所得"三免三减半"优惠政策	该政策（第五条除外）执行期为2011年1月1日至2015年12月31日
2016	财税〔2016〕19号		该政策（第五条除外）自2016年1月1日至2018年12月31日执行
2019	财政部 税务总局公告2019年第67号		该政策（第五条除外）自2019年1月1日至2020年12月31日执行
2021	财政部 税务总局公告2021年第6号		政策延续至2023年12月31日

6.2.3 申报管理

6.2.3.1 享受程序

企业享受优惠事项采取"自行判别、申报享受、相关资料留存备查"的办理方式。企业应当根据经营情况以及相关税收规定自行判断是否符合优惠事项规定的条件，符合条件的可以按规定的时间自行计算减免税额，并通过填报企业所得税纳税申报表享受税收优惠。同时，按规定归集和留存相关资料备查。

6.2.3.2 享受时间

季度预缴及年度汇算清缴均可享受。

6.2.3.3 填报示例

1.A类企业所得税季度预缴申报

查账征收纳税人在季度预缴时享受从事国家重点扶持的公共基础设施项目投资

经营的所得定期减免企业所得税优惠政策涉及《A200000中华人民共和国企业所得税月（季）度预缴纳税申报表（A类）》1张表单。

纳税人根据《企业所得税申报事项目录》填报《A200000中华人民共和国企业所得税月（季）度预缴纳税申报表（A类）》第8.*行"从事国家重点扶持的公共基础设施项目（除农村饮水工程）投资经营的所得定期减免企业所得税"或"从事农村饮水工程新建项目投资经营的所得定期减免企业所得税"，填写后相关数据自动生成至第8行"减：所得减免"。

▶▶例6-3　甬鑫公司2020年投资新建了由省级以上政府投资主管部门核准的内河航运枢纽项目，年底工程竣工。2021年项目取得第一笔生产经营收入，第一季度该工程项目累计实现所得400万元，不考虑其他事项。

解析：甬鑫公司投资新建由省级以上政府投资主管部门核准的内河航运枢纽项目，可以享受从事国家重点扶持的公共基础设施项目投资经营的所得免征、减征企业所得税优惠政策。自2021年项目取得第一笔生产经营收入起，三免三减半，2021年属于免税期。2021年第一季度预缴申报时填报《A200000中华人民共和国企业所得税月（季）度预缴纳税申报表（A类）》，见表6-7。

表6-7　A200000中华人民共和国企业所得税月（季）度预缴纳税申报表（A类）

行次	预缴税款计算	本年累计
1	营业收入	
2	营业成本	
3	利润总额	4 000 000
4	加：特定业务计算的应纳税所得额	
5	减：不征税收入	
6	减：资产加速折旧、摊销（扣除）调减额（填写A201020）	
7	减：免税收入、减计收入、加计扣除（7.1+7.2+…）	
8	减：所得减免（8.1+8.2+…）	4 000 000
8.1	从事国家重点扶持的公共基础设施项目（除农村饮水工程）投资经营的所得定期减免企业所得税	4 000 000
9	减：弥补以前年度亏损	
10	实际利润额（3+4-5-6-7-8-9）\按照上一纳税年度应纳税所得额平均额确定的应纳税所得额	0

行次	预缴税款计算	本年累计
11	税率（25%）	0.25
12	应纳所得税额（10×11）	0
13	减：减免所得税额（13.1+13.2+…）	
14	减：本年实际已缴纳所得税额	
15	减：特定业务预缴（征）所得税额	
16	本期应补（退）所得税额（12-13-14-15）\税务机关确定的本期应纳所得税额	

2.A类企业所得税年度汇算清缴申报

查账征收纳税人在年度汇算清缴时享受从事国家重点扶持的公共基础设施项目投资经营的所得定期减免企业所得税优惠政策涉及《A100000中华人民共和国企业所得税年度纳税申报表（A类）》《A107020所得减免优惠明细表》等2张表单。

纳税人需要填报《A107020所得减免优惠明细表》第4行至第6行的第1~11列，填写后第31行第11列"减免所得额"合计数自动生成至《A100000中华人民共和国企业所得税年度纳税申报表（A类）》第20行"减：所得减免"。要说明的是：当表A107020合计行第11列≥0，且表A107020合计行第11列≤表A100000第19行时，表A107020合计行第11列=表A100000第20行；当表A107020合计行第11列≥0，且表A107020合计行第11列＞表A100000第19行时，表A100000第20行=表A100000第19行。

表A107020第2列"优惠事项名称"：按照该项目享受所得减免企业所得税优惠事项的具体政策内容选择填报。"二、国家重点扶持的公共基础设施项目"在以下优惠事项中选择填报：①港口码头项目；②机场项目；③铁路项目；④公路项目；⑤城市公共交通项目；⑥电力项目；⑦水利项目（不含农村饮水安全工程）；⑧农村饮水安全工程；⑨其他项目。

表A107020第4行至第6行"二、国家重点扶持的公共基础设施项目"：按国家重点扶持的公共基础设施项目具体内容分别填报，一个项目填报一行，纳税人有多个项目的，可自行增加行次填报。各行相应列次填报金额的合计金额填入"小计"行。

表A107020其他列次的填报规则参见6.1.3.3填报示例"2.A类企业所得税年度汇算清缴申报"中的详细说明。

▶▶▶例6-4　甬鑫自来水公司为解决农村居民生活用水问题，2019年投资2 000万元新建了一个由政府投资主管部门核准的农村配水工程，年底工程竣工，取得第一笔生产经营收入。2021年该工程项目实现收入500万元，当年发生成本180万元，分摊期间费用25万元，不考虑相关税费和纳税调整事项。

解析：甬鑫公司2021年该项目应纳税所得额=500-180-25=295（万元），属于"三免三减半"优惠期的第三年（免税）。年度汇缴申报时填报《A100000中华人民共和国企业所得税年度纳税申报表（A类）》《A107020所得减免优惠明细表》，分别见表6-8、表6-9。

表6-8　　A100000中华人民共和国企业所得税年度纳税申报表（A类）

行次	类别	项　目	金　额
1	利润总额计算	一、营业收入（填写A101010\101020\103000）	5 000 000
2		减：营业成本（填写A102010\102020\103000）	1 800 000
3		减：税金及附加	
4		减：销售费用（填写A104000）	
5		减：管理费用（填写A104000）	250 000
6		减：财务费用（填写A104000）	
7		减：资产减值损失	
8		加：公允价值变动收益	
9		加：投资收益	
10		二、营业利润（1-2-3-4-5-6-7+8+9）	2 950 000
11		加：营业外收入（填写A101010\101020\103000）	
12		减：营业外支出（填写A102010\102020\103000）	
13		三、利润总额（10+11-12）	2 950 000
14	应纳税所得额计算	减：境外所得（填写A108010）	
15		加：纳税调整增加额（填写A105000）	
16		减：纳税调整减少额（填写A105000）	

续表

行次	类别	项　目	金　额
17	应纳税所得额计算	减：免税、减计收入及加计扣除（填写A107010）	
18		加：境外应税所得抵减境内亏损（填写A108000）	
19		四、纳税调整后所得（13-14+15-16-17+18）	2 950 000
20		减：所得减免（填写A107020）	2 950 000
21		减：弥补以前年度亏损（填写A106000）	
22		减：抵扣应纳税所得额（填写A107030）	
23		五、应纳税所得额（19-20-21-22）	0
24	应纳税额计算	税率（25%）	0.25
25		六、应纳所得税额（23×24）	0
26		减：减免所得税额（填写A107040）	
27		减：抵免所得税额（填写A107050）	
28		七、应纳税额（25-26-27）	0
29		加：境外所得应纳所得税额（填写A108000）	
30		减：境外所得抵免所得税额（填写A108000）	
31		八、实际应纳所得税额（28+29-30）	0
32		减：本年累计实际已缴纳的所得税额	
33		九、本年应补（退）所得税额（31-32）	
34		其中：总机构分摊本年应补（退）所得税额（填写A109000）	
35		财政集中分配本年应补（退）所得税额（填写A109000）	
36		总机构主体生产经营部门分摊本年应补（退）所得税额（填写A109000）	

表6-9

A107020所得减免优惠明细表

行次	减免项目	项目名称 1	优惠事项名称 2	优惠方式 3	项目收入 4	项目成本 5	相关税费 6	应分摊期间费用 7	纳税调整额 8	项目所得额 免税项目 9	项目所得额 减半项目 10	减免所得额 11（9+10×50%）
1	一、农、林、牧、渔业项目											
2												
3		小计	*	*								
4	二、国家重点扶持的公共基础设施项目	农村饮水安全工程	农村饮水安全工程	免税	5 000 000	1 800 000	0	250 000	0	2 950 000	0	2 950 000
5												
6		小计	*	*	5 000 000	1 800 000	0	250 000	0	2 950 000	0	2 950 000
…												
31	合计	*	*	*	5 000 000	1 800 000	0	250 000	0	2 950 000	0	2 950 000

6.2.3.4　留存备查资料

（1）有关部门批准该项目文件；

（2）公共基础设施项目建成并投入运行后取得的第一笔生产经营收入凭证（原始凭证及账务处理凭证）；

（3）公共基础设施项目完工验收报告；

（4）项目权属变动情况及转让方已享受优惠情况的说明及证明资料（优惠期间项目权属发生变动的）；

（5）公共基础设施项目所得分项目核算资料，以及合理分摊期间共同费用的核算资料；

（6）符合《公共基础设施项目企业所得税优惠目录》规定范围、条件和标准的情况说明及证据资料。

6.2.4　风险提示

（1）企业同时从事不在《公共基础设施项目企业所得税优惠目录》规定范围的生产经营项目取得的所得，应与享受优惠的公共基础设施项目经营所得分开核算，并合理分摊企业的期间共同费用；没有单独核算的，不得享受上述企业所得税优惠。期间共同费用的合理分摊比例可以按照投资额、销售收入、资产额、人员工资等参数确定。上述比例一经确定，不得随意变更。

（2）企业在减免税期限内转让所享受减免税优惠的项目，受让方承续经营该项目的，可自受让之日起，在剩余优惠期限内享受规定的减免税优惠；减免税期限届满后转让的，受让方不得就该项目重复享受减免税优惠。

≪≪ 6.3　环境保护、节能节水项目所得 ≫≫

6.3.1　政策概述

6.3.1.1　基本规定

企业从事符合条件的环境保护、节能节水项目的所得，可以免征、减征企业所得税。自项目取得第一笔生产经营收入所属纳税年度起，第一年至第三年免征企业所得税，第四年至第六年减半征收企业所得税。

所称符合条件的环境保护、节能节水项目，包括公共污水处理、公共垃圾处理、沼气综合开发利用、节能减排技术改造、海水淡化等。项目的具体条件和范围由国务院财政、税务主管部门商国务院有关部门制定，报国务院批准后公布施行。

6.3.1.2 《环境保护、节能节水项目企业所得税优惠目录》

《环境保护、节能节水项目企业所得税优惠目录（试行）》自2008年1月1日至2021年12月31日有效。

自2016年1月1日至2021年12月31日，根据《关于垃圾填埋沼气发电列入〈环境保护、节能节水项目企业所得税优惠目录（试行）〉的通知》（财税〔2016〕131号）的规定，将垃圾填埋沼气发电项目列入《环境保护、节能节水项目企业所得税优惠目录（试行）》规定的"沼气综合开发利用"范围。

《环境保护、节能节水项目企业所得税优惠目录（2021年版）》（财政部 税务总局 发展改革委 生态环境部公告2021年第36号）自2021年1月1日起施行，见表6-10。企业从事属于《环境保护、节能节水项目企业所得税优惠目录（试行）》和《环境保护、节能节水项目企业所得税优惠目录（2021年版）》规定范围的项目，在2021年12月31日前已进入优惠期的，可按政策规定继续享受至期满为止；企业从事属于《环境保护、节能节水项目企业所得税优惠目录（2021年版）》规定范围的项目，若2020年12月31日前已取得第一笔生产经营收入，可在剩余期限享受政策优惠至期满为止。

表6-10　　环境保护、节能节水项目企业所得税优惠目录（2021年版）

类别		项目	条件
一、环境污染防治	大气污染防治	脱硫脱硝除尘排放治理及改造项目	1.包括电力、钢铁等行业烟气超低排放改造项目；建材、焦化、石化、化工、有色等行业烟气治理项目（含重金属等有毒有害大气污染物治理项目）；颗粒物无组织排放收集治理项目。 2.电力、钢铁等行业烟气超低排放改造项目符合超低排放改造要求或地方大气污染物排放标准要求；水泥、焦化、石化、化工、有色等行业烟气治理项目（含重金属等有毒有害大气污染物治理项目）烟气排放达到国家或地方规定的排放要求；颗粒物无组织排放收集治理项目烟气排放达到国家或地方规定的排放要求。以上项目通过相关验收
		有机废气收集净化项目	1.包括石化、有机化工、表面涂装、包装印刷等行业有机废气排放收集装置改造及净化项目。（单一采用低温等离子、光催化、光氧化以及不具备"点对点"集中回收再生条件的活性炭一次性吸附工艺的项目除外） 2.有机废气排放达到国家或地方规定的要求，项目通过相关验收
		恶臭气体治理项目	1.各类企业恶臭治理项目。 2.恶臭排放达到《恶臭污染物排放标准》规定的要求，项目通过相关验收

类别		项目	条件
一、环境污染防治	公共污水处理	城镇污水处理项目	1.城镇污水处理设施、配套管网的新建、扩建、提标改造项目。 2.排放连续稳定达到国家或地方规定的排放标准要求，项目通过相关验收。配套管网应建立专业化运行维护机制
		工业废水处理项目	1.工业企业、工业园区废水治理项目、配套管网的新建、扩建、提标改造项目。 2.污染物排放达到国家或地方规定的要求，项目通过相关验收。配套管网应建立专业化运行维护机制
		农村污水处理项目	1.包括农村生活污水处理及资源化利用项目、畜禽养殖废水处理及资源化利用项目、农村黑臭水体治理项目。 2.污染物排放达到国家或地方规定的要求，项目通过相关验收
		污泥处理处置及资源化利用项目	1.包括污泥稳定化、无害化和资源化处理处置利用项目。 2.项目符合国家或地方相关规定，通过相关验收。污泥得到安全处理处置，处理处置后的污泥符合国家有关标准
		水体修复与治理项目	1.包括河流、湖泊、海域、黑臭水体、饮用水源地等的修复与治理项目。 2.项目符合国家相关水体修复与治理要求，并通过相关验收
	土壤与地下水污染治理	土壤与地下水污染修复项目	1.包括土壤治理与修复项目、地下水污染修复项目。 2.项目满足国家或地方相关要求，并通过评审或备案
	公共垃圾处理	生活垃圾分类和无害化处理处置项目	1.对城镇和农村生活垃圾（含厨余垃圾）进行减量化、资源化、无害化处理的项目，涉及生活垃圾分类收集、贮存、运输、处理、处置项目。（对原生生活垃圾进行填埋处理的除外） 2.项目通过相关验收，涉及污染物排放的，指标应达到国家或地方规定的排放要求
		工业固体废物利用处置项目	1.对工业固体废物（含建筑垃圾）减量化、资源化、无害化处理的项目，涉及收集、贮存、运输、利用、处置等环节。（直接进行贮存、填埋处置的除外） 2.项目通过相关验收，涉及污染物排放的，指标应达到国家或地方规定的排放要求
		危险废物利用处置项目	1.对危险废物（含医疗废物）减量化、资源化、无害化处理的项目，涉及收集、贮存、运输、利用、处置等环节。（直接进行贮存、填埋处置的除外） 2.项目应取得危险废物经营许可证，并通过相关验收，涉及污染物排放的，指标应达到国家或地方规定的排放要求

续表

类别		项目	条件
一、环境污染防治	沼气综合开发利用	畜禽养殖场和养殖小区沼气工程项目	1.单体装置容积不小于300立方米，年平均日产沼气量不低于300立方米/天，且符合国家有关沼气工程技术规范的项目。 2.废水排放、废渣处置、沼气利用符合国家和地方有关标准，不产生二次污染。 3.项目包括完整的发酵原料的预处理设施、沼渣和沼液的综合利用或进一步处理系统，沼气净化、储存、输配和利用系统。 4.项目设计、施工和运行管理人员具备国家相应职业资格。 5.项目按照国家法律法规要求，通过相关验收
		生态环境监测项目	1.包括国家、省、市、县级生态环境监测项目。 2.项目符合国家或地方相关规定，通过相关验收，无弄虚作假行为
二、节能减排技术改造		既有建筑节能与可再生能源利用项目	1.对既有建筑实施节能与可再生能源利用改造。 2.项目应符合《既有居住建筑节能改造技术规程》《公共建筑节能改造技术规范》《建筑节能与可再生能源利用通用规范》等国家标准要求
		热泵技术改造项目	1.包括地源、水源、空气源等热泵技术改造项目。 2.采用的技术及设备应符合《浅层地热能利用通用技术要求》等国家标准要求，达到《水（地）源热泵机组能效限定值及能效等级》《低环境温度空气源热泵（冷水）机组能效限定值及能效等级》等国家标准能效等级二级以上，项目通过相关验收
		工业锅炉、工业窑炉节能改造项目	1.年节能量折算后不小于1 000吨标准煤。 2.节能量评估方法应符合《节能量测量和验证技术通则》《节能量测量和验证技术要求 工业锅炉系统》《节能量测量和验证技术要求 板坯加热炉系统》等国家标准要求
		数据中心节能改造项目	1.对数据中心实施节能改造。 2.改造后数据中心电能利用效率不高于1.3
		通信基站节能改造项目	1.对通信基站进行节能改造。 2.改造后通信基站单载频运行能耗降低8%以上
		电机系统节能改造项目	1.对电机系统实施节能改造。 2.项目应符合《电机系统（风机、泵、空气压缩机）优化设计指南》等国家标准要求

类别	项目	条件
二、节能减排技术改造	能量系统优化技术改造项目	1.年节能量折算后不小于1 000吨标准煤。 2.项目应建立完善的能源管理信息系统，节能量评估方法符合《节能量测量和验证技术通则》等国家标准要求
	余热余压利用项目	1.包括利用余热、余压等生产电力或热力的节能改造项目。 2.生产电力、热力的原料100%来源于余热、余压。项目符合国家或地方相关规定，通过相关验收
	高效精馏设备和系统改造项目	1.对填料塔高效精馏设备和系统实施节能改造。 2.改造后应符合以下技术参数：（1）"塔压降"：10~40Pa/米；（2）传质效率：3~4理论板/米；（3）热效率≥20%
	绿色照明项目	1.采用高效照明产品、高效照明控制系统等对各类建筑及公共场所实施照明节能改造。 2.项目应符合《LED城市道路照明应用技术要求》《隧道照明用LED灯具性能要求》等国家标准要求
	供热系统节能改造项目	1.包括供暖、供热水、供蒸汽等供热系统节能改造项目。 2.项目应符合《供热系统节能改造技术规范》等国家标准要求
	碳捕集、利用与封存（CCUS）项目	1.在各领域实施碳捕集、利用与封存。 2.项目二氧化碳封存量不低于10万吨/年，符合国家或地方相关规定
三、节水改造及非常规水利用	海水淡化项目	1.用作工业、生活用水及海岛军民饮用水的海水淡化项目。工业、生活用水项目规模不低于淡水产量10 000吨/日；海岛军民饮用水项目规模不低于淡水产量1 000吨/日（热法海水淡化项目的能耗消耗指标为吨水耗电量小于1.8千瓦时/吨、造水比大于8；膜法海水淡化项目的能耗指标为吨水耗电量小于4.0千瓦时/吨）。 2.海水直接利用项目。海水循环冷却规模不小于10 000吨/小时、海水浓缩倍数不小于1.6倍、水处理剂使用无磷环境友好型产品。 3.海水淡化核心技术装备产业化项目。适用于海水淡化反渗透膜组件、高压泵和能量回收装置等技术装备生产项目

续表

类别	项目	条件
三、节水改造及非常规水利用	污水资源化利用项目	1.污水资源化利用项目。企业利用污水无害化处理后的再生水量应不低于15万立方米/年。 2.区域再生水循环利用项目。项目生产的再生水应连续稳定达到《城市污水再生利用》系列国家标准、《再生水水质标准》或相关用途的再生水水质标准，并通过相关验收
	城镇和工业公共供水管网改造项目	1.城镇公共供水管网改造项目。项目应符合当地城市供水相关规划要求或列入相关改造计划。综合改造后，项目所在供水区域管网漏损率下降≥5%，或全市（县）公共供水管网漏损率不高于12%。 2.工业公共供水管网改造项目。综合改造后，工业公共供水管网漏损率不高于5%
	工业节水改造项目	1.工业智慧水管理项目。包括水系统智慧大数据中心项目、水系统操作、控制、管理智能一体化项目等。通过实施工业智慧水管理项目，工业企业应达到国家水效领跑者企业用水指标要求。 2.凝结水回收利用项目。项目精处理后的凝结水应达到中、高压锅炉进水标准、温度不小于85℃、年节水量不低于32万立方米。 3.电化学循环水处理项目。改造后项目达到《工业循环冷却水处理设计规范》指标要求，浓缩倍数≥5。 4.煤炭工业复合式干法选煤节水改造项目，年节水量不低于200万立方米。 5.工业除尘湿法改干法项目。年节水量不低于200万立方米。 6.石化化工、造纸、纺织印染企业节水技术改造项目。改造后达到国家水效领跑者企业用水指标要求。 7.干法熄焦改造项目。年节水量不低于90万立方米。 8.公用纺织品洗涤节水技术改造项目。改造后每吨布草洗涤用水量达到《公用纺织品洗涤设施节水管理规范》取水定额先进值。 9.毛皮、皮革加工节水改造项目。对于毛皮加工节水改造项目，改造后加工标准张绵羊皮用水量达到《取水定额 毛皮》取水定额先进企业值；对于皮革加工节水技术改造项目，改造后加工单位原料皮用水量达到《取水定额 皮革》取水定额先进企业值

6.3.2　政策沿革

2008年，《中华人民共和国企业所得税法》及其实施条例的实施，将符合条件的环境保护、节能节水项目所得减免优惠政策以法律形式予以确认。2009年，财政部、国家税务总局发布《环境保护、节能节水项目企业所得税优惠目录（试行）》（财税〔2009〕166号），以目录形式对环境保护、节能节水项目范围做出了系统而详细的规定。

2012年初，财政部、国家税务总局出台了《关于公共基础设施项目和环境保护、节能节水项目企业所得税优惠政策问题的通知》（财税〔2012〕10号），明确2008年以前已经批准的项目优惠处理方式。2016年，财政部、国家税务总局、国家发展改革委联合发布了《关于垃圾填埋沼气发电列入〈环境保护、节能节水项目企业所得税优惠目录（试行）〉的通知》（财税〔2016〕131号），将垃圾填埋沼气发电项目列入优惠目录规定的"沼气综合开发利用"范围。2021年，财政部 税务总局 发展改革委 生态环境部公告2021年第36号发布《环境保护、节能节水项目企业所得税优惠目录（2021年版）》，自2021年1月1日起施行。上述政策主要发展情况见表6-11。

表6-11　　　　　　　　政策主要发展情况表（截至2022年6月1日）

年度	政策依据	主要内容	效力
2007	《中华人民共和国企业所得税法》第二十七条；《中华人民共和国企业所得税法实施条例》第八十八条	以法律形式给予从事符合条件的环境保护、节能节水项目的所得定期减免企业所得税优惠	有效
2009	财税〔2009〕166号	以目录形式对环境保护、节能节水项目范围做出了系统而详细的规定	自2008年1月1日至2021年12月31日
2012	财税〔2012〕10号	明确了过渡期如何享受优惠	有效
2016	财税〔2016〕131号	将垃圾填埋沼气发电项目列入优惠目录	自2016年1月1日至2021年12月31日
2021	财政部 税务总局 发展改革委 生态环境部公告2021年第36号	发布《环境保护、节能节水项目企业所得税优惠目录（2021年版）》	有效，自2021年1月1日起施行

6.3.3　申报管理

6.3.3.1　享受程序

企业享受优惠事项采取"自行判别、申报享受、相关资料留存备查"的办理方式。企业应当根据经营情况以及相关税收规定自行判断是否符合优惠事项规定的条件，符合条件的可以按规定的时间自行计算减免税额，并通过填报企业所得税纳税申报表享受税收优惠。同时，按规定归集和留存相关资料备查。

6.3.3.2　享受时间

季度预缴及年度汇算清缴均可享受。

6.3.3.3　填报示例

1.A类企业所得税季度预缴申报

查账征收纳税人在季度预缴时享受从事符合条件的环境保护、节能节水项目的所得定期减免企业所得税优惠政策涉及《A200000中华人民共和国企业所得税月（季）度预缴纳税申报表（A类）》1张表单。

纳税人需要根据《企业所得税申报事项目录》填报A200000《中华人民共和国企业所得税月（季）度预缴纳税申报表（A类）》第8.*行"从事符合条件的环境保护、节能节水项目的所得定期减免企业所得税"，填写后相关数据自动生成至第8行"减：所得减免"。

具体填报参见"6.2.3.3填报示例"。

2.A类企业所得税年度汇算清缴申报

纳税人在年度汇算清缴时享受从事符合条件的环境保护、节能节水项目的所得定期减免企业所得税优惠政策涉及《A100000中华人民共和国企业所得税年度纳税申报表（A类）》《A107020所得减免优惠明细表》等2张表单。

纳税人填报《A107020所得减免优惠明细表》第7行至第9行的第1~11列，填写后第31行第11列"减免所得额"合计数自动生成至《A100000中华人民共和国企业所得税年度纳税申报表（A类）》第20行"减：所得减免"。要说明的是：当表A107020合计行第11列≥0，且表A107020合计行第11列≤表A100000第19行时，表A107020合计行第11列=表A100000第20行；当表A107020合计行第11列≥0，且表A107020合计行第11列>表A100000第19行时，表A100000第20行=A100000第19行。

表A107020第2列"优惠事项名称"：按照该项目享受所得减免企业所得税优惠事项的具体政策内容选择填报。"三、符合条件的环境保护、节能节水项目"适用《环境保护、节能节水项目企业所得税优惠目录（试行）》的，在以下优惠事项中选择填报：①公共污水处理项目；②公共垃圾处理项目；③沼气综合开发利用项目；④节能减排技术改造项目；⑤含海水淡化项目；⑥其他项目。适用《环境保护、节能节水项目企业所得税优惠目录（2021年版）》的，按照该目录的项目名称选择填报。

表A107020第7行至第9行"三、符合条件的环境保护、节能节水项目"：按符合条件的环境保护、节能节水项目的具体内容分别填报，一个项目填报一行。纳税人有多个项目的，可自行增加行次填报。各行相应列次填报金额的合计金额填入"小计"行。

表A107020其他列次填报规则参见6.1.3.3填报示例"2.A类企业所得税年度汇算清缴申报"中的详细说明。

具体填报参见"6.2.3.3填报示例"。

6.3.3.4   留存备查资料

（1）符合《环境保护、节能节水项目企业所得税优惠目录》规定范围、条件和标准的情况说明及证据资料；

（2）环境保护、节能节水项目取得的第一笔生产经营收入凭证（原始凭证及账务处理凭证）；

（3）环境保护、节能节水项目所得分项目核算资料，以及合理分摊期间共同费用的核算资料；

（4）项目权属变动情况及转让方已享受优惠情况的说明及证明资料（优惠期间项目权属发生变动的）。

6.3.4   风险提示

在减免税期限内转让项目的，受让方自受让之日起，可以在剩余期限内享受规定的减免税优惠；减免税期限届满后转让的，受让方不得就该项目重复享受减免税优惠。

◀◀ 6.4   技术转让所得 ▶▶

6.4.1   政策概述

6.4.1.1   基本规定

企业符合条件的技术转让所得，可以免征、减征企业所得税。具体是指一个纳税年度内，居民企业技术转让所得不超过500万元的部分，免征企业所得税；超过500万元的部分，减半征收企业所得税。

6.4.1.2　适用范围

根据《财政部 国家税务总局关于居民企业技术转让有关企业所得税政策问题的通知》（财税〔2010〕111号）的规定：

技术转让的范围，包括居民企业转让专利技术、计算机软件著作权、集成电路布图设计权、植物新品种、生物医药新品种，以及财政部和国家税务总局确定的其他技术。

其中：专利技术，是指法律授予独占权的发明、实用新型和非简单改变产品图案的外观设计。

技术转让，是指居民企业转让其拥有符合以上规定技术的所有权或5年以上（含5年）全球独占许可使用权的行为。

根据《关于技术转让所得减免企业所得税有关问题的公告》（国家税务总局公告2013年第62号）的规定：自2013年11月1日起，可以计入技术转让收入的技术咨询、技术服务、技术培训收入，是指转让方为使受让方掌握所转让的技术投入使用、实现产业化而提供的必要的技术咨询、技术服务、技术培训所产生的收入，并应同时符合以下条件：

（1）在技术转让合同中约定的与该技术转让相关的技术咨询、技术服务、技术培训；

（2）技术咨询、技术服务、技术培训收入与该技术转让项目收入一并收取价款。

根据《关于许可使用权技术转让所得企业所得税有关问题的公告》（国家税务总局公告2015年第82号）的规定：

自2015年10月1日起，全国范围内的居民企业转让5年以上（含5年）非独占许可使用权取得的技术转让所得，纳入享受企业所得税优惠的技术转让所得范围。

企业转让符合条件的5年以上非独占许可使用权的技术，限于其拥有所有权的技术。技术所有权的权属由国务院行政主管部门确定。

6.4.1.3　适用条件

享受减免企业所得税优惠的技术转让应符合以下条件：

（1）享受优惠的技术转让主体是企业所得税法规定的居民企业。

（2）技术转让属于财政部、国家税务总局规定的范围。

（3）技术转让须经有关部门认定。

技术转让应签订技术转让合同。其中，境内的技术转让须经省级以上（含省级）科技部门认定登记，跨境的技术转让须经省级以上（含省级）商务部门认定登记，涉及财政经费支持产生技术的转让，需省级以上（含省级）科技部门审批。

居民企业技术出口应由有关部门按照商务部、科技部发布的《中国禁止出口限制出口技术目录》（商务部 科技部令2008年第12号）进行审查。居民企业取得禁止出口和限制出口技术转让所得，不享受技术转让减免企业所得税优惠政策。

（4）国务院税务主管部门规定的其他条件。

6.4.1.4   计算方法

1. 一般规定

《国家税务总局关于技术转让所得减免企业所得税有关问题的通知》（国税函〔2009〕212号）规定：

技术转让所得=技术转让收入-技术转让成本-相关税费

技术转让收入是指当事人履行技术转让合同后获得的价款，不包括销售或转让设备、仪器、零部件、原材料等非技术性收入。不属于与技术转让项目密不可分的技术咨询、技术服务、技术培训等收入，不得计入技术转让收入。

技术转让成本是指转让的无形资产的净值，即该无形资产的计税基础减除在资产使用期间按照规定计算的摊销扣除额后的余额。

相关税费是指技术转让过程中实际发生的有关税费，包括除企业所得税和允许抵扣的增值税以外的各项税金及其附加、合同签订费用、律师费等相关费用及其他支出。

2. 5年以上非独占许可使用权技术转让所得计算方法

《国家税务总局关于许可使用权技术转让所得企业所得税有关问题的公告》（国家税务总局公告2015年第82号）规定：

技术转让所得=技术转让收入-无形资产摊销费用-相关税费-应分摊期间费用

技术转让收入是指转让方履行技术转让合同后获得的价款，不包括销售或转让设备、仪器、零部件、原材料等非技术性收入。不属于与技术转让项目密不可分的技术咨询、服务、培训等收入，不得计入技术转让收入。技术许可使用权转让收入，应按转让协议约定的许可使用权人应付许可使用权使用费的日期确认收入的实现。

无形资产摊销费用是指该无形资产按税法规定当年计算摊销的费用。涉及自用和对外许可使用的，应按照受益原则合理划分。

相关税费是指技术转让过程中实际发生的有关税费，包括除企业所得税和允许抵扣的增值税以外的各项税金及其附加、合同签订费用、律师费等相关费用。

应分摊期间费用（不含无形资产摊销费用和相关税费）是指技术转让按照当年销售收入占比分摊的期间费用。

6.4.2 政策沿革

1.符合条件的技术转让所得减免征收企业所得税优惠政策逐步系统化（2008—2010年）

2008年，《中华人民共和国企业所得税法》及其实施条例的实施，将符合条件的技术转让所得减免征收企业所得税优惠政策以法律形式予以确认。此后，财政部、国家税务总局先后发布了《国家税务总局关于技术转让所得减免企业所得税有关问题的通知》（国税函〔2009〕212号）、《财政部 国家税务总局关于居民企业技术转让有关企业所得税政策问题的通知》（财税〔2010〕111号），明确了技术转让所得减免征收企业所得税优惠政策适用的范围、条件及计算方法。

2.探索扩大优惠适用范围（2011—2015年）

2013年，国家税务总局出台了《国家税务总局关于技术转让所得减免企业所得税有关问题的公告》（国家税务总局公告2013年第62号），明确可以计入技术转让收入的技术咨询、技术服务、技术培训收入范围。2015年，财政部、国家税务总局先后出台了《财政部 国家税务总局关于推广中关村国家自主创新示范区税收试点政策有关问题的通知》（财税〔2015〕62号）、《财政部 国家税务总局关于将国家自主创新示范区有关税收试点政策推广到全国范围实施的通知》（财税〔2015〕116号）、《国家税务总局关于许可使用权技术转让所得企业所得税有关问题的公告》（国家税务总局公告2015年第82号）等文件，将5年以上非独占许可使用权技术转让所得优惠政策逐步推广至全国范围实施，并明确了适用范围及计算方法。

上述政策主要发展情况见表6-12。

表6-12　　　　　政策主要发展情况表（截至2022年6月1日）

年度	政策依据	主要内容	效力
2007	《中华人民共和国企业所得税法》第二十七条；《中华人民共和国企业所得税法实施条例》第九十条	以法律形式规定了符合条件的技术转让所得减免征收企业所得税优惠政策	有效
2009	国税函〔2009〕212号	明确技术转让所得减免征收企业所得税优惠的适用条件及相关计算方法	废止第四条。参见：国家税务总局令第42号
2010	财税〔2010〕111号	明确技术转让的适用范围和不得享受优惠的情形	有效

年度	政策依据	主要内容	效力
2013	财税〔2013〕72号	试点5年以上非独占许可使用权转让所得优惠政策	自2013年1月1日至2015年12月31日执行
2013	国家税务总局公告2013年第62号	明确可以计入技术转让收入的技术咨询、技术服务、技术培训收入范围	有效
2015	财税〔2015〕62号	将中关村国家自主创新示范区的5年以上许可使用权转让所得优惠政策,推广至国家自主创新示范区、合芜蚌自主创新综合试验区和绵阳科技城	有效
2015	财税〔2015〕116号	将5年以上非独占许可使用权转让所得优惠政策进一步推广至全国范围实施	有效
2015	国家税务总局公告2015年第82号	明确5年以上非独占许可使用权技术转让所得优惠适用范围及计算方法	有效

6.4.3　申报管理

6.4.3.1　享受程序

企业享受优惠事项采取"自行判别、申报享受、相关资料留存备查"的办理方式。企业应当根据经营情况以及相关税收规定自行判断是否符合优惠事项规定的条件,符合条件的可以按规定的时间自行计算减免税额,并通过填报企业所得税纳税申报表享受税收优惠。同时,按规定归集和留存相关资料备查。

6.4.3.2　享受时间

季度预缴及年度汇算清缴均可享受。

6.4.3.3　填报示例

1.A类企业所得税季度预缴申报

查账征收纳税人在季度预缴时享受符合条件的技术转让所得减免征收企业所得税优惠政策涉及《A200000中华人民共和国企业所得税月(季)度预缴纳税申报表(A类)》1张表单。

纳税人根据《企业所得税申报事项目录》填报《A200000中华人民共和国企业所得税月(季)度预缴纳税申报表(A类)》第8.*行"符合条件的一般技术转让

项目所得减免征收企业所得税"或"符合条件的中关村国家自主创新示范区特定区域技术转让项目所得减免征收企业所得税",填写后相关数据自动生成至第8行"减：所得减免"。

▶▶▶**例6-5** 甫鑫公司2021年三季度将一项符合条件的专利技术转让给非关联第三方，取得所得400万元，作为"符合条件的一般技术转让项目所得减免征收企业所得税"，季度预缴申报时填报《A200000中华人民共和国企业所得税月（季）度预缴纳税申报表（A类）》，见表6-13。

表6-13　A200000中华人民共和国企业所得税月（季）度预缴纳税申报表（A类）

行次	预缴税款计算	本年累计
1	营业收入	
2	营业成本	
3	利润总额	4 000 000
4	加：特定业务计算的应纳税所得额	
5	减：不征税收入	
6	减：资产加速折旧、摊销（扣除）调减额（填写A201020）	
7	减：免税收入、减计收入、加计扣除（7.1+7.2+…）	
8	减：所得减免（8.1+8.2+…）	4 000 000
8.1	符合条件的一般技术转让项目所得减免征收企业所得税	4 000 000
9	减：弥补以前年度亏损	
10	实际利润额（3+4-5-6-7-8-9）\按照上一纳税年度应纳税所得额平均额确定的应纳税所得额	0
11	税率（25%）	0.25
12	应纳所得税额（10×11）	0
13	减：减免所得税额（13.1+13.2+…）	
14	减：本年实际已缴纳所得税额	
15	减：特定业务预缴（征）所得税额	
16	本期应补（退）所得税额（12-13-14-15）\税务机关确定的本期应纳所得税额	

2. A类企业所得税年度汇算清缴申报

查账征收纳税人在年度汇算清缴时享受符合条件的技术转让所得减免征收企业所得税优惠政策涉及《A100000 中华人民共和国企业所得税年度纳税申报表（A类）》《A107020 所得减免优惠明细表》等2张表单。

纳税人需要填报《A107020 所得减免优惠明细表》第10行至第12行的第1~11列，填写后第31行第11列"减免所得额"合计数自动生成至《A100000 中华人民共和国企业所得税年度纳税申报表（A类）》第20行"减：所得减免"。要说明的是：当表 A107020 合计行第11列≥0，且表 A107020 合计行第11列<表 A100000 第19行时，表 A107020 合计行第11列=表 A100000 第20行；当表 A107020 合计行第11列≥0，且表 A107020 合计行第11列>表 A100000 第19行时，表 A100000 第20行=表 A100000 第19行。

表 A107020 第2列"优惠事项名称"：按照该项目享受所得减免企业所得税优惠事项的具体政策内容选择填报。"四、符合条件的技术转让项目"纳税人填报"小计"行时，在以下优惠事项中选择填报：①一般技术转让项目。②中关村国家自主创新示范区特定区域技术转让项目。其他行次无须填报第2列。第9列"四、符合条件的技术转让项目"的"小计"行：当第4-5-6-7+8列金额≤限额时，填报第4-5-6-7+8列金额（超过限额部分的金额填入第10列）；当第4-5-6-7+8列金额<0时，填报0。如果本行第2列选择"一般技术转让项目"，限额为500万元；如果选择"中关村国家自主创新示范区特定区域技术转让项目"，限额为2 000万元。第10列"四、符合条件的技术转让项目"的"小计"行：填报第4-5-6-7+8列金额超过限额的部分。如果本行第2列选择"一般技术转让项目"，限额为500万元；如果选择"中关村国家自主创新示范区特定区域技术转让项目"，限额为2 000万元。

表 A107020 第10行至第12行"四、符合条件的技术转让项目"：按照不同技术转让项目分别填报，一个项目填报一行，纳税人有多个项目的，可自行增加行次填报。各行相应列次填报金额的合计金额填入"小计"行。

表 A107020 其他列次填报规则参见 6.1.3.3 填报示例"2.A类企业所得税年度汇算清缴申报"中的详细说明。

▶▶▶**例 6-6** 甬鑫公司2021年度将一项符合条件的专利技术转让给非关联第三方，转让价格为1 050万元，该项专利技术的成本为200万元，技术转让过程中发生相关税费30万元，假设不考虑其他纳税调整事项，甬鑫公司不符合小型微利企业条件。

解析：甬鑫公司2021年度技术转让应纳税所得额=1 050-200-30=820（万元）；其中500万元免征企业所得税，超过500万元的部分，即320万元（820-

500）减半征收企业所得税。年度汇缴申报时填报《A100000中华人民共和国企业所得税年度纳税申报表（A类）》《A107020所得减免优惠明细表》，分别见表6-14、表6-15。

表6-14　　A100000中华人民共和国企业所得税年度纳税申报表（A类）

行次	类别	项　　目	金　额
1		一、营业收入（填写A101010\101020\103000）	10 500 000
2		减：营业成本（填写A102010\102020\103000）	2 000 000
3		减：税金及附加	300 000
4		减：销售费用（填写A104000）	
5		减：管理费用（填写A104000）	
6		减：财务费用（填写A104000）	
7	利润总额计算	减：资产减值损失	
8		加：公允价值变动收益	
9		加：投资收益	
10		二、营业利润（1-2-3-4-5-6-7+8+9）	8 200 000
11		加：营业外收入（填写A101010\101020\103000）	
12		减：营业外支出（填写A102010\102020\103000）	
13		三、利润总额（10+11-12）	8 200 000
14		减：境外所得（填写A108010）	
15		加：纳税调整增加额（填写A105000）	
16	应纳税所得额计算	减：纳税调整减少额（填写A105000）	
17		减：免税、减计收入及加计扣除（填写A107010）	
18		加：境外应税所得抵减境内亏损（填写A108000）	

续表

行次	类别	项 目	金 额
19	应纳税所得额计算	四、纳税调整后所得（13-14+15-16-17+18）	8 200 000
20		减：所得减免（填写A107020）	6 600 000
21		减：弥补以前年度亏损（填写A106000）	
22		减：抵扣应纳税所得额（填写A107030）	
23		五、应纳税所得额（19-20-21-22）	1 600 000
24	应纳税额计算	税率（25%）	0.25
25		六、应纳所得税额（23×24）	400 000
26		减：减免所得税额（填写A107040）	
27		减：抵免所得税额（填写A107050）	
28		七、应纳税额（25-26-27）	400 000
29		加：境外所得应纳所得税额（填写A108000）	
30		减：境外所得抵免所得税额（填写A108000）	
31		八、实际应纳所得税额（28+29-30）	400 000
32		减：本年累计实际已缴纳的所得税额	
33		九、本年应补（退）所得税额（31-32）	
34		其中：总机构分摊本年应补（退）所得税额（填写A109000）	
35		财政集中分配本年应补（退）所得税额（填写A109000）	
36		总机构主体生产经营部门分摊本年应补（退）所得税额（填写A109000）	

表6-15

A107020所得减免优惠明细表

行次	减免项目	项目名称	优惠事项名称	优惠方式	项目收入	项目成本	相关税费	应分摊期间费用	纳税调整额	项目所得额 免税项目	项目所得额 减半项目	减免所得额
		1	2	3	4	5	6	7	8	9	10	11（9+10×50%）
1	一、农、林、牧、渔业项目											
2												
3		小计	*	*								
4		供水										
5	二、国家重点扶持的公共基础设施项目											
6		小计	*	*								
7												
8	三、符合条件的环境保护、节能节水项目											
9		小计	*	*								
10		转让技术	*	*	10 500 000	2 000 000	300 000			*	*	*
11	四、符合条件的技术转让项目	一般技术转让项目	*	*								
12		小计	*	*	10 500 000	2 000 000	300 000			5 000 000	3 200 000	6 600 000
…												
31	合计	*	*	*	10 500 000	2 000 000	300 000			5 000 000	3 200 000	6 600 000

6.4.3.4　留存备查资料

（1）所转让的技术产权证明。

（2）企业发生境内技术转让：

①技术转让合同（副本）；

②技术合同登记证明；

③技术转让所得归集、分摊、计算的相关资料；

④实际缴纳相关税费的证明资料。

（3）企业向境外转让技术：

①技术出口合同（副本）；

②技术出口合同登记证书或技术出口许可证；

③技术出口合同数据表；

④技术转让所得归集、分摊、计算的相关资料；

⑤实际缴纳相关税费的证明资料；

⑥有关部门按照商务部、科技部发布的《中国禁止出口限制出口技术目录》出具的审查意见。

（4）转让技术所有权的，其成本费用情况；转让使用权的，其无形资产费用摊销情况。

（5）技术转让年度，转让双方股权关联情况。

6.4.4　风险提示

（1）享受技术转让所得减免企业所得税优惠的企业，应单独计算技术转让所得，并合理分摊企业的期间费用；没有单独计算的，不得享受技术转让所得企业所得税优惠。

（2）居民企业从直接或间接持有股权之和达到100%的关联方取得的技术转让所得，不享受技术转让减免企业所得税优惠政策。

◆◆◆ 6.5　节能服务公司合同能源管理项目所得 ◆◆◆

6.5.1　政策概述

6.5.1.1　基本规定

对符合条件的节能服务公司实施合同能源管理项目，符合企业所得税法有关规定的，自项目取得第一笔生产经营收入所属纳税年度起，第一年至第三年免征企业所得税，第四年至第六年按照25%的法定税率减半征收企业所得税。

上述所称"符合条件"是指同时满足以下条件：

（1）具有独立法人资格，注册资金不低于100万元，且能够单独提供用能状况诊断、节能项目设计、融资、改造（包括施工、设备安装、调试、验收等）、运行管理、人员培训等服务的专业化节能服务公司。

（2）节能服务公司实施合同能源管理项目相关技术应符合国家质量监督检验检疫总局和国家标准化管理委员会发布的《合同能源管理技术通则》（GB/T24915-2010）①规定的技术要求。

（3）节能服务公司与用能企业签订《节能效益分享型合同》，其合同格式和内容符合《合同法》和国家质量监督检验检疫总局和国家标准化管理委员会发布的《合同能源管理技术通则》（GB/T24915-2010）等规定。

（4）节能服务公司实施合同能源管理的项目符合《财政部 国家税务总局 国家发展改革委关于公布环境保护节能节水项目企业所得税优惠目录（试行）的通知》（财税〔2009〕166号）"4、节能减排技术改造"类中第一项至第八项规定的项目和条件，包括余热余压利用、绿色照明等节能效益分享型合同能源管理项目。

（5）节能服务公司投资额不低于实施合同能源管理项目投资总额的70%。

（6）节能服务公司拥有匹配的专职技术人员和合同能源管理人才，具有保障项目顺利实施和稳定运行的能力。

6.5.1.2　节能服务企业实施节能效益分享型合同能源管理项目

对实施节能效益分享型合同能源管理项目（以下简称项目）的节能服务企业，凡实行查账征收所得税的居民企业并符合企业所得税法和国家税务总局 国家发展改革委公告2013年第77号有关规定的，该项目可享受财税〔2010〕110号文件规定的企业所得税"三免三减半"优惠政策。如节能服务企业的节能效益分享型合同约定的效益分享期短于6年，按实际分享期享受优惠。

6.5.1.3　税务处理

对符合条件的节能服务公司，以及与其签订节能效益分享型合同的用能企业，实施合同能源管理项目有关资产的企业所得税税务处理按以下规定执行：

（1）用能企业按照能源管理合同实际支付给节能服务公司的合理支出，均可以在计算当期应纳税所得额时扣除，不再区分服务费用和资产价款进行税务处理。

（2）能源管理合同期满后，节能服务公司转让给用能企业的因实施合同能源管理项目形成的资产，按折旧或摊销期满的资产进行税务处理，用能企业从节能服务公司接受有关资产的计税基础也应按折旧或摊销期满的资产进行税务处理。

（3）能源管理合同期满后，节能服务公司与用能企业办理有关资产的权属转移

---

① 自2020年10月1日起执行《合同能源管理技术通则》（GB/T 24915-2020），下同。

时，用能企业已支付的资产价款，不再另行计入节能服务公司的收入。

节能服务企业投资项目所发生的支出，应按税法规定作资本化或费用化处理。形成的固定资产或无形资产，应按合同约定的效益分享期计提折旧或摊销。

节能服务企业应分别核算各项目的成本费用支出额。对在合同约定的效益分享期内发生的期间费用划分不清的，应合理进行分摊，期间费用的分摊应按照项目投资额和销售（营业）收入额两个因素计算分摊比例，两个因素的权重各为50%。

6.5.1.4 合同能源管理项目确认

合同能源管理项目确认由国家发展改革委、财政部公布的第三方节能量审核机构负责，并出具《合同能源管理项目情况确认表》，或者由政府节能主管部门出具合同能源管理项目确认意见。第三方机构在合同能源管理项目确认过程中应严格按照国家有关要求认真审核把关，确保审核结果客观、真实。对在审核过程中把关不严、弄虚作假的第三方机构，一经查实，将取消其审核资质，并按相关法律规定追究责任。

6.5.2 政策沿革

为鼓励企业运用合同能源管理机制，加大节能减排工作力度，2010年底，财政部、国家税务总局研究出台了《关于促进节能服务产业发展增值税、营业税和企业所得税政策问题的通知》（财税〔2010〕110号），从2011年1月1日起正式实施。该通知对企业所得税优惠政策条件，以及实施合同能源管理项目过程中所涉及的资产税务处理问题等都做出了具体规定。2013年，国家税务总局、国家发展改革委发布《关于落实节能服务企业合同能源管理项目企业所得税优惠政策有关征收管理问题的公告》（国家税务总局 国家发展改革委公告2013年第77号），进一步对落实合同能源管理项目企业所得税优惠政策的相关管理要求进行了明确。上述政策主要发展情况见表6-16。

表6-16　　　　　　政策主要发展情况表（截至2022年6月1日）

年度	政策依据	主要内容	效力
2010	财税〔2010〕110号	明确了有关政策口径	有效
2013	国家税务总局 国家发展改革委公告2013年第77号	明确了有关政策管理要求	第六条废止。参见：国家税务总局令第42号

6.5.3 申报管理

6.5.3.1 享受程序

企业享受优惠事项采取"自行判别、申报享受、相关资料留存备查"的办理方

式。企业应当根据经营情况以及相关税收规定自行判断是否符合优惠事项规定的条件，符合条件的可以按规定的时间自行计算减免税额，并通过填报企业所得税纳税申报表享受税收优惠。同时，按规定归集和留存相关资料备查。

6.5.3.2　享受时间

季度预缴及年度汇算清缴均可享受。

6.5.3.3　填报示例

1.A类企业所得税季度预缴申报

查账征收纳税人在季度预缴时享受符合条件的节能服务公司实施合同能源管理项目的所得定期减免企业所得税优惠政策涉及《A200000中华人民共和国企业所得税月（季）度预缴纳税申报表（A类）》1张表单。

纳税人根据《企业所得税申报事项目录》填报《A200000中华人民共和国企业所得税月（季）度预缴纳税申报表（A类）》第8.*行"符合条件的节能服务公司实施合同能源管理项目的所得定期减免企业所得税"，填写后相关数据自动生成至第8行"减：所得减免"。

具体填报参见"6.2.3.3填报示例"。

2.A类企业所得税年度汇算清缴申报

查账征收纳税人在年度汇算清缴时享受符合条件的节能服务公司实施合同能源管理项目的所得定期减免企业所得税优惠政策涉及《A100000中华人民共和国企业所得税年度纳税申报表（A类）》《A107020所得减免优惠明细表》等2张表单。

纳税人需要填报《A107020所得减免优惠明细表》第16行至第18行的第1~11列，填写后第31行第11列"减免所得额"合计数自动生成至《A100000中华人民共和国企业所得税年度纳税申报表（A类）》第20行"减：所得减免"。要说明的是：当表A107020合计行第11列≥0，且表A107020合计行第11列≤表A100000第19行时，表A107020合计行第11列=表A100000第20行；当表A107020合计行第11列≥0，且表A107020合计行第11列＞表A100000第19行时，表A100000第20行=表A100000第19行。

表A107020"六、符合条件的节能服务公司实施合同能源管理项目"无须填报第2列"优惠事项名称"。

表A107020第16行至第18行"六、符合条件的节能服务公司实施合同能源管理项目"：按照节能服务公司实施合同能源管理的不同项目分别填报，一个项目填报一行，纳税人有多个项目的，可自行增加行次填报。各行相应列次填报金额的合计金额填入"小计"行。

表A107020其他列次填报规则参见6.1.3.3填报示例"2.A类企业所得税年度汇

算清缴申报"中的详细说明。

具体填报参见"6.2.3.3填报示例"。

6.5.3.4　留存备查资料

（1）能源管理合同；

（2）国家发展改革委、财政部公布的第三方机构出具的合同能源管理项目情况确认表，或者政府节能主管部门出具的合同能源管理项目确认意见；

（3）项目转让合同、项目原享受优惠的备案文件（项目发生转让的，受让节能服务企业）；

（4）合同能源管理项目取得第一笔生产经营收入凭证（原始凭证及账务处理凭证）；

（5）合同能源管理项目应纳税所得额计算表；

（6）合同能源管理项目所得单独核算资料，以及合理分摊期间共同费用的核算资料。

«« 6.6　清洁发展机制项目所得 »»

6.6.1　政策概述

清洁发展机制项目（以下简称"CDM项目"）实施企业实施将温室气体减排量转让收入的65%上缴给国家的HFC和PFC类CDM项目，以及将温室气体减排量转让收入的30%上缴给国家的N2O类CDM项目，其实施该类CDM项目的所得，自项目取得第一笔减排量转让收入所属纳税年度起，第一年至第三年免征企业所得税，第四年至第六年减半征收企业所得税。

企业实施CDM项目的所得，是指企业实施CDM项目取得的温室气体减排量转让收入扣除上缴国家的部分，再扣除企业实施CDM项目发生的相关成本、费用后的净所得。

6.6.2　政策沿革

2009年3月，《关于中国清洁发展机制基金及清洁发展机制项目实施企业有关企业所得税政策问题的通知》（财税〔2009〕30号）发布，明确了清洁发展机制项目实施企业的所得税优惠政策，自2007年1月1日起执行，延续至今。上述政策主要发展情况见表6-17。

表6-17　　　　　　　政策主要发展情况表（截至2022年6月1日）

年度	依据	主要内容	效力
2009	财税〔2009〕30号	规定了CDM项目实施企业的优惠政策口径	有效

6.6.3　申报管理

6.6.3.1　享受程序

企业享受优惠事项采取"自行判别、申报享受、相关资料留存备查"的办理方式。企业应当根据经营情况以及相关税收规定自行判断是否符合优惠事项规定的条件，符合条件的可以按规定的时间自行计算减免税额，并通过填报企业所得税纳税申报表享受税收优惠。同时，按规定归集和留存相关资料备查。

6.6.3.2　享受时间

季度预缴及年度汇算清缴均可享受。

6.6.3.3　填报示例

1.A类企业所得税季度预缴申报

查账征收纳税人在季度预缴时享受实施清洁发展机制项目的所得定期减免企业所得税优惠政策涉及《A200000中华人民共和国企业所得税月（季）度预缴纳税申报表（A类）》1张表单。

纳税人根据《企业所得税申报事项目录》填报《A200000中华人民共和国企业所得税月（季）度预缴纳税申报表（A类）》第8.*行"实施清洁发展机制项目的所得定期减免企业所得税"，填写后相关数据自动生成至第8行"减：所得减免"。

具体填报参见"6.2.3.3填报示例"。

2.A类企业所得税年度汇算清缴申报

查账征收纳税人在年度汇算清缴时享受实施清洁发展机制项目的所得定期减免企业所得税优惠政策涉及《A100000中华人民共和国企业所得税年度纳税申报表（A类）》《A107020所得减免优惠明细表》等2张表单。

纳税人填报《A107020所得减免优惠明细表》第13行至第15行的第1~11列，填写后第31行第11列"减免所得额"合计数自动生成至《A100000中华人民共和国企业所得税年度纳税申报表（A类）》第20行"减：所得减免"。要说明的是：当表A107020合计行第11列≥0，且表A107020合计行第11列≤表A100000第19行时，表A107020合计行第11列=表A100000第20行；当表A107020合计行第11列≥0，且表A107020合计行第11列>表A100000第19行时，表A100000第20行=表

A100000第19行。

表A107020"五、清洁发展机制项目"无须填报第2列。

表A107020第13行至第15行"五、清洁发展机制项目":按照实施的清洁发展机制的不同项目分别填报,一个项目填报一行,纳税人有多个项目的,可自行增加行次填报。各行相应列次填报金额的合计金额填入"小计"行。

表A107020其他列次填报规则参见6.1.3.3填报示例"2.A类企业所得税年度汇算清缴申报"中的详细说明。

具体填报参见"6.2.3.3填报示例"。

6.6.3.4 留存备查资料

(1)清洁发展机制项目立项有关文件;

(2)企业将温室气体减排量转让的HFC和PFC类CDM项目,及将温室气体减排量转让的N20类CDM项目的证明材料;

(3)将温室气体减排量转让收入上缴给国家的证明资料;

(4)清洁发展机制项目第一笔减排量转让收入凭证(原始凭证及账务处理凭证);

(5)清洁发展机制项目所得单独核算资料,以及合理分摊期间共同费用的核算资料。

6.6.4 风险提示

企业应单独核算其享受优惠的CDM项目的所得,并合理分摊有关期间费用,没有单独核算的,不得享受上述企业所得税优惠政策。

««« 6.7 集成电路生产项目 »»»

6.7.1 政策概述

6.7.1.1 国家鼓励的集成电路生产项目优惠政策(2020年起)

根据财政部 税务总局 发展改革委 工业和信息化部公告2020年第45号文件(以下简称2020年第45号公告)的规定,自2020年起,国家鼓励的集成电路生产项目优惠政策有以下三项:

(1)国家鼓励的集成电路线宽小于28纳米(含),且经营期在15年以上的集成电路生产项目,第一年至第十年免征企业所得税。

(2)国家鼓励的集成电路线宽小于65纳米(含),且经营期在15年以上的集成电路生产项目，第一年至第五年免征企业所得税，第六年至第十年按照25%的法定税率减半征收企业所得税。

（3）国家鼓励的集成电路线宽小于130纳米（含），且经营期在10年以上的集成电路生产项目，第一年至第二年免征企业所得税，第三年至第五年按照25%的法定税率减半征收企业所得税。

对于按照集成电路生产项目享受税收优惠政策的，优惠期自项目取得第一笔生产经营收入所属纳税年度起计算，集成电路生产项目需单独进行会计核算、计算所得，并合理分摊期间费用。

国家鼓励的集成电路生产项目清单由国家发展改革委、工业和信息化部会同财政部、国家税务总局等相关部门制定。

6.7.1.2　政策衔接规定

符合原有政策条件且在2019年（含）之前已经进入优惠期的企业或项目，自2020年（含）起可按原有政策规定继续享受至期满为止，如也符合2020年第45号公告第一条的规定，可按规定享受相关优惠，其中定期减免税优惠，可按规定计算优惠期，并就剩余期限享受优惠至期满为止。符合原有政策条件，2019年（含）之前尚未进入优惠期的企业或项目，自2020年（含）起不再执行原有政策。

6.7.1.3　集成电路生产项目2019年（含）以前原有政策

根据《关于集成电路生产企业有关企业所得税政策问题的通知》（财税〔2018〕27号）的规定，集成电路生产项目2019年（含）以前优惠政策有以下两项：

（1）2018年1月1日后投资新设的集成电路线宽小于130纳米，且经营期在10年以上的集成电路生产项目，第一年至第二年免征企业所得税，第三年至第五年按照25%的法定税率减半征收企业所得税，并享受至期满为止；

（2）2018年1月1日后投资新设的集成电路线宽小于65纳米或投资额超过150亿元，且经营期在15年以上的集成电路生产项目，第一年至第五年免征企业所得税，第六年至第十年按照25%的法定税率减半征收企业所得税，并享受至期满为止。

6.7.1.4　管理方式

参见"8.5.1.5管理规定"。

6.7.2　申报管理

6.7.2.1　享受程序

企业享受优惠事项采取"自行判别、申报享受、相关资料留存备查"的办理方式。企业应当根据经营情况以及相关税收规定自行判断是否符合优惠事项规定的条

件，符合条件的可以按规定的时间自行计算减免税额，并通过填报企业所得税纳税申报表享受税收优惠。同时，按规定归集和留存相关资料备查。

国家鼓励的集成电路生产项目清单由国家发展改革委、工业和信息化部会同财政部、税务总局等相关部门制定。申请列入清单的企业，原则上每年按规定在信息填报系统（https：//yyglxxbs.ndrc.gov.cn/xxbs-front/）中提交申请并将必要佐证材料报各省、自治区、直辖市及计划单列市、新疆生产建设兵团发展改革委或工业和信息化主管部门（由地方发展改革委确定接受单位）。清单印发前，企业可依据税务有关管理规定，先行按照企业条件和项目标准享受相关国内税收优惠政策。清单印发后，如企业未被列入清单，应按规定补缴已享受优惠的企业所得税款。

6.7.2.2 享受时间

季度预缴及年度汇算清缴均可享受。

6.7.2.3 填报示例

1.企业所得税季度预缴申报

纳税人在季度预缴时享受上述企业所得税优惠政策涉及《A200000中华人民共和国企业所得税月（季）度预缴纳税申报表（A类）》1张表单。

纳税人需要根据《企业所得税申报事项目录》填报《A200000中华人民共和国企业所得税月（季）度预缴纳税申报表（A类）》第8.*行，填写后相关数据自动生成至第8行"减：所得减免"。

具体填报参见"6.2.3.3填报示例"。

2.企业所得税年度汇算清缴申报

纳税人在年度汇算清缴时享受集成电路生产项目的所得定期减免企业所得税优惠政策涉及《A000000企业所得税年度纳税申报基础信息表》《A100000中华人民共和国企业所得税年度纳税申报表（A类）》《A107020所得减免优惠明细表》《A107042软件、集成电路企业优惠情况及明细表》等4张表单。

纳税人首先勾选表A000000中"209集成电路生产项目类型"：纳税人投资集成电路线宽小于130纳米（含）、线宽小于65纳米（含）或投资额超过150亿元、线宽小于28纳米（含）的集成电路生产项目，项目符合有关文件规定的税收优惠政策条件，且按照项目享受企业所得税优惠政策的，应填报本项。纳税人投资线宽小于130纳米（含）的集成电路生产项目的，选择"130纳米"，投资线宽小于65纳米（含）或投资额超过150亿元的集成电路生产项目的，选择"65纳米"；投资线宽小于28纳米（含）的集成电路生产项目的，选择"28纳米"；同时投资上述两类以上项目的，可同时选择。纳税人既符合"208软件、集成电路企业类型"项目又符合"209集成电路生产项目类型"项目填报条件的，应当同时填报。

纳税人根据实际情况填报《A107020 所得减免优惠明细表》第 19 行至第 27 行的第 1~11 列，填写后第 31 行第 11 列"减免所得额"合计数自动生成至《A100000 中华人民共和国企业所得税年度纳税申报表（A 类）》第 20 行"减：所得减免"。要说明的是：当 A107020 表合计行第 11 列≥0，且表 A107020 合计行第 11 列≤表 A100000 第 19 行时，表 A107020 合计行第 11 列＝表 A100000 第 20 行；当表 A107020 合计行第 11 列≥0，且表 A107020 合计行第 11 列＞表 A100000 第 19 行时，表 A100000 第 20 行＝表 A100000 第 19 行。

表 A107020 具体填报参见"6.2.3.3 填报示例"。

此外，纳税人还需填报《A107042 软件、集成电路企业优惠情况及明细表》除第 16 行"减免税额"以外的表内其他相应项目。《A107042 软件、集成电路企业优惠情况及明细表》具体填报规则参见 8.5.3.3 填报示例"2.A 类企业所得税年度汇算清缴申报"中的相关说明。

6.7.2.4　留存备查资料

参见"8.5.3.4 留存备查资料"表 8-34 中第一行"国家鼓励的集成电路生产企业或项目"提交材料清单。

7　抵扣应纳税所得额

«« 7.1　政策概述 »»

7.1.1　公司制创业投资企业股权投资于未上市的中小高新技术企业

7.1.1.1　基本规定

公司制创业投资企业采取股权投资方式投资于未上市的中小高新技术企业2年以上的，可以按照其投资额的70%在股权持有满2年的当年抵扣该创业投资企业的应纳税所得额；当年不足抵扣的，可以在以后纳税年度结转抵扣。

7.1.1.2　公司制创业投资企业的条件

创业投资企业是指依照《创业投资企业管理暂行办法》（发展改革委等10部门令第39号，以下简称《暂行办法》）和《外商投资创业投资企业管理规定》（外经贸部 科技部 工商总局 税务总局 外汇管理局令2003年第2号）在中华人民共和国境内设立的专门从事创业投资活动的企业或其他经济组织。

创业投资企业经营范围符合《暂行办法》的规定，且工商登记为"创业投资有限责任公司""创业投资股份有限公司"等专业性法人。

创业投资企业按照《暂行办法》规定的条件和程序完成备案，经备案管理部门年度检查核实，投资运作符合《暂行办法》的有关规定。

7.1.1.3　中小高新技术企业的条件

创业投资企业投资的中小高新技术企业，除应按照规定通过高新技术企业认定以外，还应符合职工人数不超过500人，年销售（营业）额不超过2亿元，资产总额不超过2亿元的条件。2007年底前按原有规定取得高新技术企业资格的中小高新技术企业，且在2008年继续符合新的高新技术企业标准的，向其投资满24个月的计算，可自创业投资企业实际向其投资的时间起计算。

中小企业接受创业投资之后，经认定符合高新技术企业标准的，应自其被认定为高新技术企业的年度起，计算创业投资企业的投资期限。该期限内中小企业接受创业投资后，企业规模超过中小企业标准，但仍符合高新技术企业标准的，不影响创业投资企业享受有关税收优惠。

7.1.2　有限合伙制创业投资企业股权投资于未上市的中小高新技术企业

7.1.2.1　基本规定

有限合伙制创业投资企业采取股权投资方式投资于未上市的中小高新技术企业满2年（24个月）的，其法人合伙人可按照对未上市中小高新技术企业投资额的70%抵扣该法人合伙人从该有限合伙制创业投资企业分得的应纳税所得额，当年不足抵扣的，可以在以后纳税年度结转抵扣。

所称满2年是指2015年10月1日起，有限合伙制创业投资企业投资于未上市中小高新技术企业的实缴投资满2年，同时，法人合伙人对该有限合伙制创业投资企业的实缴出资也应满2年。

如果法人合伙人投资于多个符合条件的有限合伙制创业投资企业，可合并计算其可抵扣的投资额和应分得的应纳税所得额。当年不足抵扣的，可结转以后纳税年度继续抵扣；当年抵扣后有结余的，应按照企业所得税法的规定计算缴纳企业所得税。

有限合伙制创业投资企业的法人合伙人对未上市中小高新技术企业的投资额，按照有限合伙制创业投资企业对中小高新技术企业的投资额和合伙协议约定的法人合伙人占有限合伙制创业投资企业的出资比例计算确定。其中，有限合伙制创业投资企业对中小高新技术企业的投资额按实缴投资额计算；法人合伙人占有限合伙制创业投资企业的出资比例按法人合伙人对有限合伙制创业投资企业的实缴出资额占该有限合伙制创业投资企业的全部实缴出资额的比例计算。

有限合伙制创业投资企业应纳税所得额的确定及分配，按照《财政部 国家税务总局关于合伙企业合伙人所得税问题的通知》（财税〔2008〕159号）的相关规定执行。

7.1.2.2　有限合伙制创业投资企业及其法人合伙人的条件

有限合伙制创业投资企业是指依照《中华人民共和国合伙企业法》、《创业投资企业管理暂行办法》（发展改革委等10部门令第39号）和《外商投资创业投资企业管理规定》（外经贸部 科技部 工商总局 税务总局 外汇管理局令2003年第2号）设立的专门从事创业投资活动的有限合伙企业。

有限合伙制创业投资企业的法人合伙人，是指依照《中华人民共和国企业所得税法》及其实施条例以及相关规定，实行查账征收企业所得税的居民企业。

7.1.2.3 中小高新技术企业的条件

同7.1.1.3的规定。

7.1.3 公司制创业投资企业股权投资于种子期、初创期科技型企业

7.1.3.1 基本规定

公司制创业投资企业采取股权投资方式直接投资于种子期、初创期科技型企业（以下简称初创科技型企业）满2年（24个月，下同）的，可以按照投资额的70%在股权持有满2年的当年抵扣该公司制创业投资企业的应纳税所得额；当年不足抵扣的，可以在以后纳税年度结转抵扣。

所称投资，仅限于通过向被投资初创科技型企业直接支付现金方式取得的股权投资，不包括受让其他股东的存量股权。所称投资额，按照公司制创业投资企业对初创科技型企业的实缴投资额确定。

所称满2年是指公司制创业投资企业股权投资于种子期、初创期科技型企业的实缴投资满2年，投资时间从初创科技型企业接受投资并完成工商变更登记的日期算起。

7.1.3.2 创业投资企业的条件

创业投资企业应同时符合以下条件：

（1）在中国境内（不含中国港、澳、台地区）注册成立、实行查账征收的居民企业或合伙创投企业，且不属于被投资初创科技型企业的发起人。

（2）符合《创业投资企业管理暂行办法》（发展改革委等10部门令第39号）规定或者《私募投资基金监督管理暂行办法》（证监会令第105号）关于创业投资基金的特别规定，按照上述规定完成备案且规范运作。

（3）投资后2年内，创业投资企业及其关联方持有被投资初创科技型企业的股权比例合计应低于50%。

7.1.3.3 初创科技型企业的条件

所称初创科技型企业，应同时符合以下条件：

（1）在中国境内（不包括中国港、澳、台地区）注册成立、实行查账征收的居民企业。

（2）接受投资时，从业人数不超过200人，其中具有大学本科以上学历的从业人数不低于30%；资产总额和年销售收入均不超过3 000万元。

（说明：自2019年1月1日至2023年12月31日，"从业人数不超过200人"调整为"从业人数不超过300人"，"资产总额和年销售收入均不超过3 000万元"调

整为"资产总额和年销售收入均不超过5 000万元"）。

（3）接受投资时设立时间不超过5年（60个月）。

（4）接受投资时以及接受投资后2年内未在境内外证券交易所上市。

（5）接受投资当年及下一纳税年度，研发费用总额占成本费用支出的比例不低于20%。

所称研发费用口径，按照《财政部 国家税务总局 科技部关于完善研究开发费用税前加计扣除政策的通知》（财税〔2015〕119号）等规定执行。

所称从业人数，包括与企业建立劳动关系的职工人员及企业接受的劳务派遣人员。从业人数和资产总额指标，按照企业接受投资前连续12个月的平均数计算，不足12个月的，按实际月数平均计算。具体计算公式如下：

月平均数=（月初数+月末数）÷2

接受投资前连续12个月平均数=接受投资前连续12个月平均数之和÷12

所称销售收入，包括主营业务收入与其他业务收入；年销售收入指标，按照企业接受投资前连续12个月的累计数计算，不足12个月的，按实际月数累计计算。

所称成本费用，包括主营业务成本、其他业务成本、销售费用、管理费用、财务费用。

所称研发费用总额占成本费用支出的比例，是指企业接受投资当年及下一纳税年度的研发费用总额合计占同期成本费用总额合计的比例。

7.1.4　有限合伙制创业投资企业股权投资于种子期、初创期科技型企业

7.1.4.1　基本规定

有限合伙制创业投资企业采取股权投资方式直接投资于初创科技型企业满2年的，该合伙创投企业的法人合伙人可以按照对初创科技型企业投资额的70%抵扣法人合伙人从合伙创投企业分得的所得；当年不足抵扣的，可以在以后纳税年度结转抵扣。

合伙创投企业的合伙人对初创科技型企业的投资额，按照合伙创投企业对初创科技型企业的实缴投资额和合伙协议约定的合伙人占合伙创投企业的出资比例计算确定。合伙人从合伙创投企业分得的所得，按照《财政部 国家税务总局关于合伙企业合伙人所得税问题的通知》（财税〔2008〕159号）的规定计算。

所称投资，仅限于通过向被投资初创科技型企业直接支付现金方式取得的股权投资，不包括受让其他股东的存量股权。

所称出资比例，按投资满2年当年年末各合伙人对合伙创投企业的实缴出资额占所有合伙人全部实缴出资额的比例计算。

所称满2年是指有限合伙制创业投资企业投资于种子期、初创期科技型企业的实缴投资满2年，投资时间从初创科技型企业接受投资并完成工商变更登记的日期算起。

7.1.4.2　创业投资企业的条件

同7.1.3.2的规定。

7.1.4.3　初创科技型企业的条件

同7.1.3.3的规定。

≪≪ 7.2　政策沿革 ≫≫

1. 创业投资企业抵扣应纳税所得额优惠政策逐步系统化（2008—2009年）

2008年《中华人民共和国企业所得税法》及其实施条例的实施，将创业投资企业抵扣应纳税所得额优惠政策以法律形式予以确认。为便于纳税人享受政策，国家税务总局随后发布了《关于实施创业投资企业所得税优惠问题的通知》（国税发〔2009〕87号），对创业投资企业、中小高新技术企业等有关政策口径予以细化明确。

2. 稳步探索扩大优惠政策适用主体（2012—2015年）

2012—2015年，财政部、国家税务总局先后下发了《财政部 国家税务总局关于苏州工业园区有限合伙制创业投资企业法人合伙人企业所得税试点政策的通知》（财税〔2012〕67号）、《国家税务总局关于苏州工业园区有限合伙制创业投资企业法人合伙人企业所得税政策试点有关征收管理问题的公告》（国家税务总局公告2013年第25号）、《财政部 国家税务总局关于将国家自主创新示范区有关税收试点政策推广到全国范围实施的通知》（财税〔2015〕116号）、《国家税务总局关于有限合伙制创业投资企业法人合伙人企业所得税有关问题的公告》（国家税务总局公告2015年第81号）等文件，将有限合伙制创业投资企业的法人合伙人投资抵扣应纳税所得额优惠政策从苏州工业园区等试点区域推广到全国范围实施，并明确了相关政策口径及管理要求。

3. 稳步探索扩大优惠政策适用对象（2017年至今）

为了进一步贯彻落实国家鼓励科技创新的战略方针，2017年，财政部、国家税务总局先后下发了《财政部 国家税务总局关于创业投资企业和天使投资个人有关税收试点政策的通知》（财税〔2017〕38号）、《国家税务总局关于创业投资企业和天使投资个人税收试点政策有关问题的公告》（国家税务总局公告2017年第20号），在京津冀、上海、广东、安徽、四川、武汉、西安、沈阳等八个全面创新改革试验区域和苏州工业园区试点将创投企业投资对象放宽到初创科技型企业（种子期、初创期科技型企业）。2018年，财政部、国家税务总局先后下发了《财政部 税务总局关于创业投资企业和天使投资个人有关税收政策的通知》（财税〔2018〕55号）、《国家税务总局关于创业投资企业和天使投资个人税收政策有关问题的公告》（国家税务总局公告2018年第43号），将创投企业投资于初创科技型企业抵扣应纳税所得额优惠政策从试点区域推广到全国范围实施，并明确了相关政策口径及管理要求。2019年，财政部、国家税务总局下发了《财政部 税务总局关于实施小微企业普惠性税收减免政策的通知》（财税〔2019〕13号），自2019年1月1日至2021年12月31日，将初创科技型企业条件中的"从业人数不超过200人"调整为"从业人数不超过300人"，将"资产总额和年销售收入均不超过3 000万元"调整为"资产总额和年销售收入均不超过5 000万元"。2022年，《财政部 税务总局关于延续执行创业投资企业和天使投资个人投资初创科技型企业有关政策条件的公告》（财政部 税务总局公告2022年第6号）延续了该项条件规定至2023年12月31日。上述政策主要发展情况见表7-1。

表7-1　　　　　　　　　政策主要发展情况表（截至2022年6月1日）

年度	政策依据	主要内容	效力
2007	《中华人民共和国企业所得税法》第三十一条；《中华人民共和国企业所得税法实施条例》第九十七条	以法律形式规定了创业投资企业所得税优惠政策	有效
2009	国税发〔2009〕87号	对企业所得税法规定的创投企业所得税优惠政策予以细化明确	废止第四条。参见：国家税务总局令第42号
2012	财税〔2012〕67号	在苏州工业园区试点有限合伙制创业投资企业的法人合伙人投资抵扣应纳税所得额政策	自2012年1月1日至2013年12月31日执行
2013	国家税务总局公告2013年第25号	对财税〔2012〕67号文件配套的有关征管规定予以细化	全文废止。参见：国家税务总局公告2015年第81号
2015	财税〔2015〕116号	将有限合伙制创业投资企业的法人合伙人投资抵扣应纳税所得额政策实施范围扩大到全国	有效
2015	国家税务总局公告2015年第81号	对财税〔2015〕116号文件配套的有关政策口径及管理规定予以细化	有效

年度	政策依据	主要内容	效力
2017	财税〔2017〕38号	在试点地区增加了种子期、初创期科技型企业为创投抵扣企业所得税政策的投资对象	全文废止。参见：财税〔2018〕55号
2017	国家税务总局公告2017年第20号	对财税〔2017〕38号文件配套的有关征管规定予以细化	全文废止。参见：国家税务总局公告2018年第43号
2018	财税〔2018〕55号	将增加种子期、初创期科技型企业为投资对象的创投企业所得税政策推广到全国	第二条修订。参见：财税〔2019〕13号
2018	国家税务总局公告2018年第43号	对财税〔2018〕55号文件配套的有关征管规定予以细化	有效
2019	财税〔2019〕13号	自2019年1月1日至2023年12月31日，对于初创科技型企业需符合的条件，从业人数按不超过300人、资产总额和年销售收入按均不超过5 000万元执行	2019年1月1日至2021年12月31日
2022	财政部 税务总局公告2022年第6号		2022年1月1日至2023年12月31日

≪ 7.3 申报管理 ≫

7.3.1 享受程序

企业享受优惠事项采取"自行判别、申报享受、相关资料留存备查"的办理方式。企业应当根据经营情况以及相关税收规定自行判断是否符合优惠事项规定的条件，符合条件的可以按规定的时间自行计算减免税额，并通过填报企业所得税纳税申报表享受税收优惠。同时，按规定归集和留存相关资料备查。

7.3.2 享受时间

仅年度汇算清缴享受。

7.3.3 填报示例

查账征收纳税人在年度汇算清缴时享受创业投资企业抵扣应纳税所得额优惠政

策涉及《A000000企业所得税年度纳税申报基础信息表》《A100000中华人民共和国企业所得税年度纳税申报表（A类）》《A107030抵扣应纳税所得额明细表》等3张表单。

《A000000企业所得税年度纳税申报基础信息表》中，纳税人需要填写相关的"201从事股权投资业务""204有限合伙制创业投资企业的法人合伙人""205创业投资企业"，具体填报如下：

表A000000"201从事股权投资业务"：纳税人从事股权投资业务的（包括集团公司总部、创业投资企业等），选择"是"。

表A000000"204有限合伙制创业投资企业的法人合伙人"：纳税人投资于有限合伙制创业投资企业且为其法人合伙人的，选择"是"。本项目中的有限合伙制创业投资企业的法人合伙人是指符合《中华人民共和国合伙企业法》、《创业投资企业管理暂行办法》（发展改革委等10部门令第39号）、《外商投资创业投资企业管理规定》（外经贸部 科技部 工商总局 税务总局 外汇管理局令2003年第2号）、《私募投资基金监督管理暂行办法》（证监会令第105号）关于创业投资基金的特别规定等规定的创业投资企业法人合伙人。有限合伙制创业投资企业的法人合伙人无论是否享受企业所得税优惠政策，均应填报本项。

表A000000"205创业投资企业"：纳税人为创业投资企业的，选择"是"。本项目中的创业投资企业是指依照《创业投资企业管理暂行办法》（发展改革委等10部门令第39号）、《外商投资创业投资企业管理规定》（外经贸部 科技部 工商总局 税务总局 外汇管理局令2003年第2号）、《私募投资基金监督管理暂行办法》（证监会令第105号）关于创业投资基金的特别规定等规定，在中华人民共和国境内设立的专门从事创业投资活动的企业或其他经济组织。创业投资企业无论是否享受企业所得税优惠政策，均应填报本项。

《A107030抵扣应纳税所得额明细表》中，纳税人填报第1~14行第1~3列，填写后第15行第1列合计数自动生成至《A100000中华人民共和国企业所得税年度纳税申报表（A类）》第22行"减：抵扣应纳税所得额"。

表A107030适用于纳税人根据税收政策规定填报本年度发生的创业投资企业抵扣应纳税所得额优惠情况。企业只要本年有新增符合条件的投资额、从有限合伙制创业投资企业分得的应纳税所得额或以前年度结转的尚未抵扣的股权投资余额，无论本年是否抵扣应纳税所得额，均需填报表A107030。第1列填报抵扣应纳税所得额的整体情况，第2列填报投资于未上市中小高新技术企业部分，第3列填报投资于种子期、初创期科技型企业部分。企业同时存在创业投资企业直接投资和通过有限合伙制创业投资企业投资两种情形的，应先填写表A107030的"二、通过有限合伙制创业投资企业投资按一定比例抵扣分得的应纳税所得额"。具体填报如下：

（1）"一、创业投资企业直接投资按投资额一定比例抵扣应纳税所得额"：由创业投资企业（非合伙制）纳税人填报其以股权投资方式直接投资于未上市的中小高新技术企业和投资于种子期、初创期科技型企业2年（24个月，下同）以上限额抵免应纳税所得额的金额。

①第1行"本年新增的符合条件的股权投资额"：填报创业投资企业采取股权投资方式投资于未上市的中小高新技术企业和投资于种子期、初创期科技型企业满2年的，本年新增的符合条件的股权投资额。本行第1列=本行第2列+本行第3列。无论企业本年是否盈利，有符合条件的投资额即填报本表，以后年度盈利时填写第4行"以前年度结转的尚未抵扣的股权投资余额"。

②第3行"本年新增的可抵扣的股权投资额"：本行填报第1×2行金额。本行第1列=本行第2列+本行第3列。

③第4行"以前年度结转的尚未抵扣的股权投资余额"：填报以前年度符合条件的尚未抵扣的股权投资余额。

④第5行"本年可抵扣的股权投资额"：本行填报第3+4行的合计金额。

⑤第6行"本年可用于抵扣的应纳税所得额"：本行第1列填报表A100000第19-20-21行金额-本表第13行第1列"本年实际抵扣应分得的应纳税所得额"的金额，若金额小于零，则填报零。

⑥第7行"本年实际抵扣应纳税所得额"：若第5行第1列≤第6行第1列，则本行第1列=第5行第1列；若第5行第1列>第6行第1列，则本行第1列=第6行第1列。本行第1列=本行第2列+本行第3列。

⑦第8行"结转以后年度抵扣的股权投资余额"：填报本年可抵扣的股权投资额大于本年实际抵扣应纳税所得额时，抵扣后余额部分结转以后年度抵扣的金额。

（2）"二、通过有限合伙制创业投资企业投资按一定比例抵扣分得的应纳税所得额"：企业作为有限合伙制创业投资企业的合伙人，通过合伙企业间接投资于未上市中小高新技术企业和种子期、初创期科技型企业，享受有限合伙制创业投资企业法人合伙人按投资额的一定比例抵扣应纳税所得额政策，在本部分填报。

①第9行"本年从有限合伙创投企业应分得的应纳税所得额"：填写企业作为法人合伙人，通过有限合伙制创业投资企业投资于未上市的中小高新技术企业或者投资于种子期、初创期科技型企业，无论本年是否盈利、是否抵扣应纳税所得额，只要本年从有限合伙制创业投资企业中分配归属于该法人合伙人的应纳税所得额，需填写本行。本行第1列=本行第2列+本行第3列。

②第10行"本年新增的可抵扣投资额"：填写企业作为法人合伙人，通过有限合伙制创业投资企业投资于未上市中小高新技术企业和种子期、初创期科技型企业，本年投资满2年符合条件的可抵扣投资额中归属于该法人合伙人的本年新增可抵扣投资额。无论本年是否盈利、是否需要抵扣应纳税所得额，均需填写本行。本行第1列=本行第2列+本行第3列。

有限合伙制创业投资企业的法人合伙人对未上市中小高新技术企业和种子期、

初创期科技型企业的投资额，按照有限合伙制创业投资企业的投资额和合伙协议约定的法人合伙人占有限合伙制创业投资企业的出资比例计算确定。其中，有限合伙制创业投资企业的投资额按实缴投资额计算；法人合伙人占有限合伙制创业投资企业的出资比例按法人合伙人对有限合伙制创业投资企业的实缴出资额占该有限合伙制创业投资企业的全部实缴出资额的比例计算。

③第11行"以前年度结转的可抵扣投资额"：填写法人合伙人上年度未抵扣，可以结转到本年及以后年度的抵扣投资额。

④第12行"本年可抵扣投资额"：填写本年法人合伙人可用于抵扣的投资额合计，包括本年新增和以前年度结转两部分，等于第10行+第11行。

⑤第13行"本年实际抵扣应分得的应纳税所得额"：填写本年法人合伙人享受优惠实际抵扣的投资额，本行第1列为第9行第1列"本年从有限合伙创投企业应分得的应纳税所得额"、第12行第1列"本年可抵扣投资额"、表A100000第19-20-21行的三者孰小值，若金额小于零，则填报零。本行第1列=本行第2列+本行第3列。

⑥第14行"结转以后年度抵扣的投资额余额"：本年可抵扣投资额大于应分得的应纳税所得额时，抵扣后余额部分结转以后年度抵扣的金额。

▶▶例7-1　甫宁创业投资公司有关投资如下：

（1）2019年1月10日直接投资于未上市中小高新技术企业A，实缴投资300万元；

（2）2019年2月15日，通过有限合伙创投企业B间接投资于初创科技型企业C，B对C实缴出资2 000万元，甫宁公司实缴出资占合伙创投企业B的比例为15%。

甫宁创业投资公司2021年应纳税所得额有关资料如下：

（1）自合伙创投企业B分得应纳税所得额55万元；

（2）当年"纳税调整后所得"200万元，以前年度结转的尚可弥补亏损35万元。

不考虑其他事项。分析甫宁公司2021年度所得税影响。

解析：甫宁公司同时存在创业投资企业直接投资和通过有限合伙制创业投资企业投资两种情形。先分析填写表A107030的"二、通过有限合伙制创业投资企业投资按一定比例抵扣分得的应纳税所得额"部分。

（1）第9行"本年从有限合伙创投企业应分得的应纳税所得额"：55万元。

（2）第10行"本年新增的可抵扣投资额"：2 000×15%×70%=210（万元）。

（3）第11行"以前年度结转的可抵扣投资额"：0。

（4）第12行"本年可抵扣投资额"：210万元。

（5）第13行"本年实际抵扣应分得的应纳税所得额"：取第9行、第12行、表A100000第19-20-21行（200-35=165（万元））的三者孰小值，即55万元。

（6）第14行"结转以后年度抵扣的投资额余额"：210-55=155（万元）。

接着分析填写表A107030的"一、创业投资企业直接投资按投资额一定比例抵扣应纳税所得额"部分。

（1）第1行"本年新增的符合条件的股权投资额"：300万元。

（2）第3行"本年新增的可抵扣的股权投资额"：300×70%=210（万元）。

（3）第4行"以前年度结转的尚未抵扣的股权投资余额"：0。

（4）第5行"本年可抵扣的股权投资额"：210万元。

（5）第6行"本年可用于抵扣的应纳税所得额"：表A100000第19-20-21行-第13行第1列"本年实际抵扣应分得的应纳税所得额"的金额=200-35-55=110（万元）。

（6）第7行"本年实际抵扣应纳税所得额"：110万元。

（7）第8行"结转以后年度抵扣的股权投资余额"：210-110=100（万元）。

（8）第15行"合计"：第7行+第13行=165（万元）。

甫宁公司2021年度汇算清缴时填报《A000000企业所得税年度纳税申报基础信息表》《A100000中华人民共和国企业所得税年度纳税申报表（A类）》《A107030抵扣应纳税所得额明细表》，分别见表7-2、表7-3、表7-4。

表7-2　　　　　　A000000企业所得税年度纳税申报基础信息表

⋮
有关涉税事项情况（存在或者发生下列事项时必填）

201从事股权投资业务	☑是	202存在境外关联交易	□是
203 境外所得信息	203-1选择采用的境外所得抵免方式	□分国（地区）不分项　□不分国（地区）不分项	
	203-2海南自由贸易港新增境外直接投资信息	□是（产业类别：□旅游业　□现代服务业　□高新技术产业）	
204有限合伙制创业投资企业的法人合伙人	☑是	205创业投资企业	☑是

⋮

表7-3　　表A100000中华人民共和国企业所得税年度纳税申报表（A类）

行次	类别	项　目	金　额
		⋮	
19	利润总额计算	四、纳税调整后所得（13-14+15-16-17+18）	2 000 000
20		减：所得减免（填写A107020）	
21		减：弥补以前年度亏损（填写A106000）	350 000
22		减：抵扣应纳税所得额（填写A107030）	1 650 000
23		五、应纳税所得额（19-20-21-22）	0

行次	类别	项　目	金　额
24		税率（25%）	0.25
25		六、应纳所得税额（23×24）	0
26		减：减免所得税额（填写A107040）	
27		减：抵免所得税额（填写A107050）	
28		七、应纳税额（25-26-27）	0
29	应纳税额计算	加：境外所得应纳所得税额（填写A108000）	
30		减：境外所得抵免所得税额（填写A108000）	
31		八、实际应纳所得税额（28+29-30）	0
32		减：本年累计实际已缴纳的所得税额	
33		九、本年应补（退）所得税额（31-32）	0
34		其中：总机构分摊本年应补（退）所得税额（填写A109000）	
35		财政集中分配本年应补（退）所得税额（填写A109000）	
36		总机构主体生产经营部门分摊本年应补（退）所得税额（填写A109000）	

表7-4　　　　　　　A107030抵扣应纳税所得额明细表

行次	项　目	合计金额	投资于未上市中小高新技术企业	投资于种子期、初创期科技型企业
		1=2+3	2	3
一、创业投资企业直接投资按投资额一定比例抵扣应纳税所得额				
1	本年新增的符合条件的股权投资额	3 000 000	3 000 000	0
2	税收规定的抵扣率	70%	70%	70%
3	本年新增的可抵扣的股权投资额（1×2）	2 100 000	2 100 000	0
4	以前年度结转的尚未抵扣的股权投资余额	0	*	*
5	本年可抵扣的股权投资额（3+4）	2 100 000	*	*
6	本年可用于抵扣的应纳税所得额	1 100 000	*	*
7	本年实际抵扣应纳税所得额	1 100 000	1 100 000	0
8	结转以后年度抵扣的股权投资余额	1 000 000	*	*

行次	项目	合计金额	投资于未上市中小高新技术企业	投资于种子期、初创期科技型企业
		1=2+3	2	3
二、通过有限合伙制创业投资企业投资按一定比例抵扣分得的应纳税所得额				
9	本年从有限合伙创投企业应分得的应纳税所得额	550 000	0	550 000
10	本年新增的可抵扣投资额	2 100 000	0	2 100 000
11	以前年度结转的可抵扣投资额余额	0	*	*
12	本年可抵扣投资额（10+11）	2 100 000	*	*
13	本年实际抵扣应分得的应纳税所得额	550 000	0	550 000
14	结转以后年度抵扣的投资额余额	1 550 000	*	*
三、抵扣应纳税所得额合计				
15	合计（7+13）	1 650 000	1 100 000	550 000

7.3.4 留存备查资料

7.3.4.1 公司制创业投资企业股权投资于中小高新技术企业

（1）发展改革或证监部门出具的符合创业投资企业条件的年度证明材料。

（2）中小高新技术企业投资合同（协议）、章程、实际出资等相关材料。

（3）由省、自治区、直辖市和计划单列市高新技术企业认定管理机构出具的中小高新技术企业有效的高新技术企业证书复印件（注明"与原件一致"，并加盖公章）。

（4）中小高新技术企业基本情况（包括企业职工人数、年销售（营业）额、资产总额、未上市等）说明。

7.3.4.2 有限合伙制创业投资企业股权投资于中小高新技术企业

除7.3.4.1所列资料外，需另附：

（1）法人合伙人应纳税所得额抵扣情况明细表。

（2）有限合伙制创业投资企业法人合伙人应纳税所得额分配情况明细表。

7.3.4.3 公司制创业投资企业股权投资于种子期、初创期科技型企业

（1）发展改革或证监部门出具的符合创业投资企业条件的年度证明材料。

（2）初创科技型企业接受现金投资时的投资合同（协议）、章程、实际出资的相关证明材料。

（3）创业投资企业与其关联方持有初创科技型企业的股权比例的说明。

（4）被投资企业符合初创科技型企业条件的有关资料：

①接受投资时从业人数、资产总额、年销售收入和大学本科以上学历的从业人数比例的情况说明；

②接受投资时设立时间不超过5年的证明材料；

③接受投资时以及接受投资后2年内未在境内外证券交易所上市情况说明；

④研发费用总额占成本费用总额比例的情况说明。

7.3.4.4 有限合伙制创业投资企业股权投资于种子期、初创期科技型企业

除7.3.4.3所列资料外，需另附法人合伙人投资于合伙创投企业的出资时间、出资金额、出资比例及分配比例的相关证明材料，合伙创投企业主管税务机关受理后的《合伙创投企业法人合伙人所得分配情况明细表》。

≪≪ 7.4 风险提示 ≫≫

（1）填报表A107030时，企业同时存在创业投资企业直接投资和通过有限合伙制创业投资企业投资两种情形的，应先填写表A107030的"二、通过有限合伙制创业投资企业投资按一定比例抵扣分得的应纳税所得额"。

（2）抵扣应纳税所得额政策所称"应纳税所得额"不等同于表A100000第23行"应纳税所得额"的概念。

（3）关注7.1.2.1与7.1.4.1中"所称满2年"的区别。

8 减免所得税

<<< ## 8.1 小型微利企业 >>>

8.1.1 政策概述

8.1.1.1 基本规定

自2019年1月1日至2021年12月31日，对小型微利企业年应纳税所得额超过100万元但不超过300万元的部分，减按50%计入应纳税所得额，按20%的税率缴纳企业所得税。自2022年1月1日至2024年12月31日，对小型微利企业年应纳税所得额超过100万元但不超过300万元的部分，减按25%计入应纳税所得额，按20%的税率缴纳企业所得税。自2019年1月1日至2020年12月31日，对小型微利企业年应纳税所得额不超过100万元的部分，减按25%计入应纳税所得额，按20%的税率缴纳企业所得税；自2021年1月1日起至2022年12月31日，对小型微利企业年应纳税所得额不超过100万元的部分，减按12.5%计入应纳税所得额，按20%的税率缴纳企业所得税。

8.1.1.2 适用范围

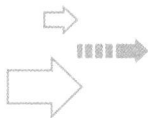

小型微利企业是指从事国家非限制和禁止行业，且同时符合年度应纳税所得额不超过300万元、从业人数不超过300人、资产总额不超过5 000万元等三个条件的企业。

从业人数，包括与企业建立劳动关系的职工人数和企业接受的劳务派遣用工人数。

从业人数和资产总额指标，应按企业全年的季度平均值确定。具体计算公式如下：

季度平均值=（季初值+季末值）÷2

全年季度平均值=全年各季度平均值之和÷4

年度中间开业或者终止经营活动的，以其实际经营期作为一个纳税年度确定上述相关指标。

汇总纳税企业的从业人数、资产总额包括分支机构。由于分支机构不具有法人资格，其经营情况应并入企业总机构，由企业总机构汇总计算应纳税款，并享受相关优惠政策。

小型微利企业无论是按查账征收方式还是按核定征收方式缴纳企业所得税，均可享受优惠政策。

8.1.2　政策沿革

2008年，《中华人民共和国企业所得税法》及其实施条例的实施，将小型微利企业所得税优惠政策以法律形式予以确认：符合条件的小型微利企业，减按20%的税率征收企业所得税。所称符合条件的小型微利企业，是指从事国家非限制和禁止行业，并符合下列条件的企业：（1）工业企业，年度应纳税所得额不超过30万元，从业人数不超过100人，资产总额不超过3 000万元。（2）其他企业，年度应纳税所得额不超过30万元，从业人数不超过80人，资产总额不超过1 000万元。

其后，小型微利企业所得税优惠政策主要从政策条件和优惠内容两方面进行发展变化。

政策条件方面，小型微利企业的条件经历了三次调整。第一次是《财政部 税务总局关于扩大小型微利企业所得税优惠政策范围的通知》（财税〔2017〕43号）将小型微利企业的年应纳税所得额上限由30万元提高至50万元。第二次是《财政部 税务总局关于进一步扩大小型微利企业所得税优惠政策范围的通知》（财税〔2018〕77号）将小型微利企业的年应纳税所得额上限由50万元提高至100万元。第三次是《财政部 税务总局关于实施小微企业普惠性税收减免政策的通知》（财税〔2019〕13号）将小型微利企业的条件调整为"从事国家非限制和禁止行业，且同时符合年度应纳税所得额不超过300万元、从业人数不超过300人、资产总额不超过5 000万元等三个条件的企业"。

优惠内容方面，主要是小型微利企业所得进一步减按一定比例计入应纳税所得额，2009年至今共发生了十次调整，具体如下：

（1）根据《财政部 国家税务总局关于小型微利企业有关企业所得税政策的通知》（财税〔2009〕133号）和《财政部 国家税务总局关于继续实施小型微利企业所得税优惠政策的通知》（财税〔2011〕4号），自2010年1月1日至2011年12月31日，对年应纳税所得额低于3万元（含3万元）的小型微利企业，其所得减按50%计入应纳税所得额，按20%的税率缴纳企业所得税。

（2）根据《财政部 国家税务总局关于小型微利企业所得税优惠政策有关问题

的通知》（财税〔2011〕117号），自2012年1月1日至2013年12月31日，对年应纳税所得额低于6万元（含6万元）的小型微利企业，其所得减按50%计入应纳税所得额，按20%的税率缴纳企业所得税。

（3）根据《财政部 国家税务总局关于小型微利企业所得税优惠政策有关问题的通知》（财税〔2014〕34号），自2014年1月1日至2014年12月31日，对年应纳税所得额低于10万元（含10万元）的小型微利企业，其所得减按50%计入应纳税所得额，按20%的税率缴纳企业所得税。

（4）根据《财政部 国家税务总局关于小型微利企业所得税优惠政策的通知》（财税〔2015〕34号），自2015年1月1日至2015年9月30日，对年应纳税所得额低于20万元（含20万元）的小型微利企业，其所得减按50%计入应纳税所得额，按20%的税率缴纳企业所得税。

（5）根据《财政部 国家税务总局关于进一步扩大小型微利企业所得税优惠政策范围的通知》（财税〔2015〕99号），自2015年10月1日至2016年12月31日，对年应纳税所得额在20万元到30万元（含30万元）之间的小型微利企业，其所得减按50%计入应纳税所得额，按20%的税率缴纳企业所得税。

（6）根据《财政部 税务总局关于扩大小型微利企业所得税优惠政策范围的通知》（财税〔2017〕43号），自2017年1月1日至2017年12月31日，对年应纳税所得额低于50万元（含50万元）的小型微利企业，其所得减按50%计入应纳税所得额，按20%的税率缴纳企业所得税。

（7）根据《财政部 税务总局关于进一步扩大小型微利企业所得税优惠政策范围的通知》（财税〔2018〕77号），自2018年1月1日至2018年12月31日，对年应纳税所得额低于100万元（含100万元）的小型微利企业，其所得减按50%计入应纳税所得额，按20%的税率缴纳企业所得税。

（8）根据《财政部 税务总局关于实施小微企业普惠性税收减免政策的通知》（财税〔2019〕13号），自2019年1月1日至2021年12月31日，对小型微利企业年应纳税所得额不超过100万元的部分，减按25%计入应纳税所得额，按20%的税率缴纳企业所得税；对年应纳税所得额超过100万元但不超过300万元的部分，减按50%计入应纳税所得额，按20%的税率缴纳企业所得税。

（9）根据《财政部 税务总局关于实施小微企业和个体工商户所得税优惠政策的公告》（财政部 税务总局公告2021年第12号），自2021年1月1日至2022年12月31日，对小型微利企业年应纳税所得额不超过100万元的部分，减按12.5%计入应纳税所得额，按20%的税率缴纳企业所得税；对年应纳税所得额超过100万元但不超过300万元的部分，减按50%计入应纳税所得额，按20%的税率缴纳企业所得税。

（10）根据《财政部 税务总局关于进一步实施小微企业所得税优惠政策的公告》（财政部 税务总局公告2022年第13号），自2022年1月1日至2024年12月31日，对小型微利企业年应纳税所得额超过100万元但不超过300万元的部分，减按25%计入应纳税所得额，按20%的税率缴纳企业所得税。

　　此外,《国家税务总局关于扩大小型微利企业减半征收企业所得税范围有关问题的公告》(国家税务总局公告2014年第23号)首次明确,核定征收方式的企业若符合小型微利企业条件的,可按照规定享受小型微利企业所得税优惠政策。《国家税务总局关于简化小型微利企业所得税年度纳税申报有关措施的公告》(国家税务总局公告2018年第58号)明确,实行查账征收企业所得税的小型微利企业可免于填报、简化填报《中华人民共和国企业所得税年度纳税申报表(A类)》有关表单,也是小型微利企业所得税优惠政策发展过程中的重要变化。

　　上述政策主要发展情况见表8-1。

表8-1　　　　　　　　　政策主要发展情况表 (截至2022年6月1日)

适用年度	政策依据	减半征收应纳税所得额范围	小型微利企业条件		
			应纳税所得额不超过	从业人数不超过	资产总额不超过
2008.01.01—2009.12.31	《中华人民共和国企业所得税法》第二十八条;《中华人民共和国企业所得税法实施条例》第九十二条	无减半征收	30万元	工业企业,从业人数不超过100人;其他企业,从业人数不超过80人	工业企业,资产总额不超过3 000万元;其他企业,资产总额不超过1 000万元
2010.01.01—2011.12.31	财税〔2009〕133号,财税〔2011〕4号	3万元			
2012.01.01—2013.12.31	财税〔2011〕117号,国家税务总局公告2012年第14号	6万元			
2014.01.01—2014.12.31	财税〔2014〕34号,国家税务总局公告2014年第23号	10万元			
2015.01.01—2015.09.30	财税〔2015〕34号,国家税务总局公告2015年第17号	20万元			
2015.10.01—2016.12.31	财税〔2015〕99号,国家税务总局公告2015年第61号	30万元			
2017.01.01—2017.12.31	财税〔2017〕43号,国家税务总局公告2017年第23号	50万元	50万元		
2018.01.01—2018.12.31	财税〔2018〕77号,国家税务总局公告2018年第40号	100万元	100万元		

续表

适用年度	政策依据	减半征收应纳税所得额范围	小型微利企业条件		
			应纳税所得额不超过	从业人数不超过	资产总额不超过
2019.01.01—2020.12.31	财税〔2019〕13号, 国家税务总局公告2019年第2号	年应纳税所得额不超过100万元的部分, 减按25%计入应纳税所得额; 年应纳税所得额超过100万元但不超过300万元的部分, 减按50%计入应纳税所得额			
2021.01.01—2021.12.31	财政部 税务总局公告2021年第12号, 国家税务总局公告2021年第8号, 财税〔2019〕13号, 国家税务总局公告2019年第2号	年应纳税所得额不超过100万元的部分, 减按12.5%计入应纳税所得额; 年应纳税所得额超过100万元但不超过300万元的部分, 减按50%计入应纳税所得额	300万元	300人	5 000万元
2022.01.01—2022.12.31	财政部 税务总局公告2022年第13号, 国家税务总局公告2022年第5号, 财政部 税务总局公告2021年第12号, 国家税务总局公告2021年第8号	年应纳税所得额不超过100万元的部分, 减按12.5%计入应纳税所得额; 年应纳税所得额超过100万元但不超过300万元的部分, 减按25%计入应纳税所得额			

8.1.3 申报管理

8.1.3.1 享受程序

企业享受优惠事项采取"自行判别、申报享受、相关资料留存备查"的办理方式。企业应当根据经营情况以及相关税收规定自行判断是否符合优惠事项规定的条件, 符合条件的可以按规定的时间自行计算减免税额, 并通过填报企业所得税纳税申报表享受税收优惠。同时, 按规定归集和留存相关资料备查。

8.1.3.2　享受时间

季度预缴及年度汇算清缴均可享受。

8.1.3.3　填报示例

1.小型微利企业条件判断

从2019年度开始，在预缴企业所得税时，企业可直接按当年度截至本期末的资产总额、从业人数、应纳税所得额等情况判断是否为小型微利企业。与此前需要结合企业上一个纳税年度是否为小型微利企业的情况进行判断相比，方法更简单、确定性更强。具体判断方法为：资产总额、从业人数指标比照"全年季度平均值"的计算公式，计算截至本期末的季度平均值；年应纳税所得额指标按截至本期末不超过300万元的标准判断。示例如下：

▶▶例8-1　A企业于2017年成立，从事国家非限制和禁止行业，2021年各季度的资产总额、从业人数以及累计应纳税所得额情况见表8-2。

表8-2　　　　　　　　　A企业2021年经营情况表

季度	从业人数（人）		资产总额（万元）		应纳税所得额（累计值，万元）
	期初	期末	期初	期末	
第一季度	120	200	2 000	4 000	150
第二季度	400	500	4 000	6 600	200
第三季度	350	200	6 600	7 000	280
第四季度	220	210	7 000	2 500	350

A企业在预缴2021年度企业所得税时，判断是否符合小型微利企业条件的具体过程见表8-3。

表8-3　　　　　　　　小型微利企业条件判断过程表

指标		第一季度	第二季度	第三季度	第四季度
从业人数（人）	季初	120	400	350	220
	季末	200	500	200	210
	季度平均值	（120+200）÷2=160	（400+500）÷2=450	（350+200）÷2=275	（220+210）÷2=215
	截至本期末季度平均值	160	（160+450）÷2=305	（160+450+275）÷3=295	（160+450+275+215）÷4=275

指标		第一季度	第二季度	第三季度	第四季度
资产总额（万元）	季初	2 000	4 000	6 600	7 000
	季末	4 000	6 600	7 000	2 500
	季度平均值	(2 000+4 000)÷2 =3 000	(4 000+6 600)÷2 =5 300	(6 600+7 000)÷2 =6 800	(7 000+2 500)÷2 =4 750
	截至本期末季度平均值	3 000	(3 000+5 300)÷2 =4 150	(3 000+5 300+ 6 800)÷3=5 033.33	(3 000+5 300+6 800+ 4 750)÷4=4 962.5
应纳税所得额（累计值，万元）		150	200	280	350
判断结果		符合	不符合（从业人数超标）	不符合（资产总额超标）	不符合（应纳税所得额超标）

2.A 类企业所得税季度预缴申报

查账征收纳税人在季度预缴时享受小型微利企业所得税优惠政策涉及《A200000 中华人民共和国企业所得税月（季）度预缴纳税申报表（A 类）》1 张表单。

纳税人需要正确填报从业人数、资产总额（万元）、国家限制或禁止行业勾选、小型微利企业勾选等必报项目，并根据《企业所得税申报事项目录》填报《A200000 中华人民共和国企业所得税月（季）度预缴纳税申报表（A 类）》第 13.* 行"符合条件的小型微利企业减免企业所得税"，填写后相关数据自动生成至第 13 行"减：减免所得税额"。

第 13 行"减：减免所得税额"：根据相关行次计算结果填报。根据《企业所得税申报事项目录》，在第 13.1 行、第 13.2 行……填报税收规定的减免所得税额优惠事项的具体名称和本年累计金额。发生多项且根据税收规定可以同时享受的优惠事项，可以增加行次，但每个事项仅能填报一次。

第 13 行=第 13.1 行+第 13.2 行+…

▶▶▶**例 8-2** 接例 8-1，A 企业从事国家非限制和禁止行业，2021 年各季度的资产总额、从业人数以及累计应纳税所得额情况见表 8-2。假定 A 企业为查账征收企业，2021 年第一季度营业收入为 450 万元，营业成本为 300 万元，不考虑其他事项。故一季度实际利润额为 450-300=150（万元），减免所得税额为 150×25%-100× 12.5%×20%-（150-100）×50%×20%=30（万元），第一季度预缴纳税申报时填报《A200000 中华人民共和国企业所得税月（季）度预缴纳税申报表（A 类）》，见表 8-4。

表8-4　A200000 中华人民共和国企业所得税月（季）度预缴纳税申报表（A类）

按季度填报信息									
项目	一季度		二季度		三季度		四季度		季度平均值
	季初	季末	季初	季末	季初	季末	季初	季末	
从业人数	120	200							160
资产总额（万元）	2 000	4 000							3 000
国家限制或禁止行业	否				小型微利企业		是		

	附报事项名称	金额或选项
事项1	支持新型冠状病毒感染的肺炎疫情防控捐赠支出全额扣除（本年累计，元）	0.00
事项2	扶贫捐赠支出全额扣除（本年累计，元）	0.00
事项3	软件集成电路企业优惠政策适用类型	0
预缴税款计算		
1	营业收入	4 500 000
2	营业成本	3 000 000
3	利润总额	1 500 000
4	加：特定业务计算的应纳税所得额	0.0
5	减：不征税收入	0.0
6	减：资产加速折旧、摊销（扣除）调减额（填写A201020）	0.0
7	减：免税收入、减计收入、加计扣除（7.1+7.2+…）	0.0
8	减：所得减免（8.1+8.2+…）	0.0
9	减：弥补以前年度亏损	0.0
10	实际利润额（3+4-5-6-7-8-9）\按照上一纳税年度应纳税所得额平均额确定的应纳税所得额	1 500 000
11	税率（25%）	0.25
12	应纳所得税额（10×11）	375 000
13	减：减免所得税额（13.1+13.2+…）	300 000
13.1	符合条件的小型微利企业减免企业所得税	300 000
14	减：本年实际已缴纳所得税额	0.0
15	减：特定业务预缴（征）所得税额	0.0
16	本期应补（退）所得税额（12-13-14-15-L16）\税务机关确定的本期应纳所得税额	75 000

3.B类企业所得税季度申报

核定征收纳税人在季度申报时享受小型微利企业所得税优惠政策涉及《B100000中华人民共和国企业所得税月（季）度预缴和年度纳税申报表（B类）》1张表单。

纳税人需要正确填报核定征收方式选项、从业人数、资产总额（万元）、国家限制或禁止行业选项、小型微利企业选项等必报项目，并填报第17行"减：符合条件的小型微利企业减免企业所得税"。

>>>**例8-3** A企业从事国家非限制和禁止行业，2021年一季度资产总额是季初200万元、季末400万元，从业人数是季初10人、季末12人，一季度收入300万元。假定A企业为核定征收企业，税务机关核定的应税所得率为10%，其在2021年第一季度预缴纳税申报时，减免所得税额为300×10%×25%-300×10%×12.5%×20%=6.75（万元），填报《B100000中华人民共和国企业所得税月（季）度预缴和年度纳税申报表（B类）》，见表8-5。

表8-5 B100000中华人民共和国企业所得税月（季）度预缴和年度纳税申报表（B类）

核定征收方式	☑核定应税所得率（能核算收入总额的）□核定应税所得率（能核算成本费用总额的）□核定应纳所得税额								
按 季 度 填 报 信 息									
项　目	一季度		二季度		三季度		四季度		季度平均值
	季初	季末	季初	季末	季初	季末	季初	季末	
从业人数	10	12							11
资产总额（万元）	200	400							300
国家限制或禁止行业	□是 ☑否				小型微利企业		☑是 □否		
按 年 度 填 报 信 息									
从业人数（填写平均值）				资产总额（填写平均值，单位：万元）					
国家限制或禁止行业	□是 □否				小型微利企业		□是 □否		

行次	项　目	本年累计金额
1	收入总额	3 000 000
2	减：不征税收入	
3	减：免税收入（4+5+10+11）	
4	国债利息收入免征企业所得税	
5	符合条件的居民企业之间的股息、红利等权益性投资收益免征企业所得税（6+7.1+7.2+8+9）	
6	其中：一般股息红利等权益性投资收益免征企业所得税	
7.1	通过沪港通投资且连续持有H股满12个月取得的股息红利所得免征企业所得税	
7.2	通过深港通投资且连续持有H股满12个月取得的股息红利所得免征企业所得税	
8	居民企业持有创新企业CDR取得的股息红利所得免征企业所得税	
9	符合条件的居民企业之间属于股息、红利性质的永续债利息收入免征企业所得税	
10	投资者从证券投资基金分配中取得的收入免征企业所得税	
11	取得的地方政府债券利息收入免征企业所得税	
12	应税收入额（1-2-3）\成本费用总额	3 000 000

行次	项　目	本年累计金额
13	税务机关核定的应税所得率（%）	0.1
14	应纳税所得额（第12×13行）\［第12行÷（1−第13行）×第13行］	300 000
15	税率（25%）	0.25
16	应纳所得税额（14×15）	75 000
17	减：符合条件的小型微利企业减免企业所得税	67 500
18	减：实际已缴纳所得税额	
L19	减：符合条件的小型微利企业延缓缴纳所得税额（是否延缓缴纳所得税 □是　☑否）	
19	本期应补（退）所得税额（16−17−18−L19）\税务机关核定本期应纳所得税额	7 500
20	民族自治地方的自治机关对本民族自治地方的企业应缴纳的企业所得税中属于地方分享的部分减征或免征（□免征　□减征：减征幅度＿＿＿%）	
21	本期实际应补（退）所得税额	

4.A类企业所得税年度汇算清缴申报

查账征收纳税人在年度汇算清缴时享受小型微利企业所得税优惠政策涉及《A000000企业所得税年度纳税申报基础信息表》《A100000中华人民共和国企业所得税年度纳税申报表（A类）》《A107040减免所得税优惠明细表》等3张表单。

纳税人填报《A000000企业所得税年度纳税申报基础信息表》中的"103资产总额（填写平均值，单位：万元）""104从业人数（填写平均值，单位：人）""106从事国家限制或禁止行业""109小型微利企业"项目。填报《A107040减免所得税优惠明细表》第1行"一、符合条件的小型微利企业减免企业所得税"，填写后相关数据自动生成至《A100000中华人民共和国企业所得税年度纳税申报表（A类）》第26行"减：减免所得税额"。

▶▶例8-4　A企业从事国家非限制和禁止行业，2021年各季度的资产总额、从业人数见表8-2。2021年全年应纳税所得额为290万元。假定A企业为查账征收企业，不考虑其他因素。A企业2021年减免所得税额为290×25%−100×12.5%×20%−（290−100）×50%×20%=51（万元），年度汇算清缴时填报《A000000企业所得税年度纳税申报基础信息表》《A100000中华人民共和国企业所得税年度纳税申报表（A类）》《A107040减免所得税优惠明细表》，分别见表8-6、表8-7、表8-8。

表8-6　　　　A000000企业所得税年度纳税申报基础信息表

基本经营情况（必填项目）			
101 纳税申报企业类型（填写代码）		102 分支机构就地纳税比例（%）	
103 资产总额（填写平均值，单位：万元）	4 962.5	104 从业人数（填写平均值，单位：人）	275
105 所属国民经济行业（填写代码）		106 从事国家限制或禁止行业	□是 ☑否
107 适用会计准则或会计制度（填写代码）		108 采用一般企业财务报表格式（2019年版）	□是 □否
109 小型微利企业	☑是 □否	110 上市公司	是（□境内□境外）□否

表8-7　　A100000中华人民共和国企业所得税年度纳税申报表（A类）

行次	类别	项　目	金　额
		⋮	
23		五、应纳税所得额（19-20-21-22）	2 900 000
24		税率（25%）	0.25
25		六、应纳所得税额（23×24）	725 000
26		减：减免所得税额（填写A107040）	510 000
27		减：抵免所得税额（填写A107050）	
28		七、应纳税额（25-26-27）	215 000
29	应纳税额计算	加：境外所得应纳所得税额（填写A108000）	
30		减：境外所得抵免所得税额（填写A108000）	
31		八、实际应纳所得税额（28+29-30）	215 000
32		减：本年累计实际已缴纳的所得税额	
33		九、本年应补（退）所得税额（31-32）	
34		其中：总机构分摊本年应补（退）所得税额（填写A109000）	
35		财政集中分配本年应补（退）所得税额（填写A109000）	
36		总机构主体生产经营部门分摊本年应补（退）所得税额（填写A109000）	

表8-8　　　　　　　　A107040减免所得税优惠明细表

行次	项　目	金　额
1	一、符合条件的小型微利企业减免企业所得税	510 000
	⋮	
34	合计（1+2+…+28-29+30+31+32+33）	510 000

5.B类企业所得税年度申报

核定征收纳税人在年度申报时享受小型微利企业所得税优惠政策涉及《B100000中华人民共和国企业所得税月（季）度预缴和年度纳税申报表（B类）》1张表单。

纳税人需要正确填报核定征收方式选项、从业人数、资产总额（万元）、国家限制或禁止行业选项、小型微利企业选项等必报项目，并填报第17行"减：符合条件的小型微利企业减免企业所得税"。

▶▶▶例8-5　A企业从事国家非限制和禁止行业，2021年资产总额全年平均300万元，从业人数全年平均15人，全年收入300万元。假定A企业为核定征收企业，税务机关核定的应税所得率为10%，其在2021年度纳税申报时，减免企业所得税额为300×10%×25%-300×10%×12.5%×20%=6.75（万元），填报《B100000中华人民共和国企业所得税月（季）度预缴和年度纳税申报表（B类）》，见表8-9。

表8-9　B100000中华人民共和国企业所得税月（季）度预缴和年度纳税申报表（B类）

核定征收方式	☑核定应税所得率（能核算收入总额的）□核定应税所得率（能核算成本费用总额的）□核定应纳所得税额								
按 季 度 填 报 信 息									
项　目	一季度		二季度		三季度		四季度		季度平均值
	季初	季末	季初	季末	季初	季末	季初	季末	
从业人数									
资产总额（万元）									
国家限制或禁止行业	□是 ☑否				小型微利企业		☑是 □否		
按 年 度 填 报 信 息									
从业人数（填写平均值）	15			资产总额（填写平均值，单位：万元）			300		
国家限制或禁止行业	□是 ☑否				小型微利企业		☑是 □否		

行次	项　目	本年累计金额
1	收入总额	3 000 000
2	减：不征税收入	
3	减：免税收入（4+5+10+11）	
4	国债利息收入免征企业所得税	
5	符合条件的居民企业之间的股息、红利等权益性投资收益免征企业所得税（6+7.1+7.2+8+9）	
6	其中：一般股息红利等权益性投资收益免征企业所得税	
7.1	通过沪港通投资且连续持有H股满12个月取得的股息红利所得免征企业所得税	
7.2	通过深港通投资且连续持有H股满12个月取得的股息红利所得免征企业所得税	
8	居民企业持有创新企业CDR取得的股息红利所得免征企业所得税	
9	符合条件的居民企业之间属于股息、红利性质的永续债利息收入免征企业所得税	
10	投资者从证券投资基金分配中取得的收入免征企业所得税	
11	取得的地方政府债券利息收入免征企业所得税	
12	应税收入额（1-2-3）\成本费用总额	3 000 000
13	税务机关核定的应税所得率（%）	0.1
14	应纳税所得额（第12×13行）\［第12行÷（1-第13行）×第13行］	300 000
15	税率（25%）	0.25
16	应纳所得税额（14×15）	75 000
17	减：符合条件的小型微利企业减免企业所得税	67 500
18	减：实际已缴纳所得税额	
L19	减：符合条件的小型微利企业延缓缴纳所得税额（是否延缓缴纳所得税□是 ☑否）	
19	本期应补（退）所得税额（16-17-18-L19）\税务机关核定本期应纳所得税额	7 500
20	民族自治地方的自治机关对本民族自治地方的企业应缴纳的企业所得税中属于地方分享的部分减征或免征（□免征 □减征：减征幅度____%）	
21	本期实际应补（退）所得税额	

8.1.3.4　留存备查资料

（1）所从事行业不属于限制和禁止行业的说明；

（2）从业人数的计算过程；

（3）资产总额的计算过程。

8.1.4　风险提示

（1）非居民企业不可以享受小型微利企业所得税优惠政策。根据《国家税务总局关于非居民企业不享受小型微利企业所得税优惠政策问题的通知》（国税函〔2008〕650号）的规定：企业所得税法第二十八条规定的小型微利企业是指企业的全部生产经营活动产生的所得均负有我国企业所得税纳税义务的企业。仅就来源于我国所得负有我国纳税义务的非居民企业，不适用小型微利企业所得税优惠政策。

（2）视同独立纳税人缴税的二级分支机构不可以享受小型微利企业所得税减免政策。现行企业所得税实行法人税制，企业应以法人为主体，计算并缴纳企业所得税。企业所得税法第五十条第二款规定"居民企业在中国境内设立不具有法人资格的营业机构的，应当汇总计算并缴纳企业所得税"。由于分支机构不具有法人资格，其经营情况应并入企业总机构，由企业总机构汇总计算应纳税款，并享受相关优惠政策。

（3）劳务派遣用工计入接受劳务派遣企业的从业人数。为避免重复计算，劳务派遣单位的从业人数，不包含已派出人员。

≪≪　8.2　高新技术企业　≫≫

8.2.1　政策概述

8.2.1.1　减免企业所得税

国家需要重点扶持的高新技术企业，减按15%的税率征收企业所得税。企业的高新技术企业资格期满当年，在通过重新认定前，其企业所得税暂按15%的税率预缴，在年底前仍未取得高新技术企业资格的，应按规定补缴相应期间的税款。

所称国家需要重点扶持的高新技术企业，是指拥有核心自主知识产权，并同时符合下列条件的企业：

（1）产品（服务）属于《国家重点支持的高新技术领域》规定的范围；

（2）研究开发费用占销售收入的比例不低于规定比例；

（3）高新技术产品（服务）收入占企业总收入的比例不低于规定比例；

（4）科技人员占企业职工总数的比例不低于规定比例；

（5）高新技术企业认定管理办法规定的其他条件。

《国家重点支持的高新技术领域》和高新技术企业认定管理办法由国务院科技、财政、税务主管部门商国务院有关部门制定，报国务院批准后公布施行。

《关于高新技术企业境外所得适用税率及税收抵免问题的通知》（财税〔2011〕47号）规定：以境内、境外全部生产经营活动有关的研究开发费用总额、总收入、销售收入总额、高新技术产品（服务）收入等指标申请并经认定的高新技术企业，其来源于境外的所得可以享受高新技术企业所得税优惠政策，即对其来源于境外所得可以按照15%的优惠税率缴纳企业所得税，在计算境外抵免限额时，可按照15%的优惠税率计算境内外应纳税总额。

8.2.1.2 亏损结转年限延长

自2018年1月1日起，当年具备高新技术企业或科技型中小企业资格的企业，其具备资格年度之前5个年度发生的尚未弥补完的亏损，准予结转以后年度弥补，最长结转年限由5年延长至10年。

8.2.2 政策沿革

1. 高新技术企业优惠政策逐步系统化（2008—2015年）

2008年，《中华人民共和国企业所得税法》及其实施条例的实施，将国家需要重点扶持的高新技术企业减按15%的税率征收企业所得税以法律形式予以确认。为便于纳税人享受政策，科技部、财政部、国家税务总局同年联合发布《高新技术企业认定管理办法》（国科发火〔2008〕172号）及《高新技术企业认定管理工作指引》（国科发火〔2008〕362号），对高新技术企业认定与管理做出了系统而详细的规定。2009年，国家税务总局发布《关于实施高新技术企业所得税优惠有关问题的通知》（国税函〔2009〕203号），明确新旧税法衔接问题及高新技术企业有关管理要求。2011年，国家税务总局出台《关于高新技术企业资格复审期间企业所得税预缴问题的公告》（国家税务总局公告2011年第4号），规定"高新技术企业应在资格期满前三个月内提出复审申请，在通过复审之前，在其高新技术企业资格有效期内，其当年企业所得税暂按15%的税率预缴"。同年，财政部、国家税务总局联合下发了《关于高新技术企业境外所得适用税率及税收抵免问题的通知》（财税〔2011〕47号），对高新技术企业境外所得适用税率及税收抵免问题做出了明确规定。2015年，为鼓励高新技术企业加大职工教育经费的投入，经国务院批准，财政部、国家税务总局发布《关于高新技术企业职工教育经费税前扣除政策的通知》（财税〔2015〕63号），规定了"高新技术企业发生的职工教育经费支出，不超过工资薪金总额8%的部分，准予在计算企业所得税应纳税所得额时扣除；超过部分，准予在以后纳税年度结转扣除"。

2. 高新技术企业优惠政策的调整与优化（2016年至今）

2016年，为加大对科技型企业特别是中小企业的政策扶持，培育创造新技术、新业态和提供新供给的生力军，科技部、财政部、国家税务总局适时对2008年版《高新技术企业认定管理办法》及其工作指引进行了修订完善，主要体现在以下五个方面：一是调整"研发费用占销售收入比例"指标，将最近一年销售收入小于5 000万元（含）的企业研发费用总额占同期销售收入总额的比例由6%调整为5%，使规模较小、研发投入相对较少的中小企业获益。二是调整"科技人员占比"指标。考虑到企业研发形式日益多样，产学研合作逐步深入，研发外包、开放式众包等渐成趋势，企业越来越依靠外部力量开展研发活动，为更加适应企业研发创新的发展需求，将原"具有大学专科以上学历的科技人员占企业当年职工总数的30%以上，其中研发人员占企业当年职工总数的10%以上"的条件，调整为"企业从事研发和相关技术创新活动的科技人员占企业当年职工总数的比例不低于10%"。三是调整认定条件中对知识产权的要求。取消原有"近三年内"获得知识产权的限制，也取消了原有"5年以上独占许可"获得知识产权的方式，这样一方面鼓励了企业自主研发，同时也有助于避免知识产权滥用，而企业仍可通过技术转让等方式获得知识产权、促进科技成果转化和产业化，有利于更好地落实新修订的《促进科技成果转化法》。四是缩短公示时间。认定企业在"高新技术企业认定管理工作网"上公示的时间由原15个工作日改为10个工作日，提高了工作效率。五是增加异地搬迁内容。为促进区域产业转移和协调发展，增加对异地搬迁企业资质互认的相关内容，明确跨认定机构管理区域整体迁移的高新技术企业，在其高新技术企业资格有效期内完成迁移的，其资格继续有效。

2017年，国家税务总局发布《关于实施高新技术企业所得税优惠政策有关问题的公告》（国家税务总局2017年第24号），明确了修订后高新技术企业认定管理和税收优惠管理的衔接问题，保障和促进高新技术企业优惠政策的贯彻落实。2018年，财政部、国家税务总局联合下发了《关于延长高新技术企业和科技型中小企业亏损结转年限的通知》（财税〔2018〕76号），将高新技术企业的亏损结转弥补年限由5年延长至10年。另外，根据《关于企业职工教育经费税前扣除政策的通知》（财税〔2018〕51号），"企业发生的职工教育经费支出，不超过工资薪金总额8%的部分，准予在计算企业所得税应纳税所得额时扣除；超过部分，准予在以后纳税年度结转扣除"这一政策自2018年1月1日起推行至全部企业。上述政策主要发展情况见表8-10。

表8-10 政策主要发展情况表（截至2022年6月1日）

年度	政策依据	主要内容	效力
2007	《中华人民共和国企业所得税法》第二十八条；《中华人民共和国企业所得税法实施条例》第九十三条	将国家需要重点扶持的高新技术企业减按15%的税率征收企业所得税以法律形式予以确认	有效
2008	国科发火〔2008〕172号；国科发火〔2008〕362号	对高新技术企业认定与管理做出了系统而详细的规定	2008年1月1日至2015年12月31日
2009	国税函〔2009〕203号	明确新旧税法衔接问题及高新技术企业有关管理要求	全文废止。参见：国家税务总局公告2021年第22号
2011	国家税务总局公告2011年第4号	规定高新技术企业资格有效期内企业所得税暂按15%的税率预缴	全文废止。参见：国家税务总局公告2017年第24号
2011	财税〔2011〕47号	明确高新技术企业境外所得适用税率及税收抵免问题	有效
2015	财税〔2015〕63号	规定了高新技术企业发生的职工教育经费支出税前扣除政策	有效。财税〔2018〕51号将这项政策自2018年1月1日起推行至全部企业
2016	国科发火〔2016〕32号；国科发火〔2016〕195号	对2008年版《高新技术企业认定管理办法》及其工作指引予以调整完善	有效
2017	国家税务总局公告2017年第24号	明确实施高新技术企业所得税优惠政策有关事项	第三条部分失效
2018	财税〔2018〕76号	规定自2018年1月1日起，高新技术企业具备资格年度之前5个年度发生的尚未弥补完的亏损，准予结转以后年度弥补，最长结转年限由5年延长至10年	有效

8.2.3 申报管理

8.2.3.1 享受程序

企业享受优惠事项采取"自行判别、申报享受、相关资料留存备查"的办理方式。企业应当根据经营情况以及相关税收规定自行判断是否符合优惠事项规定的条

件，符合条件的可以按规定的时间自行计算减免税额，并通过填报企业所得税纳税申报表享受税收优惠。同时，按规定归集和留存相关资料备查。

8.2.3.2　享受时间

季度预缴及年度汇算清缴均可享受。

8.2.3.3　填报示例

1.A类企业所得税季度预缴申报

查账征收纳税人在季度预缴时享受高新技术企业减按15%的税率征收企业所得税优惠政策涉及《A200000中华人民共和国企业所得税月（季）度预缴纳税申报表（A类）》1张表单。

纳税人根据《企业所得税申报事项目录》填报《A200000中华人民共和国企业所得税月（季）度预缴纳税申报表（A类）》第13.*行"国家需要重点扶持的高新技术企业减按15%的税率征收企业所得税"，填写后相关数据自动生成至第13行"减：减免所得税额"。

▶▶例8-6　甫明公司2021年具有高新技术企业资格，2021年第二季度实际利润额100万元，不考虑其他事项。该公司第二季度减免税额为100×（25%-15%）=10（万元），季度预缴纳税申报时填报《A200000中华人民共和国企业所得税月（季）度预缴纳税申报表（A类）》，见表8-11。

表8-11　A200000中华人民共和国企业所得税月（季）度预缴纳税申报表（A类）

行次	预缴税款计算	本年累计
1	营业收入	
2	营业成本	
3	利润总额	1 000 000
4	加：特定业务计算的应纳税所得额	
5	减：不征税收入	
6	减：资产加速折旧、摊销（扣除）调减额（填写A201020）	
7	减：免税收入、减计收入、加计扣除（7.1+7.2+…）	
8	减：所得减免（8.1+8.2+…）	
9	减：弥补以前年度亏损	
10	实际利润额（3+4-5-6-7-8-9）\按照上一纳税年度应纳税所得额平均额确定的应纳税所得额	1 000 000

行次	预缴税款计算	本年累计
11	税率（25%）	0.25
12	应纳所得税额（10×11）	250 000
13	减：减免所得税额（13.1+13.2+…）	100 000
13.1	国家需要重点扶持的高新技术企业减按15%的税率征收企业所得税	100 000
14	减：本年实际已缴纳所得税额	
15	减：特定业务预缴（征）所得税额	
16	本期应补（退）所得税额（12-13-14-15）\税务机关确定的本期应纳所得税额	150 000

2.A类企业所得税年度汇算清缴申报

查账征收纳税人在年度汇算清缴时享受高新技术企业优惠政策涉及《A000000企业所得税年度纳税申报基础信息表》《A100000中华人民共和国企业所得税年度纳税申报表（A类）》《A106000企业所得税弥补亏损明细表》《A107040减免所得税优惠明细表》《A107041高新技术企业优惠情况及明细表》等5张表单。

纳税人首先填报表A000000中"211高新技术企业申报所属期年度有效的高新技术企业证书"情况：纳税人根据申报所属期年度拥有的有效期内的高新技术企业证书情况，填报本项目下的"211-1""211-2""211-3""211-4"。在申报所属期年度，如企业同时拥有两个高新技术企业证书，则两个证书情况均应填报。例如，纳税人2015年10月取得高新技术企业证书，有效期3年，2018年再次参加认定并于2018年11月取得新高新技术企业证书，纳税人在进行2018年度企业所得税汇算清缴纳税申报时，应将两个证书的"编号"及"发证时间"分别填入"211-1""211-2""211-3""211-4"项目中。纳税人符合上述填报要求的，无论是否享受企业所得税优惠政策，均应填报本项。

纳税人再根据实际情况填报《A107041高新技术企业优惠情况及明细表》，报送高新技术企业基本信息和本年优惠情况，无论是否享受优惠政策，高新技术企业资格在有效期内的纳税人均需填报表A107041。填写后第31行"减免税额—十、国家需要重点扶持的高新技术企业减征企业所得税"自动生成至《A107040减免所得税优惠明细表》第2行"二、国家需要重点扶持的高新技术企业减按15%的税率征收企业所得税（填写表A107041）"以及《A100000中华人民共和国企业所得税年度纳税申报表（A类）》第26行"减：减免所得税额（填写表A107040）"。

涉及亏损弥补的高新技术企业还要填报《A106000企业所得税弥补亏损明细表》。第7列"弥补亏损企业类型"：纳税人根据不同年度情况从《弥补亏损企业类型代码表》（见表8-12）中选择相应的代码填入本项。不同类型纳税人的亏损结转年限不同，纳税人选择"一般企业"是指亏损结转年限为5年的纳税人；"符合条件的高新技术企业"是指符合财税〔2018〕76号、国家税务总局公告2018年第45号等文件规定，亏损结转年限为10年的纳税人。纳税人弥补以前年度亏损时，应按照"先到期亏损先弥补、同时到期亏损先发生的先弥补"的原则处理。

表8-12 弥补亏损企业类型代码表

代码	类型
100	一般企业
200	符合条件的高新技术企业
300	符合条件的科技型中小企业
400	线宽小于130纳米（含）的集成电路生产企业
500	受疫情影响困难行业企业
600	电影行业企业

▶▶▶例8-7 甬明公司2020年12月28日获得高新技术企业资格，证书编号为：GR2020××××××××，2021年企业总收入1 000万元，其中高新技术产品收入900万元，利润总额为100万元。当年科技人员6人，职工总数15人。当年归集的高新研发费用90万元，包括人员费用45万元，直接投入40万元，折旧3万元，其他费用2万元。前一年度销售收入800万元，发生研发费用80万元，包括人员费用40万元，直接投入35万元，折旧3万元，其他费用2万元；前二年度销售收入850万元，发生研发费用70万元，包括人员费用35万元，直接投入30万元，折旧3万元，其他费用2万元，不考虑其他事项。故甬明公司2021年度享受高新优惠减免税额为100×（25%-15%）=10（万元），年度汇缴申报时填报《A000000企业所得税年度纳税申报基础信息表》《A100000中华人民共和国企业所得税年度纳税申报表（A类）》《A107040减免所得税优惠明细表》《A107041高新技术企业优惠情况及明细表》，分别见表8-13至表8-16。

表8-13 A000000企业所得税年度纳税申报基础信息表

⋮			
有关涉税事项情况（存在或者发生下列事项时必填）			
211高新技术企业申报所属期年度有效的高新技术企业证书	211-1 证书编号1	GR2020××××××××	211-2 发证时间1	2020-12-28
	211-3 证书编号2		211-4 发证时间2	
⋮			

表8-14　A100000中华人民共和国企业所得税年度纳税申报表（A类）

行次	类别	项 目	金 额
	利润总额计算	⋮	
13		三、利润总额（10+11-12）	1 000 000
14	应纳税所得额计算	减：境外所得（填写A108010）	
15		加：纳税调整增加额（填写A105000）	
16		减：纳税调整减少额（填写A105000）	
17		减：免税、减计收入及加计扣除（填写A107010）	
18		加：境外应税所得抵减境内亏损（填写A108000）	
19		四、纳税调整后所得（13-14+15-16-17+18）	1 000 000
20		减：所得减免（填写A107020）	
21		减：弥补以前年度亏损（填写A106000）	
22		减：抵扣应纳税所得额（填写A107030）	
23		五、应纳税所得额（19-20-21-22）	1 000 000
24	应纳税额计算	税率（25%）	0.25
25		六、应纳所得税额（23×24）	250 000
26		减：减免所得税额（填写A107040）	100 000
27		减：抵免所得税额（填写A107050）	
28		七、应纳税额（25-26-27）	150 000
29		加：境外所得应纳所得税额（填写A108000）	
30		减：境外所得抵免所得税额（填写A108000）	
31		八、实际应纳所得税额（28+29-30）	150 000
32		减：本年累计实际已缴纳的所得税额	
33		九、本年应补（退）所得税额（31-32）	150 000
34		其中：总机构分摊本年应补（退）所得税额（填写A109000）	
35		财政集中分配本年应补（退）所得税额（填写A109000）	
36		总机构主体生产经营部门分摊本年应补（退）所得税额（填写A109000）	

表8-15　　　　　　　　　　A107040减免所得税优惠明细表

行次	项　目	全　额
1	一、符合条件的小型微利企业减免企业所得税	
2	二、国家需要重点扶持的高新技术企业减按15%的税率征收企业所得税（填写A107041）	100 000
3	三、经济特区和上海浦东新区新设立的高新技术企业在区内取得的所得定期减免企业所得税（填写A107041）	
4	四、受灾地区农村信用社免征企业所得税	
	⋮	
34	合计（1+2+…+28-29+30+31+32+33）	100 000

表8-16　　　　　　　　**A107041高新技术企业优惠情况及明细表**

	税收优惠基本信息						
1	企业主要产品（服务）发挥核心支持作用的技术所属范围	国家重点支持的高新技术领域	一级领域		＊＊＊＊＊＊＊＊＊＊＊		
2			二级领域		＊＊＊＊＊＊＊＊＊＊＊		
3			三级领域		＊＊＊＊＊＊＊＊＊＊＊		
	税收优惠有关情况						
4	收入指标	一、本年高新技术产品（服务）收入（5+6）			9 000 000		
5		其中：产品（服务）收入			9 000 000		
6		技术性收入					
7		二、本年企业总收入（8-9）			10 000 000		
8		其中：收入总额			10 000 000		
9		不征税收入					
10		三、本年高新技术产品（服务）收入占企业总收入的比例（4÷7）			90%		
11	人员指标	四、本年科技人员数			6		
12		五、本年职工总数			15		
13		六、本年科技人员占企业当年职工总数的比例（11÷12）			40%		
14	研发费用指标	高新研发费用归集年度	本年度	前一年度	前二年度	合计
			1	2	3	4
15		七、归集的高新研发费用金额（16+25）	900 000	800 000	700 000	2 400 000
16		（一）内部研究开发投入（17+…+22+24）	900 000	800 000	700 000	2 400 000

			本年度	前一年度	前二年度	合计
14		高新研发费用归集年度	1	2	3	4
17		1.人员人工费用	450 000	400 000	350 000	1 200 000
18		2.直接投入费用	400 000	350 000	300 000	1 050 000
19		3.折旧费用与长期待摊费用	30 000	30 000	30 000	90 000
20		4.无形资产摊销费用				
21		5.设计费用				
22		6.装备调试费与实验费用				
23	研发费用指标	7.其他费用	20 000	20 000	20 000	60 000
24		其中：可计入研发费用的其他费用	20 000	20 000	20 000	60 000
25		（二）委托外部研发费用 ［（26+28）×80%］				
26		1.境内的外部研发费				
27		2.境外的外部研发费				
28		其中：可计入研发费用的境外的外部研发费				
29		八、销售（营业）收入	9 000 000	8 000 000	8 500 000	25 500 000
30		九、三年研发费用占销售（营业）收入的比例（15行4列÷29行4列）				9.41%
31	减免税额	十、国家需要重点扶持的高新技术企业减征企业所得税				100 000
32		十一、经济特区和上海浦东新区新设立的高新技术企业定期减免税额				

8.2.3.4　留存备查资料

（1）高新技术企业资格证书；

（2）高新技术企业认定资料；

（3）知识产权相关材料；

（4）年度主要产品（服务）发挥核心支持作用的技术属于《国家重点支持的高新技术领域》规定范围的说明，高新技术产品（服务）及对应收入资料；

（5）年度职工和科技人员情况证明材料；

（6）当年和前两个会计年度研发费用总额及占同期销售收入比例、研发费用管理资料以及研发费用辅助账，研发费用结构明细表。

8.2.4　风险提示

部分企业认为申请认定时需符合高新技术企业有关条件，通过高新技术企业认定后在资格有效期内可以不再符合认定条件，这种观点是错误的。国家税务总局公告2017年第24号的官方解读明确指出："《高新技术企业认定管理办法》出台以后，税务机关和纳税人对高新技术企业在享受优惠期间是否需要符合认定条件存在较大的争议。经与财政部、科技部沟通，《认定办法》第十六条中所称'认定条件'是较为宽泛的概念，既包括高新技术企业认定时的条件，也包括享受税收优惠期间的条件。"

««« 8.3 技术先进型服务企业 »»»

8.3.1 政策概述

自2017年1月1日起，在全国范围内实行以下企业所得税优惠政策：对经认定的技术先进型服务企业，减按15%的税率征收企业所得税。

自2018年1月1日起，对经认定的技术先进型服务企业（服务贸易类），减按15%的税率征收企业所得税。

根据《关于将技术先进型服务企业所得税政策推广至全国实施的通知》（财税〔2017〕79号）和《关于将服务贸易创新发展试点地区技术先进型服务企业所得税政策推广至全国实施的通知》（财税〔2018〕44号）的规定：享受减按15%税率的企业所得税优惠政策的技术先进型服务企业必须同时符合以下条件：

（1）在中国境内（不包括中国港、澳、台地区）注册的法人企业；

（2）从事《技术先进型服务业务认定范围（试行）》（《技术先进型服务业务领域范围（服务贸易类）》）中的一种或多种技术先进型服务业务，采用先进技术或具备较强的研发能力；

（3）具有大专以上学历的员工占企业职工总数的50%以上；

（4）从事《技术先进型服务业务认定范围（试行）》（《技术先进型服务业务领域范围（服务贸易类）》）中的技术先进型服务业务取得的收入占企业当年总收入的50%以上；

（5）从事离岸服务外包业务取得的收入不低于企业当年总收入的35%。

符合条件的技术先进型服务企业应向所在省级科技部门提出申请，由省级科技部门会同本级商务、财政、税务和发展改革部门联合评审后发文认定，并将认定企业名单及有关情况通过科技部"全国技术先进型服务企业业务办理管理平台"备案，科技部与商务部、财政部、国家税务总局和国家发展改革委共享备案信息。

8.3.2 政策沿革

1.技术先进型服务企业优惠政策逐步试点与完善（2008—2016年）

2008年企业所得税法实施以前，在江苏工业园区进行试点技术先进型服务企业税收优惠政策，内容包括对经认定的技术先进型服务企业，减按15%的税率征收企业所得税，对经认定的技术先进型服务企业，其发生的职工教育经费按不超过企业工资总额8%的比例据实在企业所得税税前扣除，超过部分，准予在以后纳税年度结转扣除。

2009年，为进一步推动技术先进型服务业的发展，财政部、国家发展改革委、国家税务总局、科技部、商务部等五部门（以下简称"五部门"）联合下发了《关于技术先进型服务企业有关税收政策问题的通知》（财税〔2009〕63号），将江苏工业园区技术先进型服务企业税收试点政策推广到北京、天津、上海、重庆、大连、深圳、广州、武汉、哈尔滨、成都、南京、西安、济南、杭州、合肥、南昌、长沙、大庆、苏州、无锡等20个中国服务外包示范城市。

2010年，五部门再次联合发布《关于技术先进型服务企业有关企业所得税政策问题的通知》（财税〔2010〕65号），将厦门纳入试点范围，并对政策内容做出了较多调整：一是取消了"对经认定的技术先进型服务企业离岸服务外包业务收入免征营业税"；二是丰富完善业务范围形成了《技术先进型服务业务认定范围（试行）》；三是将从事《技术先进型服务业务认定范围（试行）》中的技术先进型服务业务取得的收入占企业当年总收入的比例要求从"70%以上"降为"50%以上"；四是取消了"企业应获得有关国际资质认证（包括开发能力和成熟度模型、开发能力和成熟度模型集成、IT服务管理、信息安全管理、服务提供商环境安全、ISO质量体系认证、人力资源能力认证等）"这一规定。

2013年，五部门联合发布《关于苏州工业园区技术先进型服务企业所得税试点政策有关问题的通知》（财税〔2013〕6号），对苏州工业园区内享受优惠政策的技术先进型服务企业，其离岸服务外包业务收入占企业当年总收入的比例调整为"不低于35%"。2014年，五部门联合发布《关于完善技术先进型服务企业有关企业所得税政策问题的通知》（财税〔2014〕59号），延续技术先进型服务企业认定管理规定，并将从事离岸服务外包业务取得的收入不低于企业当年总收入的比例从50%降为35%。

2016年，根据国务院批复，五部门联合发布《关于新增中国服务外包示范城市适用技术先进型服务企业所得税政策的通知》（财税〔2016〕108号），将技术先进型服务企业试点政策（服务外包类）试点范围新增沈阳、长春、南通、镇江、福州（含平潭综合实验区）、南宁、乌鲁木齐、青岛、宁波、郑州等10个中国服务外包示范城市。

同年，五部门联合发布《关于在服务贸易创新发展试点地区推广技术先进型服务企业所得税优惠政策的通知》（财税〔2016〕122号），在天津、上海、海南、深圳、杭州、武汉、广州、成都、苏州、威海和哈尔滨新区、江北新区、两江新区、贵安新区、西咸新区等15个服务贸易创新发展试点地区推广技术先进型服务企业所得税优惠政策。政策主体内容同财税〔2014〕59号文件，仅业务范围调整为《技术先进型服务业务领域范围（服务贸易类）》。

2.技术先进型服务企业优惠政策推广（2017年至今）

2017年，为增强我国服务业的综合竞争力，五部门联合发布《关于将技术先进型服务企业所得税政策推广至全国实施的通知》（财税〔2017〕79号），明确将技术先进型服务企业优惠政策（服务外包类）在全国范围内推广。2018年，为进一步推动服务贸易创新发展、优化外贸结构，五部门再发布《关于将服务贸易创新发展试点地区技术先进型服务企业所得税政策推广至全国实施的通知》（财税〔2018〕44号），将财税〔2016〕122号文件规定的技术先进型服务企业15%税率政策（服务贸易类）推广到全国，另一项"企业发生的职工教育经费支出，不超过工资薪金总额8%的部分，准予在计算企业所得税应纳税所得额时扣除；超过部分，准予在以后纳税年度结转扣除"政策由《财政部 税务总局关于企业职工教育经费税前扣除政策的通知》（财税〔2018〕51号）规定自2018年1月1日起推行至全部企业。上述政策主要发展情况见表8-17。

表8-17　　　　　　　　政策主要发展情况表（截至2022年6月1日）

年度	政策依据	主要内容	效力
2009	财税〔2009〕63号	将江苏工业园区技术先进型服务企业税收试点政策推广到20个中国服务外包示范城市	2009年1月1日至2010年6月30日
2010	财税〔2010〕65号	将厦门纳入试点范围，并对政策内容做出了较多调整	2010年7月1日至2013年12月31日
2014	财税〔2014〕59号	延续政策。将从事离岸服务外包业务取得的收入不低于企业当年总收入的比例从50%降为35%	2014年1月1日至2018年12月31日
2016	财税〔2016〕108号	财税〔2014〕59号文件政策试点范围新增10个中国服务外包示范城市	2016年1月1日至2018年12月31日
	财税〔2016〕122号	在15个服务贸易创新发展试点地区推广技术先进型服务企业所得税优惠政策。政策主体内容同财税〔2014〕59号文件，仅业务范围调整为《技术先进型服务业务领域范围（服务贸易类）》	2016年1月1日至2017年12月31日
2017	财税〔2017〕79号	将财税〔2014〕59号文件规定的技术先进型服务企业试点政策（服务外包类）推广到全国	有效
2018	财税〔2018〕44号	将财税〔2016〕122号文件规定的技术先进型服务企业15%税率政策（服务贸易类）推广到全国	有效

8.3.3　申报管理

8.3.3.1　享受程序

企业享受优惠事项采取"自行判别、申报享受、相关资料留存备查"的办理方

式。企业应当根据经营情况以及相关税收规定自行判断是否符合优惠事项规定的条件，符合条件的可以按规定的时间自行计算减免税额，并通过填报企业所得税纳税申报表享受税收优惠。同时，按规定归集和留存相关资料备查。

8.3.3.2 享受时间

季度预缴及年度汇算清缴均可享受。

8.3.3.3 填报示例

1. A类企业所得税季度预缴申报

查账征收纳税人在季度预缴时享受技术先进型服务企业税收优惠政策涉及《A200000中华人民共和国企业所得税月（季）度预缴纳税申报表（A类）》1张表单。

纳税人根据《企业所得税申报事项目录》填报《A200000中华人民共和国企业所得税月（季）度预缴纳税申报表（A类）》第13.*行 "技术先进型服务企业（服务外包类）减按15%的税率征收企业所得税" 或 "技术先进型服务企业（服务贸易类）减按15%的税率征收企业所得税"，填写后相关数据自动生成至第13行 "减：减免所得税额"。

▶▶▶例8-8　甬明公司2021年为符合条件的技术先进型服务企业（服务外包类），主要从事信息技术外包服务（ITO），2021年第二季度实际利润额为100万元，无其他所得。故第二季度减免税额为100×（25%-15%）=10（万元），季度预缴纳税申报时填报《A200000中华人民共和国企业所得税月（季）度预缴纳税申报表（A类）》，见表8-18。

表8-18 A200000中华人民共和国企业所得税月（季）度预缴纳税申报表（A类）

行次	预缴税款计算	本年累计
1	营业收入	
2	营业成本	
3	利润总额	1 000 000
4	加：特定业务计算的应纳税所得额	
5	减：不征税收入	
6	减：资产加速折旧、摊销（扣除）调减额（填写A201020）	
7	减：免税收入、减计收入、加计扣除（7.1+7.2+…）	
8	减：所得减免（8.1+8.2+…）	
9	减：弥补以前年度亏损	

行次	预缴税款计算	本年累计
10	实际利润额（3+4-5-6-7-8-9）\按照上一纳税年度应纳税所得额平均额确定的应纳税所得额	1 000 000
11	税率（25%）	0.25
12	应纳所得税额（10×11）	250 000
13	减：减免所得税额（13.1+13.2+…）	100 000
13.1	技术先进型服务企业（服务外包类）减按15%的税率征收企业所得税	100 000
14	减：本年实际已缴纳所得税额	
15	减：特定业务预缴（征）所得税额	
16	本期应补（退）所得税额（12-13-14-15）\税务机关确定的本期应纳所得税额	150 000

2.A类企业所得税年度汇算清缴申报

查账征收纳税人在年度汇算清缴时享受技术先进型服务企业优惠政策涉及《A000000企业所得税年度纳税申报基础信息表》《A100000中华人民共和国企业所得税年度纳税申报表（A类）》《A107040减免所得税优惠明细表》等3张表单。

纳税人首先填报表A000000中"206技术先进型服务企业类型"情况：纳税人为经认定的技术先进型服务企业的，从《技术先进型服务企业类型代码表》（见表8-19）中选择相应的代码填报本项。经认定的技术先进型服务企业无论是否享受企业所得税优惠政策，均应填报本项。

表8-19　　　　　　　　　技术先进型服务企业类型代码表

代码	类型	
	大类	小类
110	服务外包类	信息技术外包服务（ITO）
120		技术性业务流程外包服务（BPO）
130		技术性知识流程外包服务（KPO）
210	服务贸易类	计算机和信息服务
220		研究开发和技术服务
230		文化技术服务
240		中医药医疗服务

纳税人再根据实际情况填报《A107040减免所得税优惠明细表》第19行"十九、技术先进型服务企业（服务外包类）减按15%的税率征收企业所得税"或第20行"二十、技术先进型服务企业（服务贸易类）减按15%的税率征收企业所得税"，填写后数据自动生成至《A100000中华人民共和国企业所得税年度纳税申报表（A类）》第26行"减：减免所得税额（填写A107040）"。

其中，表A000000"206技术先进型服务企业类型"填报"110信息技术外包服务（ITO）""120技术性业务流程外包服务（BPO）""130技术性知识流程外包服务（KPO）"的纳税人可以填报表A107040第19行"十九、技术先进型服务企业（服务外包类）减按15%的税率征收企业所得税"。表A000000"206技术先进型服务企业类型"填报"210计算机和信息服务""220研究开发和技术服务""230文化技术服务""240中医药医疗服务"的纳税人可以填报表A107040第20行"二十、技术先进型服务企业（服务贸易类）减按15%的税率征收企业所得税"。

▶▶▶例8-9　接例8-8，甬明公司2021年为符合条件的技术先进型服务企业（服务外包类），主要从事信息技术外包服务（ITO），2021年实际利润总额为100万元，无其他所得。故公司2121年度减免税额为100×（25%-15%）=10（万元），年度汇缴申报时填报《A000000企业所得税年度纳税申报基础信息表》《A100000中华人民共和国企业所得税年度纳税申报表（A类）》《A107040减免所得税优惠明细表》，分别见表8-20、表8-21、表8-22。

表8-20　　　　　A000000企业所得税年度纳税申报基础信息表

⋮
有关涉税事项情况（存在或者发生下列事项时必填）

206技术先进型服务企业类型（填写代码）	110	207非营利组织	□是

⋮

表8-21　　　A100000中华人民共和国企业所得税年度纳税申报表（A类）

行次	类别	项　目	金　额
	利润总额计算	⋮	
13		三、利润总额（10+11-12）	1 000 000
14	应纳税所得额计算	减：境外所得（填写A108010）	
15		加：纳税调整增加额（填写A105000）	
16		减：纳税调整减少额（填写A105000）	
17		减：免税、减计收入及加计扣除（填写A107010）	
18		加：境外应税所得抵减境内亏损（填写A108000）	

续表

行次	类别	项目	金额
19	应纳税所得额计算	四、纳税调整后所得（13-14+15-16-17+18）	1 000 000
20		减：所得减免（填写A107020）	
21		减：弥补以前年度亏损（填写A106000）	
22		减：抵扣应纳税所得额（填写A107030）	
23		五、应纳税所得额（19-20-21-22）	1 000 000
24	应纳税额计算	税率（25%）	0.25
25		六、应纳所得税额（23×24）	250 000
26		减：减免所得税额（填写A107040）	100 000
27		减：抵免所得税额（填写A107050）	
28		七、应纳税额（25-26-27）	150 000
29		加：境外所得应纳所得税额（填写A108000）	
30		减：境外所得抵免所得税额（填写A108000）	
31		八、实际应纳所得税额（28+29-30）	150 000
32		减：本年累计实际已缴纳的所得税额	
33		九、本年应补（退）所得税额（31-32）	150 000
34		其中：总机构分摊本年应补（退）所得税额（填写A109000）	
35		财政集中分配本年应补（退）所得税额（填写A109000）	
36		总机构主体生产经营部门分摊本年应补（退）所得税额（填写A109000）	

表8-22 　　　　　　　　A107040减免所得税优惠明细表

行次	项目	金额
1	一、符合条件的小型微利企业减免企业所得税	
2	二、国家需要重点扶持的高新技术企业减按15%的税率征收企业所得税（填写A107041）	
	⋮	
19	十九、技术先进型服务企业（服务外包类）减按15%的税率征收企业所得税	100 000
20	二十、技术先进型服务企业（服务贸易类）减按15%的税率征收企业所得税	
	⋮	
34	合计（1+2+…+28-29+30+31+32+33）	100 000

8.3.3.4 留存备查资料

（1）技术先进型服务企业认定文件；

（2）技术先进型服务企业认定资料；

（3）优惠年度技术先进型服务业务收入总额、离岸服务外包业务收入总额占本企业当年收入总额比例情况说明；

（4）企业具有大专以上学历的员工占企业总职工总数比例情况说明。

8.3.4 风险提示

财税〔2017〕79号文件对技术先进型服务企业认定管理程序做了原则性规定。与高新技术企业认定管理程序主要有两点相似：一是多部门联合评审认定。符合条件的企业向所在省级科技部门提出申请，由省级科技部门会同本级商务、财政、税务和发展改革部门联合评审后发文认定。二是发现企业不符合条件的先提请认定机构复核。发现企业不具备技术先进型服务企业资格的，应提请认定机构复核，复核后确认不符合认定条件的，再取消企业享受税收优惠政策的资格。与高新技术企业认定管理程序主要不同之处在于，财税〔2017〕79号文件对技术先进型服务企业认定管理程序的规定较为简单，认定评审细节未作特别规定，各省制定的认定管理办法可能略有差别。

≪ 8.4 从事污染防治的第三方企业 ≫

8.4.1 政策概述

自2019年1月1日起至2023年12月31日，对符合条件的从事污染防治的第三方企业减按15%的税率征收企业所得税。

从事污染防治的第三方企业是指受排污企业或政府委托，负责环境污染治理设施（包括自动连续监测设施，下同）运营维护的企业。需符合以下条件：

（1）在中国境内（不包括中国港、澳、台地区）依法注册的居民企业；

（2）具有1年以上连续从事环境污染治理设施运营实践，且能够保证设施正常运行；

（3）具有至少5名从事本领域工作且具有环保相关专业中级及以上技术职称的技术人员，或者至少2名从事本领域工作且具有环保相关专业高级及以上技术职称的技术人员；

（4）从事环境保护设施运营服务的年度营业收入占总收入的比例不低于60%；

（5）具备检验能力，拥有自有实验室，仪器配置可满足运行服务范围内常规污染物指标的检测需求；

（6）保证其运营的环境保护设施正常运行，使污染物排放指标能够连续稳定达到国家或者地方规定的排放标准要求；

（7）具有良好的纳税信用，近三年内纳税信用等级未被评定为C级或D级。

8.4.2　政策沿革

为鼓励污染防治企业的专业化、规模化发展，更好地支持生态文明建设，2019年，财政部、国家税务总局、国家发展改革委、生态环境部联合制发《关于从事污染防治的第三方企业所得税政策问题的公告》（财政部 税务总局 国家发展改革委 生态环境部公告2019年第60号，以下简称2019年第60号公告），对符合条件的从事污染防治的第三方企业减按15%的税率征收企业所得税。

第三方防治企业所得税政策聚焦于环境污染治理领域，专业性强，对落实税收优惠政策提出了较高的要求。2019年第60号公告发布以后，国家税务总局、国家发展改革委、生态环境部一直高度关注第三方防治企业所得税政策的落实情况，并实现部门联动，对纳税人和相关部门较为关注的问题进行了多次研究。在此基础上，三部门制发了《关于落实从事污染防治的第三方企业所得税政策有关问题的公告》（国家税务总局 国家发展改革委 生态环境部公告2021年第11号），主要内容包括明确主要留存备查资料、细化2019年第60号公告第三条规定的转请核查等相关后续管理要求，回应纳税人和相关部门关切，提高政策的可操作性，更好地满足精准落实政策的需要。

2022年，《财政部 税务总局关于延长部分税收优惠政策执行期限的公告》（财政部 税务总局公告2022年第4号）将符合条件的从事污染防治的第三方企业减按15%的税率征收企业所得税优惠政策执行期限延长至2023年12月31日。

上述政策主要发展情况见表8-23。

表8-23　　　　政策主要发展情况表（截至2022年6月1日）

年度	政策依据	主要内容	效力
2019	财政部 税务总局 国家发展改革委 生态环境部公告2019年第60号	规定了符合条件的从事污染防治的第三方企业减按15%的税率征收企业所得税	2019年1月1日至2023年12月31日。参见：财政部 税务总局公告2022年第4号
2021	国家税务总局 国家发展改革委 生态环境部公告2021年第11号	规定了从事污染防治的第三方企业优惠政策有关征管口径	有效

8.4.3 申报管理

8.4.3.1 享受程序

企业享受优惠事项采取"自行判别、申报享受、相关资料留存备查"的办理方式。企业应当根据经营情况以及相关税收规定自行判断是否符合优惠事项规定的条件，符合条件的可以按规定的时间自行计算减免税额，并通过填报企业所得税纳税申报表享受税收优惠。同时，按规定归集和留存相关资料备查。

8.4.3.2 享受时间

季度预缴及年度汇算清缴均可享受。

8.4.3.3 填报示例

1.A类企业所得税季度预缴申报

查账征收纳税人在季度预缴时享受从事污染防治的第三方企业所得税优惠政策涉及《A200000 中华人民共和国企业所得税月（季）度预缴纳税申报表（A类）》1张表单。

纳税人根据《企业所得税申报事项目录》填报《A200000 中华人民共和国企业所得税月（季）度预缴纳税申报表（A类）》第13.*行"从事污染防治的第三方企业减按15%的税率征收企业所得税"，填写后相关数据自动生成至第13行"减：减免所得税额"。

具体填报参见"8.3.3.3填报示例"。

2.A类企业所得税年度汇算清缴申报

查账征收纳税人在年度汇算清缴时享受从事污染防治的第三方企业所得税优惠政策主要涉及《A100000 中华人民共和国企业所得税年度纳税申报表（A类）》《A107040 减免所得税优惠明细表》等2张表单。

纳税人填报《A107040 减免所得税优惠明细表》第28.1行"（一）从事污染防治的第三方企业减按15%的税率征收企业所得税"，填写后相关数据自动生成至《A100000 中华人民共和国企业所得税年度纳税申报表（A类）》第26行"减：减免所得税额"。

具体填报参见"8.3.3.3填报示例"。

8.4.3.4 留存备查资料

（1）连续从事环境污染治理设施运营实践一年以上的情况说明，与环境污染治理设施运营有关的合同、收入凭证。

（2）当年有效的技术人员的职称证书或执（职）业资格证书、劳动合同及工资发放记录等材料。

（3）从事环境保护设施运营服务的年度营业收入、总收入及其占比等情况说明。

（4）可说明当年企业具备检验能力，拥有自有实验室，仪器配置可满足运行服务范围内常规污染物指标的检测需求的有关材料：

①污染物检测仪器清单，其中列入《实施强制管理的计量器具目录》的检测仪器需同时留存备查相关检定证书。

②当年常规理化指标的化验检测全部原始记录，其中污染治理类别为危险废物的利用与处置的，还需留存备查危险废物转移联单。

（5）可说明当年企业能保证其运营的环境保护设施正常运行，使污染物排放指标能够连续稳定达到国家或者地方规定的排放标准要求的有关材料：

①环境污染治理运营项目清单、项目简介。

②反映污染治理设施运营期间主要污染物排放连续稳定达标的所有自动监测日均值等记录，由具备资质的生态环境监测机构出具的全部检测报告。从事机动车船、非道路移动机械、餐饮油烟治理的，如未进行在线数据监测，也可不留存备查在线监测数据记录。

③运营期内能够反映环境污染治理设施日常运行情况的全部记录、能够说明自动监测仪器设备符合生态环境保护相关标准规范要求的材料。

（6）仅从事自动连续监测运营服务的第三方企业，提供反映运营服务期间自动监测故障后及时修复、监测数据"真、准、全"等相关证明材料，无须提供反映污染物排放连续稳定达标相关材料。

8.4.4　风险提示

第三方防治企业享受2019年第60号公告优惠政策后，税务部门将按照规定开展后续管理。

税务部门在后续管理过程中，对享受优惠的企业是否符合2019年第60号公告第二条第五项、第六项规定条件有疑义的，可转请《环境污染治理范围》所列的同级生态环境或发展改革部门核查。

生态环境或发展改革部门收到同级税务部门转来的核查资料后，应组织专家或者委托第三方机构进行核查。核查可以采取案头审核或实地核查等方式。需要实地核查的，相关部门应协同进行，涉及异地核查的，企业运营项目所在地相关部门应予以配合。生态环境或发展改革部门应在收到核查要求后两个月内，将核查结果反馈同级税务部门。

《《 8.5 软件和集成电路企业 》》

8.5.1 政策概述

8.5.1.1 国家鼓励的集成电路生产企业优惠政策（2020年起）

（1）国家鼓励的集成电路线宽小于28纳米（含），且经营期在15年以上的集成电路生产企业，第一年至第十年免征企业所得税。

（2）国家鼓励的集成电路线宽小于65纳米（含），且经营期在15年以上的集成电路生产企业，第一年至第五年免征企业所得税，第六年至第十年按照25%的法定税率减半征收企业所得税。

（3）国家鼓励的集成电路线宽小于130纳米（含），且经营期在10年以上的集成电路生产企业，第一年至第二年免征企业所得税，第三年至第五年按照25%的法定税率减半征收企业所得税。

对于按照集成电路生产企业享受税收优惠政策的，优惠期自获利年度起计算。国家鼓励的集成电路生产企业清单由国家发展改革委、工业和信息化部会同财政部、国家税务总局等相关部门制定。

8.5.1.2 国家鼓励的集成电路设计、装备、材料、封装、测试企业和软件企业优惠政策（2020年起）

国家鼓励的集成电路设计、装备、材料、封装、测试企业和软件企业，自获利年度起，第一年至第二年免征企业所得税，第三年至第五年按照25%的法定税率减半征收企业所得税。

（1）国家鼓励的集成电路设计企业，必须同时满足以下条件：

① 在中国境内（不包括中国港、澳、台地区）依法设立，从事集成电路设计、电子设计自动化（EDA）工具开发或知识产权（IP）核设计并具有独立法人资格的企业；

② 汇算清缴年度具有劳动合同关系或劳务派遣、聘用关系的月平均职工人数不少于20人，其中具有本科及以上学历月平均职工人数占企业月平均职工总人数的比例不低于50%，研究开发人员月平均数占企业月平均职工总数的比例不低于40%；

③ 汇算清缴年度研究开发费用总额占企业销售（营业）收入（主营业务收入与其他业务收入之和，下同）总额的比例不低于6%；

④ 汇算清缴年度集成电路设计（含EDA工具、IP和设计服务，下同）销售（营业）收入占企业收入总额的比例不低于60%，其中自主设计销售（营业）收入占企业收入总额的比例不低于50%，且企业收入总额不低于1 500万元（含）；

⑤ 拥有核心关键技术和属于本企业的知识产权，企业拥有与集成电路产品设计相关的已授权发明专利、布图设计登记、计算机软件著作权合计不少于8个；

⑥ 具有与集成电路设计相适应的软硬件设施等开发环境和经营场所，且必须使用正版的EDA等软硬件工具；

⑦ 汇算清缴年度未发生严重失信行为，重大安全、重大质量事故或严重环境违法行为。

（2）国家鼓励的集成电路装备企业，必须同时满足以下条件：

① 在中国境内（不包括中国港、澳、台地区）依法设立，从事集成电路专用装备或关键零部件研发、制造并具有独立法人资格的企业；

② 汇算清缴年度具有劳动合同关系或劳务派遣、聘用关系且具有大学专科及以上学历月平均职工人数占企业当年月平均职工总人数的比例不低于40%，研究开发人员月平均数占企业当年月平均职工总数的比例不低于20%；

③ 汇算清缴年度用于集成电路装备或关键零部件研究开发费用总额占企业销售（营业）收入总额的比例不低于5%；

④ 汇算清缴年度集成电路装备或关键零部件销售收入占企业销售（营业）收入总额的比例不低于30%，且企业销售（营业）收入总额不低于1 500万元（含）；

⑤ 拥有核心关键技术和属于本企业的知识产权，企业拥有与集成电路装备或关键零部件研发、制造相关的已授权发明专利数量不少于5个；

⑥ 具有与集成电路装备或关键零部件生产相适应的经营场所、软硬件设施等基本条件；

⑦ 汇算清缴年度未发生严重失信行为，重大安全、重大质量事故或严重环境违法行为。

（3）国家鼓励的集成电路材料企业，必须同时满足以下条件：

① 在中国境内（不包括中国港、澳、台地区）依法设立，从事集成电路专用材料研发、生产并具有独立法人资格的企业；

② 汇算清缴年度具有劳动合同关系或劳务派遣、聘用关系且具有大学专科及以上学历月平均职工人数占企业当年月平均职工总人数的比例不低于40%，研究开发人员月平均数占企业当年月平均职工总数的比例不低于15%；

③ 汇算清缴年度用于集成电路材料研究开发费用总额占企业销售（营业）收入总额的比例不低于5%；

④ 汇算清缴年度集成电路材料销售收入占企业销售（营业）收入总额的比例不低于30%，且企业销售（营业）收入总额不低于1 000万元（含）；

⑤ 拥有核心关键技术和属于本企业的知识产权，且企业拥有与集成电路材料研发、生产相关的已授权发明专利数量不少于5个；

⑥ 具有与集成电路材料生产相适应的经营场所、软硬件设施等基本条件；

⑦ 汇算清缴年度未发生严重失信行为，重大安全、重大质量事故或严重环境违法行为。

（4）国家鼓励的集成电路封装、测试企业，必须同时满足以下条件：

① 在中国境内（不包括中国港、澳、台地区）依法设立，从事集成电路封装、测试并具有独立法人资格的企业；

② 汇算清缴年度具有劳动合同关系或劳务派遣、聘用关系且具有大学专科以上学历月平均职工人数占企业当年月平均职工总人数的比例不低于40%，研究开发人员月平均数占企业当年月平均职工总数的比例不低于15%；

③ 汇算清缴年度研究开发费用总额占企业销售（营业）收入总额的比例不低于3%；

④ 汇算清缴年度集成电路封装、测试销售（营收）收入占企业收入总额的比例不低于60%，且企业收入总额不低于2 000万元（含）；

⑤ 拥有核心关键技术和属于本企业的知识产权，且企业拥有与集成电路封装、测试相关的已授权发明专利、计算机软件著作权合计不少于5个；

⑥ 具有与集成电路芯片封装、测试相适应的经营场所、软硬件设施等基本条件；

⑦ 汇算清缴年度未发生严重失信行为，重大安全、重大质量事故或严重环境违法行为。

（5）国家鼓励的软件企业，是指同时符合下列条件的企业：

① 在中国境内（不包括中国港、澳、台地区）依法设立，以软件产品开发及相关信息技术服务为主营业务并具有独立法人资格的企业；该企业的设立具有合理商业目的，且不以减少、免除或推迟缴纳税款为主要目的。

② 汇算清缴年度具有劳动合同关系或劳务派遣、聘用关系，其中具有本科及以上学历的月平均职工人数占企业月平均职工总人数的比例不低于40%，研究开发人员月平均数占企业月平均职工总数的比例不低于25%。

③ 拥有核心关键技术，并以此为基础开展经营活动，汇算清缴年度研究开发费用总额占企业销售（营业）收入总额的比例不低于7%，企业在中国境内发生的研究开发费用金额占研究开发费用总额的比例不低于60%。

④ 汇算清缴年度软件产品开发销售及相关信息技术服务（营业）收入占企业收入总额的比例不低于55%（嵌入式软件产品开发销售（营业）收入占企业收入总额的比例不低于45%），其中软件产品自主开发销售及相关信息技术服务（营业）收入占企业收入总额的比例不低于45%（嵌入式软件产品开发销售（营业）收入占企业收入总额的比例不低于40%）。

⑤ 主营业务或主要产品具有专利或计算机软件著作权等属于本企业的知识产权。

⑥ 具有与软件开发相适应的生产经营场所、软硬件设施等开发环境（如合法的开发工具等），建立符合软件工程要求的质量管理体系并持续有效运行。

⑦ 汇算清缴年度未发生重大安全事故、重大质量事故、知识产权侵权等行为，企业合法经营。

8.5.1.3　国家鼓励的重点集成电路设计企业和软件企业优惠政策（2020年起）

国家鼓励的重点集成电路设计企业和软件企业，自获利年度起，第一年至第五年免征企业所得税，接续年度减按10%的税率征收企业所得税。

国家鼓励的重点集成电路设计和软件企业清单由国家发展改革委、工业和信息化部会同财政部、国家税务总局等相关部门制定。

8.5.1.4　政策衔接规定

符合原有政策条件且在2019年（含）之前已经进入优惠期的企业，2020年（含）起可按原有政策规定继续享受至期满为止，如也符合财政部 税务总局 发展改革委 工业和信息化部公告2020年第45号第一条的规定，可按规定享受相关优惠，其中定期减免税优惠，可按规定计算优惠期，并就剩余期限享受优惠至期满为止。符合原有政策条件，2019年（含）之前尚未进入优惠期的企业，2020年（含）起不再执行原有政策。

1.集成电路生产企业2019年（含）以前政策

根据财税〔2018〕27号文件的规定，集成电路生产企业有以下四项政策：

（1）2018年1月1日后投资新设的集成电路线宽小于130纳米，且经营期在10年以上的集成电路生产企业，第一年至第二年免征企业所得税，第三年至第五年按照25%的法定税率减半征收企业所得税，并享受至期满为止。

（2）2018年1月1日后投资新设的集成电路线宽小于65纳米或投资额超过150亿元，且经营期在15年以上的集成电路生产企业，第一年至第五年免征企业所得税，第六年至第十年按照25%的法定税率减半征收企业所得税，并享受至期满为止。

（3）2017年12月31日前设立但未获利的集成电路线宽小于0.25微米或投资额超过80亿元，且经营期在15年以上的集成电路生产企业，自获利年度起第一年至第五年免征企业所得税，第六年至第十年按照25%的法定税率减半征收企业所得税，并享受至期满为止。

（4）2017年12月31日前设立但未获利的集成电路线宽小于0.8微米（含）的集成电路生产企业，自获利年度起第一年至第二年免征企业所得税，第三年至第五年按照25%的法定税率减半征收企业所得税，并享受至期满为止。

根据财税〔2012〕27号文件的规定，集成电路生产企业有以下两项政策：

（1）集成电路线宽小于0.8微米（含）的集成电路生产企业，经认定后，在2017年12月31日前自获利年度起计算优惠期，第一年至第二年免征企业所得税，第三年至第五年按照25%的法定税率减半征收企业所得税，并享受至期满为止。

（2）集成电路线宽小于0.25微米或投资额超过80亿元的集成电路生产企业，经认定后，减按15%的税率征收企业所得税，其中经营期在15年以上的，在2017

年 12 月 31 日前自获利年度起计算优惠期，第一年至第五年免征企业所得税，第六年至第十年按照 25% 的法定税率减半征收企业所得税，并享受至期满为止。

2. 集成电路设计企业、软件企业 2019 年（含）以前政策

根据财税〔2012〕27 号、财政部 税务总局公告 2019 年第 68 号、财政部 税务总局公告 2020 年第 29 号等文件的规定：我国境内新办的集成电路设计企业和符合条件的软件企业，在 2019 年 12 月 31 日前自获利年度起计算优惠期，第一年至第二年免征企业所得税，第三年至第五年按照 25% 的法定税率减半征收企业所得税，并享受至期满为止。

3. 国家鼓励的集成电路装备、材料、封装、测试企业 2019 年（含）以前政策

根据财税〔2015〕6 号文件的规定：符合条件的集成电路封装、测试企业以及集成电路关键专用材料生产企业、集成电路专用设备生产企业，在 2017 年（含 2017 年）前实现获利的，自获利年度起，第一年至第二年免征企业所得税，第三年至第五年按照 25% 的法定税率减半征收企业所得税，并享受至期满为止；2017 年前未实现获利的，自 2017 年起计算优惠期，享受至期满为止。

4. 国家鼓励的重点集成电路设计企业和软件企业 2019 年（含）以前政策

根据财税〔2012〕27 号文件的规定：国家规划布局内的重点软件企业和集成电路设计企业，如当年未享受免税优惠的，可减按 10% 的税率征收企业所得税。

8.5.1.5　管理规定

集成电路企业或项目、软件企业按照规定同时符合多项定期减免税优惠政策条件的，由企业选择其中一项政策享受相关优惠。其中，已经进入优惠期的，可由企业在剩余期限内选择其中一项政策享受相关优惠。

优惠事项采取清单进行管理的，由国家发展改革委、工业和信息化部于每年 3 月底前按规定向财政部、国家税务总局提供上一年度可享受优惠的企业和项目清单；不采取清单进行管理的，税务机关按照财税〔2016〕49 号文件第十条的规定转请发展改革、工业和信息化部门进行核查。

集成电路企业、软件企业按照原有政策规定享受优惠的，税务机关按照财税〔2016〕49 号文件第十条的规定转请发展改革、工业和信息化部门进行核查。

1. 清单管理

根据发改高技〔2021〕413 号文件的规定：申请列入清单的企业，原则上每年 3 月 25 日至 4 月 16 日在信息填报系统（https：//yyglxxbs.ndrc.gov.cn/xxbs-front/）中提交申请并将必要的佐证材料（电子版、纸质版。如因特殊情况不能按时完成审计，可先提交未经审计的企业会计报告，并于 4 月 16 日后 10 个工作日内，在信息填报系统中补充提交经审计的企业会计报告）报送省、自治区、直辖市及计划单列

市、新疆生产建设兵团发展改革委或工业和信息化主管部门（由地方发展改革委确定接受单位）。

各省、自治区、直辖市及计划单列市、新疆生产建设兵团发展改革委和工业和信息化主管部门（以下简称"地方发改和工信部门"）根据企业条件和项目标准，对企业申报的信息进行初核推荐后，报送至国家发展改革委、工业和信息化部。

清单印发前，企业可依据税务有关管理规定，先行按照企业条件和项目标准享受相关国内税收优惠政策。清单印发后，如企业未被列入清单，应按规定补缴已享受优惠的企业所得税款。

2. 转请部门核查

根据财税〔2016〕49号文件的规定：省级税务部门应在每年3月20日前和6月20日前分两批将汇算清缴年度已申报享受软件、集成电路企业税收优惠政策的企业名单及其相关资料提交省级发展改革、工业和信息化部门。省级发展改革、工业和信息化部门应在收到享受优惠政策的企业名单和相关资料2个月内将复核结果反馈省级税务部门（第一批名单复核结果应在汇算清缴期结束前反馈）。省级财政、税务、发展改革、工业和信息化部门可以根据通知规定，结合当地实际，制定具体操作管理办法，并报财政部、国家税务总局、国家发展改革委、工业和信息化部备案。

8.5.1.6　其他政策

1. 全额扣除职工培训费用

集成电路设计企业和符合条件软件企业的职工培训费用，应单独进行核算并按实际发生额在计算应纳税所得额时扣除。

2. 集成电路生产企业的生产设备加速折旧

集成电路生产企业的生产设备，其折旧年限可以适当缩短，最短可为3年（含）。

3. 外购软件加速折旧

企业外购的软件，凡符合固定资产或无形资产确认条件的，可以按照固定资产或无形资产进行核算，其折旧或摊销年限可以适当缩短，最短可为2年（含）。

4. 亏损弥补结转延长

国家鼓励的线宽小于130纳米（含）的集成电路生产企业，属于国家鼓励的集成电路生产企业清单年度之前5个纳税年度发生的尚未弥补完的亏损，准予向以后年度结转，总结转年限最长不得超过10年。

5. 符合条件的即征即退增值税款作不征税收入

符合条件的软件企业按照《财政部 国家税务总局关于软件产品增值税政策的

通知》（财税〔2011〕100 号）的规定取得的即征即退增值税款，由企业专项用于软件产品研发和扩大再生产并单独进行核算，可以作为不征税收入，在计算应纳税所得额时从收入总额中减除。

8.5.2 政策沿革

1.软件和集成电路企业所得税优惠政策逐步系统化（2000—2010 年）

2000 年，为推动我国软件产业和集成电路产业的发展，增强信息产业创新能力和国际竞争力，带动传统产业改造和产品升级换代，进一步促进国民经济持续、快速、健康发展，国务院出台了《关于印发鼓励软件产业和集成电路产业发展若干政策的通知》（国发〔2000〕18 号），提出了 5 条软件企业税收政策。2008 年，财政部、国家税务总局发布《关于企业所得税若干优惠政策的通知》（财税〔2008〕1 号），在国发〔2000〕18 号文件的基础上出台了鼓励软件产业和集成电路产业发展的 10 项优惠政策，构建了软件和集成电路企业所得税优惠政策体系框架。2009 年，财政部、国家税务总局联合出台《关于执行企业所得税优惠政策若干问题的通知》（财税〔2009〕69 号），明确了执行企业所得税优惠政策的若干口径。

2.进一步鼓励软件产业和集成电路产业发展（2011—2020 年）

2011 年，为进一步推动科技创新和产业结构升级，促进信息技术产业发展，国务院出台《关于印发进一步鼓励软件产业和集成电路产业发展若干政策的通知》（国发〔2011〕4 号），在此文件精神指导下，财政部、国家税务总局等部门几年内先后研究出台了一系列软件和集成电路企业的税收优惠政策文件。2012 年，《关于进一步鼓励软件产业和集成电路产业发展企业所得税政策的通知》（财税〔2012〕27 号）发布，在财税〔2008〕1 号文件的基础上进一步优化完善：第一条至第八条基本保留延续了财税〔2008〕1 号文件政策内容；第九条至第十六条明确了政策条件及判断口径；第十七条至第二十三条明确了若干管理细则。

2013 年，《关于印发〈软件企业认定管理办法〉的通知》（工信部联软〔2013〕64 号）发布，加强软件企业认定工作，促进我国软件产业发展。同年，《关于执行软件企业所得税优惠政策有关问题的公告》（国家税务总局公告 2013 年第 43 号）发布，明确了贯彻落实软件企业所得税优惠政策有关问题。

2015 年，《关于进一步鼓励集成电路产业发展企业所得税政策的通知》（财税〔2015〕6 号）发布，出台了符合条件的集成电路封装、测试企业以及集成电路关键专用材料生产企业、集成电路专用设备生产企业税收优惠政策。

2016 年，《关于软件和集成电路产业企业所得税优惠政策有关问题的通知》（财税〔2016〕49 号）发布，按照《国务院关于取消和调整一批行政审批项目等事项的决定》（国发〔2015〕11 号）和《国务院关于取消非行政许可审批事项的决定》（国发〔2015〕27 号）的规定，为做好财税〔2012〕27 号文件规定的企业所得税优惠政策落实工作，对集成电路生产企业、集成电路设计企业、软件企业、国家规划布局内的重点软件企业和集成电路设计企业的税收优惠资格认定等非行政许可审批取消后的税收优惠管理事项进行了细致、明确的规定，提出了"在软件、集成电路企业享受优惠政策后，税务部门转请发展改革、工业和信息化部门进行核查"的管理方式。同年，《关于印发国家规划布局内重点软件和集成电路设计领域的通知》（发改高技〔2016〕1056号）发布，明确了国家规划布局内重点软件和集成电路设计领域有关内容。

2018年，《关于集成电路生产企业有关企业所得税政策问题的通知》（财税〔2018〕27号）发布，延续了财税〔2012〕27号文件的两项集成电路企业优惠政策：集成电路线宽小于0.25微米或投资额超过80亿元且经营期在15年以上的集成电路生产企业"五免五减半"优惠；集成电路线宽小于0.8微米（含）的集成电路生产企业"两免三减半"优惠。新设了两项集成电路生产企业或项目的优惠政策：2018年1月1日后投资新设的集成电路线宽小于130纳米且经营期在10年以上的集成电路生产企业或项目"两免三减半"优惠；2018年1月1日后投资新设的集成电路线宽小于65纳米或投资额超过150亿元且经营期在15年以上的集成电路生产企业或项目"五免五减半"优惠。

2019年和2020年，财政部、国家税务总局先后出台《关于集成电路设计和软件产业企业所得税政策的公告》（财政部 税务总局公告2019年第68号）和《关于集成电路设计企业和软件企业2019年度企业所得税汇算清缴适用政策的公告》（财政部 税务总局公告2020年第29号），将财税〔2012〕27号文件规定的符合条件的集成电路设计企业和软件企业"两免三减半"优惠政策延续了2年。

3. 新时期促进集成电路产业和软件产业高质量发展（2020年至今）

2020年，为进一步优化集成电路产业和软件产业发展环境、深化产业国际合作、提升产业创新能力和发展质量，国务院出台《关于印发新时期促进集成电路产业和软件产业高质量发展若干政策的通知》（国发〔2020〕8号），明确了以财税政策为首的八大类政策，大力支持集成电路产业和软件产业发展，引领新一轮科技革命和产业变革。在此重要文件精神指导下，财政部、国家税务总局等部门紧跟步伐，研究出台了一系列配套税收优惠政策文件。同年，《关于促进集成电路产业和软件产业高质量发展企业所得税政策的公告》（财政部 税务总局 发展改革委 工业和信息化部公告2020年第45号，以下简称2020年第45号公告）发布，有以下几方面变化：第一，内容上，将过去10年分散的软件和集成电路产业主要政策整合到一个文件并新增了两项政策。一是"国家鼓励的集成电路线宽小于28纳米（含），且经营期在15年以上的集成电路生产企业或项目，第一年至第十年免征企业所得税"；二是"国家鼓励的线宽小于130纳米（含）的集成电路生产企业，属于国家鼓励的集成电路生产企业清单年度之前5个纳税年度发生的尚未弥补完的亏损，准予向以后年度结转，总结转年限最长不得超过10年"。第二，管理方式上，分为清单管理和非清单管理。国家鼓励的集成电路生产企业或项目，及国家鼓励的重点集成电路设计企业和软件企业采用清单管理方式，清单由国家发展改革委、工业和信息化部会同财政部、国家税务总局等相关部门制定并于每年3月底前按规定向财政部、国家税务总局提供上一年度可享受优惠的企业和项目清单。国家鼓励的集成电路设计、装备、材料、封装、测试企业和软件企业，不采用清单管理方式，税务机关仍然按照财税〔2016〕49号文件第十条的规定转请发展改革、工业和信息化部门进行核查。第三，明确了政策衔接有关规定。

根据2020年第45号公告，2021年先后配套发布了三个文件。国家发展改革委等五部门联合发布了《关于做好享受税收优惠政策的集成电路企业或项目、软件企业清单制定工作有关要求的通知》（发改高技〔2021〕413号），规定了采用清单管理的国家鼓励的集成电路生产企业或项目及国家鼓励的重点集成电路设计企业和软件企业享受税收优惠政策的企业条件、项目标准、有关程序。中华人民共和国工业和信息化部 国家发展改革委 财政部 国家税务总局公告2021年第9号明确了国家鼓励的集成电路设计、装备、材料、封装、测试企业条件。中华人民共和国工业和信息化部 国家发展改革委 财政部 国家税务总局公告2021年第10号明确了国家鼓励的软件企业条件。2022年又配套发布了《国家发展改革委等5个部门关于做好2022年享受税收优惠政策的集成电路企业或项目、软件企业清单制定工作有关要求的通知》（发改高技〔2022〕390号），为做好2022年享受税收优惠政策的集成电路企业或项目、软件企业清单制定工作进一步明确有关程序、享受税收优惠政策的企业条件和项目标准。

上述政策主要发展情况见表8-24。

表8-24　　　　　　　政策主要发展情况表（截至2022年6月1日）

年度	政策依据	主要内容	效力
2008	财税〔2008〕1号	明确了鼓励软件产业和集成电路产业发展的十项优惠政策	条款失效。第一条第（一）项至第（九）项自2011年1月1日起停止执行。参见：财税〔2012〕27号
2009	财税〔2009〕69号	明确了执行企业所得税优惠政策的若干口径	条款废止。第八条废止，第七条停止执行
2012	财税〔2012〕27号	对财税〔2008〕1号文件规定的政策内容进一步优化调整，并补充完善了企业条件、管理要求等	条款失效。第二条中"经认定后，减按15%的税率征收企业所得税"的规定和第四条同时停止执行。第九条、第十条、第十一条、第十三条、第十七条、第十八条、第十九条和第二十条停止执行

年度	政策依据	主要内容	效力
2013	工信部联软〔2013〕64号	制定了《软件企业认定管理办法》	全文废止，参见：中华人民共和国工业和信息化部公告2016年第26号
2013	国家税务总局公告2013年第43号	明确了贯彻落实软件企业所得税优惠政策有关问题	第一条"经认定并"及"所称经认定，是指经国家规定的软件企业认定机构按照软件企业认定管理的有关规定进行认定并取得软件企业认定证书"的内容废止。参见：国家税务总局令第42号
2015	财税〔2015〕6号	出台了符合条件的集成电路封装、测试企业以及集成电路关键专用材料生产企业、集成电路专用设备生产企业的"两免三减半"优惠政策	有效
2016	财税〔2016〕49号	明确了软件和集成电路企业税收优惠资格认定取消后的税收优惠管理方式	有效
2016	发改高技〔2016〕1056号	明确了国家规划布局内重点软件和重点集成电路设计领域内容	有效
2018	财税〔2018〕27号	延续了财税〔2012〕27号文件的两项集成电路企业优惠政策，新设了两项集成电路生产企业或项目的优惠政策	有效
2019	财政部 税务总局公告2019年第68号	延续了财税〔2012〕27号文件的符合条件的集成电路设计企业和软件企业"两免三减半"优惠政策	有效
2020	财政部 税务总局公告2020年第29号		有效
2020	财政部 税务总局 发展改革委 工业和信息化部公告2020年第45号	根据国发〔2020〕8号，明确了税收优惠政策、管理方式和政策衔接规定	有效
2021	发改高技〔2021〕413号	规定了清单管理的企业条件、项目标准、有关程序	有效
2021	中华人民共和国工业和信息化部 国家发展改革委 财政部 国家税务总局公告2021年第9号	明确国家鼓励的集成电路设计、装备、材料、封装、测试企业条件	有效
2021	中华人民共和国工业和信息化部 国家发展改革委 财政部 国家税务总局公告2021年第10号	明确国家鼓励的软件企业条件	有效
2022	发改高技〔2022〕390号	补充明确有关征管事项，调整了部分清单管理企业的提交资料内容	有效

8.5.3 申报管理

8.5.3.1 享受程序

企业享受优惠事项采取"自行判别、申报享受、相关资料留存备查"的办理方式。企业应当根据经营情况以及相关税收规定自行判断是否符合优惠事项规定的条件，符合条件的可以按规定的时间自行计算减免税额，并通过填报企业所得税纳税申报表享受税收优惠。同时，按规定归集和留存相关资料备查。

采用清单管理方式的企业，清单印发前，企业可依据税务有关管理规定，先行按照企业条件和项目标准享受相关国内税收优惠政策。清单印发后，如企业未被列入清单，应按规定补缴已享受优惠的企业所得税款。

8.5.3.2 享受时间

季度预缴及年度汇算清缴均可享受。

8.5.3.3 填报示例

1.A类企业所得税季度预缴申报

查账征收纳税人在季度预缴时享受软件产业、集成电路产业企业所得税优惠政策涉及《A200000 中华人民共和国企业所得税月（季）度预缴纳税申报表（A类）》1张表单。

纳税人需要填报附报事项，在事项3"软件集成电路企业优惠政策适用类型"右侧勾选享受"原政策"或"新政策"。同时，需要根据《企业所得税申报事项目录》填报《A200000 中华人民共和国企业所得税月（季）度预缴纳税申报表（A类）》第13.*行选择软件产业、集成电路产业的优惠事项并填报减免税额，填写后相关数据自动生成至第13行"减：减免所得税额"。

▶▶▶例8-10　甬明公司属于国家鼓励的软件企业，成立于2018年，自2020年开始获利。2021年第一季度，甬明公司营业收入为100万元，营业成本为60万元，假定甬明公司享受国家鼓励的软件企业"两免三减半"优惠政策，不考虑其他事项。

解析：甬明公司2021年处于免税期（第二年），故第一季度减免税额为（100-60）×25%=10（万元），季度预缴纳税申报时填报《A200000 中华人民共和国企业所得税月（季）度预缴纳税申报表（A类）》，见表8-25。

2.A类企业所得税年度汇算清缴申报

纳税人在年度汇算清缴时享受软件产业、集成电路产业企业所得税优惠政策涉及《A000000 企业所得税年度纳税申报基础信息表》《A100000 中华人民共和国企

表8-25　A200000中华人民共和国企业所得税月（季）度预缴纳税申报表（A类）

行次	附报事项名称	金额或选项
	⋮	
事项3	☑软件集成电路企业优惠政策适用类型	□原政策 ☑新政策
	预缴税款计算	本年累计
1	营业收入	1 000 000
2	营业成本	600 000
3	利润总额	400 000
4	加：特定业务计算的应纳税所得额	
5	减：不征税收入	
6	减：资产加速折旧、摊销（扣除）调减额（填写A201020）	
7	减：免税收入、减计收入、加计扣除（7.1+7.2+…）	
8	减：所得减免（8.1+8.2+…）	
9	减：弥补以前年度亏损	
10	实际利润额（3+4-5-6-7-8-9）\按照上一纳税年度应纳税所得额平均额确定的应纳税所得额	400 000
11	税率（25%）	0.25
12	应纳所得税额（10×11）	100 000
13	减：减免所得税额（13.1+13.2+…）	100 000
13.1	国家鼓励的软件企业减免企业所得税	100 000
14	减：本年实际已缴纳所得税额	
15	减：特定业务预缴（征）所得税额	
16	本期应补（退）所得税额（12-13-14-15）\税务机关确定的本期应纳所得税额	0

业所得税年度纳税申报表（A类）》《A107040减免所得税优惠明细表》《A107042软件、集成电路企业优惠情况及明细表》等4张表单。

纳税人首先填报表A000000中"208软件、集成电路企业类型"：纳税人根据实际经营情况，从《软件、集成电路企业类型代码表》（见表8-26）"代码"列中选择相应代码填报。软件、集成电路企业若符合相关企业所得税优惠政策条件，无论是否享受企业所得税优惠，均应填报本项，且仅可从中选择一项填列。纳税人既符合"208软件、集成电路企业类型"项目又符合"209集成电路生产项目类型"项目填报条件的，应当同时填报。

表8-26 软件、集成电路企业类型代码表

代码	类型		
	大类	中类	小类
110	集成电路生产企业	线宽小于0.8微米（含）的企业	
120		线宽小于0.25微米的企业	
130		投资额超过80亿元的企业	
140		线宽小于130纳米（含）的企业	
150		线宽小于65纳米（含）或投资额超过150亿元的企业	
160		线宽小于28纳米（含）的企业	
210	集成电路设计企业	新办符合条件的集成电路设计企业\国家鼓励的集成电路设计企业	
220		符合规模条件的重点集成电路设计企业	
230		符合领域条件的重点集成电路设计企业	
311	软件企业	一般软件企业	符合条件的软件企业\国家鼓励的软件企业
312			符合规模条件的重点软件企业
313			符合领域条件的重点软件企业
314			符合出口条件的重点软件企业
321		嵌入式或信息系统集成软件产品企业	符合条件的软件企业\国家鼓励的软件企业
322			符合规模条件的重点软件企业
323			符合领域条件的重点软件企业
324			符合出口条件的重点软件企业
400	集成电路封装、测试（含封装测试）企业		
500	集成电路材料（含关键专用材料）企业		
600	集成电路装备（含专用设备）企业		

　　纳税人再根据实际情况填报《A107042软件、集成电路企业优惠情况及明细表》，填写后第16行"减免税额"自动生成至《A107040减免所得税优惠明细表》对应优惠项目行次，对应关系见表8-27。《A107040减免所得税优惠明细表》第33行合计数自动生成至《A100000中华人民共和国企业所得税年度纳税申报表（A类）》第26行"减：减免所得税额"。

表8-27　　　　表A107042第16行与表A107040行次对应关系

软件、集成电路企业类型	选择适用优惠政策	优惠方式代码	减免方式类型	表A107040对应行次
110集成电路生产企业（线宽小于0.8微米的企业）	原政策	120	企业二免三减半（减半征收）	6
120集成电路生产企业（线宽小于0.25微米的企业）	原政策	210	企业五免五减半（免税）	9
	原政策	220	企业五免五减半（减半征收）	9
130集成电路生产企业（投资额超过80亿元的企业）	原政策	210	企业五免五减半（免税）	10
	原政策	220	企业五免五减半（减半征收）	10
131集成电路生产企业（投资额超过150亿元的企业）	原政策	210	企业五免五减半（免税）	27
	原政策	220	企业五免五减半（减半征收）	27
140集成电路生产企业（线宽小于130纳米的企业）	原政策	120	企业二免三减半（减半征收）	26
	新政策	110	企业二免三减半（免税）	28.4.3
	新政策	120	企业二免三减半（减半征收）	28.4.3
151集成电路生产企业（线宽小于65纳米的企业）	原政策	210	企业五免五减半（免税）	27
	原政策	220	企业五免五减半（减半征收）	27
	新政策	210	企业五免五减半（免税）	28.4.2
	新政策	220	企业五免五减半（减半征收）	28.4.2
160集成电路生产企业（线宽小于28纳米的企业）	新政策	900	企业十免（免税）	28.4.1
240集成电路设计企业（集成电路设计企业）	原政策	120	企业二免三减半（减半征收）	11
	新政策	110	企业二免三减半（免税）	28.4.4
	新政策	120	企业二免三减半（减半征收）	28.4.4
250集成电路设计企业（重点集成电路设计企业）	新政策	300	企业减按10%税率征收企业所得税	28.4.5
	新政策	800	企业五免（免税）	28.4.5
330软件企业（软件企业）	原政策	120	企业二免三减半（减半征收）	13
	新政策	110	企业二免三减半（免税）	28.4.9
	新政策	120	企业二免三减半（减半征收）	28.4.9

软件、集成电路企业类型	选择适用优惠政策	优惠方式代码	减免方式类型	表A107040对应行次
340软件企业（重点软件企业）	新政策	300	企业减按10%税率征收企业所得税	28.4.10
	新政策	800	企业五免（免税）	28.4.10
400集成电路封装、测试（含封装测试）企业	原政策	120	企业二免三减半（减半征收）	15
	新政策	110	企业二免三减半（免税）	28.4.8
	新政策	120	企业二免三减半（减半征收）	28.4.8
500集成电路材料（含关键专用材料）企业	原政策	120	企业二免三减半（减半征收）	16
	新政策	110	企业二免三减半（免税）	28.4.7
	新政策	120	企业二免三减半（减半征收）	28.4.7
600集成电路装备（含专用设备）企业	原政策	120	企业二免三减半（减半征收）	16
	新政策	110	企业二免三减半（免税）	28.4.6
	新政策	120	企业二免三减半（减半征收）	28.4.6

《A107042软件、集成电路企业优惠情况及明细表》具体填报如下：

本表适用于享受软件、集成电路企业优惠政策的纳税人填报。享受软件、集成电路企业优惠政策的纳税人均需按照企业整体情况填报本表，其中填报《A107020所得减免优惠明细表》"七、线宽小于130纳米（含）的集成电路生产项目""八、线宽小于65纳米（含）或投资额超过150亿元的集成电路生产项目""九、线宽小于28纳米（含）的集成电路生产项目"减免企业所得税减免项目的纳税人，应当填报本表除第16行"减免税额"以外的其他相应项目。

（1）税收优惠基本信息

企业以前年度符合软件、集成电路税收优惠政策条件且已开始享受优惠政策的，可选择延续适用原有优惠政策；符合最新软件、集成电路税收优惠政策条件的，可选择适用新出台的优惠政策。企业根据实际情况在"选择适用优惠政策"中勾选"延续适用原有优惠政策"或"适用新出台优惠政策"；集成电路生产企业只享受集成电路项目所得优惠政策，无须勾选。

当集成电路生产企业享受集成电路项目所得优惠政策时，可根据实际情况填报"减免方式1""减免方式2"…，并同时填报对应的"获利年度\开始计算优惠期年度1""获利年度\开始计算优惠期年度2"。

①减免方式：纳税人根据《A000000企业所得税年度纳税申报基础信息表》"208软件、集成电路企业类型"填报的企业类型和实际经营情况，从《软件、集成电路企业优惠方式代码表》（见表8-28）"代码"列中选择相应代码，填入本项。

除集成电路生产企业纳税人存在按项目享受优惠的情况外，纳税人仅可从中选择一项填列；若集成电路生产企业纳税人存在多个项目，应将所有享受优惠的项目减免方式等情况填入本表，项目数量可以增加。

表8-28　　　　　　　　软件、集成电路企业优惠方式代码表

代码	减免方式类型	原政策	新政策		软件、集成电路企业类型
110	企业二免三减半（免税）		√	140	集成电路生产企业（线宽小于130纳米的企业）
			√	240	集成电路设计企业
			√	330	软件企业
			√	400	集成电路封装、测试（含封装测试）企业
			√	500	集成电路材料（含关键专用材料）企业
			√	600	集成电路装备（含专用设备）企业
120	企业二免三减半（减半征收）	√		110	集成电路生产企业（线宽小于0.8微米的企业）
		√	√	140	集成电路生产企业（线宽小于130纳米的企业）
		√	√	240	集成电路设计企业
		√	√	330	软件企业
		√	√	400	集成电路封装、测试（含封装测试）企业
		√	√	500	集成电路材料（含关键专用材料）企业
		√	√	600	集成电路装备（含专用设备）企业
210	企业五免五减半（免税）	√		120	集成电路生产企业（线宽小于0.25微米的企业）
		√		130	集成电路生产企业（投资额超过80亿元的企业）
		√		131	集成电路生产企业（投资额超过150亿元的企业）
		√		151	集成电路生产企业（线宽小于65纳米的企业）
220	企业五免五减半（减半征收）	√		120	集成电路生产企业（线宽小于0.25微米的企业）
		√		130	集成电路生产企业（投资额超过80亿元的企业）
		√		131	集成电路生产企业（投资额超过150亿元的企业）
		√	√	151	集成电路生产企业（线宽小于65纳米的企业）
300	企业减按10%税率征收企业所得税		√	250	重点集成电路设计企业
			√	340	重点软件企业
510	项目所得二免三减半（免税）		√	140	集成电路生产企业（线宽小于130纳米的企业）

续表

代码	减免方式类型	原政策	新政策		软件、集成电路企业类型
520	项目所得二免三减半 （减半征收）	√	√	140	集成电路生产企业（线宽小于130纳米的企业）
610	项目所得五免五减半 （免税）	√		131	集成电路生产企业（投资额超过150亿元的企业）
		√	√	151	集成电路生产企业（线宽小于65纳米的企业）
620	项目所得五免五减半 （减半征收）	√		131	集成电路生产企业（投资额超过150亿元的企业）
		√	√	151	集成电路生产企业（线宽小于65纳米的企业）
700	项目所得十免（免税）	√		160	集成电路生产企业（线宽小于28纳米的企业）
800	企业五免（免税）		√	250	重点集成电路设计企业
			√	340	重点软件企业
900	企业十免（免税）		√	160	集成电路生产企业（线宽小于28纳米的企业）

② "获利年度\开始计算优惠期年度"：适用选择"二免三减半""五免五减半""五免""十免"等定期减免类型的纳税人填报。其中，"开始计算优惠期年度"按照财税〔2012〕27号、财税〔2015〕6号、财税〔2018〕27号、《关于促进集成电路和软件产业高质量发展企业所得税政策的公告》（财政部 税务总局 发展改革委 工业和信息化部公告2020年第45号）等文件的相关规定确定。

（2）税收优惠有关情况

第16行"减免税额"：填报本年享受集成电路、软件企业优惠的金额。当减免方式为"项目所得二免三减半（免税）""项目所得二免三减半（减半征收）""项目所得五免五减半（免税）""项目所得五免五减半（减半征收）""项目所得十免（免税）"时，本行无须填报。

▶▶▶例8-11 甬明公司属于国家鼓励的软件企业，成立于2018年，自2020年开始获利。2021年甬明公司营业收入为500万元，营业成本为100万元，管理费用为300万元，其中境内发生研发费用总额100万元。全年月平均职工总人数20人，其中签订劳动合同关系且具有大学本科以上学历的职工人数10人，研究开发人员人数10人。拥有核心关键技术和属于本企业的知识产权总数10项，其中发明专利2项，计算机软件著作权8项。假定甬明公司享受国家鼓励的软件企业两免三减半优惠政策，不考虑其他事项。

解析：甬明公司2021年处于免税期（第二年），故年度减免税额为（500-400）×25%=25（万元），年度汇算清缴纳税申报时填报《A000000企业所得税年度纳税申报基础信息表》《A100000中华人民共和国企业所得税年度纳税申报表（A类）》《A107040减免所得税优惠明细表》《A107042软件、集成电路企业优惠情况及明细表》，分别见表8-29至表8-32。

表8-29　　　　A000000企业所得税年度纳税申报基础信息表

⋮			
有关涉税事项情况（存在或者发生下列事项时必填）			
208软件、集成电路企业类型（填写代码）	330	209集成电路生产项目类型	□130纳米 □65纳米 □28纳米
⋮			

表8-30　　A100000中华人民共和国企业所得税年度纳税申报表（A类）

行次	类别	项　目	金　额
1		一、营业收入（填写A101010\101020\103000）	5 000 000
2		减：营业成本（填写A102010\102020\103000）	1 000 000
3		减：税金及附加	
4		减：销售费用（填写A104000）	
5		减：管理费用（填写A104000）	3 000 000
6	利润总额计算	减：财务费用（填写A104000）	
7		减：资产减值损失	
8		加：公允价值变动收益	
9		加：投资收益	
10		二、营业利润（1-2-3-4-5-6-7+8+9）	1 000 000
11		加：营业外收入（填写A101010\101020\103000）	
12		减：营业外支出（填写A102010\102020\103000）	
13		三、利润总额（10+11-12）	1 000 000
14		减：境外所得（填写A108010）	
15		加：纳税调整增加额（填写A105000）	
16	应纳税所得额计算	减：纳税调整减少额（填写A105000）	
17		减：免税、减计收入及加计扣除（填写A107010）	
18		加：境外应税所得抵减境内亏损（填写A108000）	
19		四、纳税调整后所得（13-14+15-16-17+18）	1 000 000
20		减：所得减免（填写A107020）	

续表

行次	类别	项目	金额
21	应纳税所得额计算	减：弥补以前年度亏损（填写A106000）	
22		减：抵扣应纳税所得额（填写A107030）	
23		五、应纳税所得额（19-20-21-22）	1 000 000
24	应纳税额计算	税率（25%）	0.25
25		六、应纳所得税额（23×24）	250 000
26		减：减免所得税额（填写A107040）	250 000
27		减：抵免所得税额（填写A107050）	
28		七、应纳税额（25-26-27）	0
29		加：境外所得应纳所得税额（填写A108000）	
30		减：境外所得抵免所得税额（填写A108000）	
31		八、实际应纳所得税额（28+29-30）	0
32		减：本年累计实际已缴纳的所得税额	
33		九、本年应补（退）所得税额（31-32）	0
34		其中：总机构分摊本年应补（退）所得税额（填写A109000）	
35		财政集中分配本年应补（退）所得税额（填写A109000）	
36		总机构主体生产经营部门分摊本年应补（退）所得税额（填写A109000）	

表8-31　　　　　　　　A107040减免所得税优惠明细表

行次	项目	金额
	⋮	
28	二十八、其他（28.1+28.2+28.3+28.4+28.5+28.6）	250 000
	⋮	
28.4	（四）国家鼓励的集成电路和软件企业减免企业所得税政策（28.4.1+…+28.4.10）	250 000
	⋮	
28.4.9	9.软件企业减免企业所得税（填写A107042）	250 000
	⋮	
34	合计	250 000

表8-32　　　　A107042软件、集成电路企业优惠情况及明细表

税收优惠基本信息			
选择适用优惠政策	□延续适用原有优惠政策　　☑适用新出台优惠政策		
减免方式1	110	获利年度\开始计算优惠期年度1	2020
减免方式2		获利年度\开始计算优惠期年度2	
税收优惠有关情况			
行次		项　　目	数量\金额
1	人员指标	一、企业本年月平均职工总人数	20
2		其中：签订劳动合同关系且具有大学专\本科以上学历的职工人数	10
3		研究开发人员人数	10
4	研发费用指标	二、研发费用总额	1 000 000
5		其中：企业在中国境内发生的研发费用金额	1 000 000
6	收入指标	三、企业收入总额	5 000 000
7		四、符合条件的销售（营业）收入	5 000 000
8		其中：自主设计、自主开发销售及服务收入	5 000 000
9	知识产权指标	五、拥有核心关键技术和属于本企业的知识产权总数	10
10		其中：发明专利	2
11		集成电路布图设计登记	
12		计算机软件著作权	8
13	业务类型及领域	是否从事8英寸及以下集成电路生产	□是　☑否
14		是否按照开发、销售嵌入式软件企业条件享受政策	□是　☑否
15		重点集成电路设计领域和重点软件领域	请选择所属领域
16	减免税额		250 000

8.5.3.4　留存备查资料

2020年以后，国家鼓励的集成电路设计、装备、材料、封装、测试企业和软件企业优惠政策留存备查资料见表8-33。

表8-33 非清单管理方式企业留存备查资料清单

企业类型	资料清单（复印件须加盖企业公章）
集成电路设计企业	1.企业法人营业执照副本、企业取得的其他相关资质证书等； 2.企业职工人数、学历结构、研究开发人员情况及其占企业职工总数的比例说明，企业研究开发人员名单，以及汇算清缴年度最后一个月的企业职工社会保险缴纳证明（包括劳务派遣人员代缴社保付款凭证）等相关材料； 3.企业开发销售的主要产品和服务列表（名称/领域/对应销售（营业）收入规模）； 4.企业拥有与主营产品相关的不少于8项的已授权发明专利、布图设计登记、计算机软件著作权登记证书的材料； 5.经具有资质的中介机构鉴证的汇算清缴年度企业会计报告（包括会计报表、会计报表附注和财务情况说明书等），以及集成电路设计销售（营业）收入、集成电路自主设计销售（营业）收入、研究开发费用等情况表； 6.第三方检测机构提供的集成电路主要产品测试报告或用户报告，以及与主要客户签订的一至两份代表性销售合同复印件； 7.企业具有与集成电路设计相适应的软硬件设施等开发环境的材料
集成电路装备企业	1.企业法人营业执照副本、企业取得的其他相关资质证书等； 2.企业职工人数、学历结构、研究开发人员情况及其占企业职工总数的比例说明，企业研究开发人员名单，以及汇算清缴年度最后一个月的企业职工社会保险缴纳证明（包括劳务派遣人员代缴社保付款凭证）等相关材料； 3.企业开发销售的主要产品列表（名称/规格）； 4.企业拥有与主营产品相关的不少于5项的已授权发明专利材料； 5.经具有资质的中介机构鉴证的汇算清缴年度企业会计报告（包括会计报表、会计报表附注和财务情况说明书等），以及集成电路装备销售（营业）收入、研究开发费用等情况表； 6.与主要客户签订的一至两份代表性销售合同复印件； 7.企业具有与集成电路装备生产相适应的经营场所、软硬件设施等材料
集成电路材料企业	1.企业法人营业执照副本、企业取得的其他相关资质证书等； 2.企业职工人数、学历结构、研究开发人员情况及其占企业职工总数的比例说明，企业研究开发人员名单，以及汇算清缴年度最后一个月的企业职工社会保险缴纳证明（包括劳务派遣人员代缴社保付款凭证）等相关材料； 3.企业开发销售的主要产品列表（名称/规格）； 4.企业拥有与主营产品相关的不少于5项的已授权发明专利材料； 5.经具有资质的中介机构鉴证的汇算清缴年度企业会计报告（包括会计报表、会计报表附注和财务情况说明书等），以及集成电路材料销售（营业）收入、研究开发费用等情况表； 6.与主要客户签订的一至两份代表性销售合同复印件； 7.企业具有与集成电路材料生产相适应的经营场所、软硬件设施等材料

企业类型	资料清单（复印件须加盖企业公章）
集成电路封装、测试企业	1.企业法人营业执照副本、企业取得的其他相关资质证书等； 2.企业职工人数、学历结构、研究开发人员情况及其占企业职工总数的比例说明，企业研究开发人员名单，以及汇算清缴年度最后一个月的企业职工社会保险缴纳证明（包括劳务派遣人员代缴社保付款凭证）等相关材料； 3.企业开发销售的主要产品列表（名称/规格）； 4.企业拥有与主营产品相关的不少于5项的已授权发明专利、计算机软件著作权登记证书的材料； 5.经具有资质的中介机构鉴证的汇算清缴年度企业会计报告（包括会计报表、会计报表附注和财务情况说明书等），以及集成电路封装、测试销售（营业）收入、研究开发费用等情况表； 6.与主要客户签订的一至两份代表性销售合同复印件； 7.企业具有与集成电路封装、测试相适应的经营场所、软硬件设施等材料
软件企业	1.企业开发销售的主要软件产品列表或技术服务列表。 2.主营业务为软件产品开发的企业，提供至少1个主要产品的软件著作权或专利权等自主知识产权的有效证明文件，以及第三方检测机构提供的软件产品测试报告；主营业务仅为技术服务的企业提供核心技术说明。 3.企业职工人数、学历结构、研究开发人员及其占企业职工总数的比例说明，以及汇算清缴年度最后一个月社会保险缴纳证明等相关证明材料。 4.经具有资质的中介机构鉴证的企业财务会计报告（包括会计报表、会计报表附注和财务情况说明书）以及软件产品开发销售（营业）收入、软件产品自主开发销售（营业）收入、研究开发费用、境内研究开发费用等情况说明。 5.与主要客户签订的一至两份代表性的软件产品销售合同或技术服务合同复印件。 6.企业开发环境相关证明材料

　　国家鼓励的集成电路生产企业或项目、国家鼓励的重点集成电路设计企业和软件企业申请列入清单时须提交的材料清单见表8-34。

表8-34　　　　　　　　　　　　申请列入清单企业提交材料清单

企业或项目类型	材料清单（复印件须加盖企业公章）
国家鼓励的集成电路生产企业或项目	1.企业法人营业执照副本、企业取得的其他相关资质证书等。（可提供相应查询网址） 2.项目备案文件（备案表）。（可提供相应查询网址） 3.企业职工人数、学历结构、研究开发人员情况及其占职工总数的比例说明，企业研究开发人员名单，以及汇算清缴年度最后一个月的企业职工社会保险缴纳证明（包括劳务派遣人员代缴社保付款凭证）等相关证明材料。 4.企业主要工艺、产品列表（名称/规格）。 5.企业拥有与主营产品相关的发明专利等证明材料。

企业或项目类型	材料清单（复印件须加盖企业公章）
国家鼓励的集成电路生产企业或项目	6.经具有资质的中介机构鉴证的汇算清缴年度企业会计报告（包括会计报表、会计报表附注和财务情况说明书等），以及集成电路制造销售（营业）收入、自有集成电路产品制造销售（营业）收入、研究开发费用等情况表；研究开发费用应按财税〔2015〕119号文件及国家税务总局2017年第40号公告要求的口径归集后，在会计报告中单独说明，不能说明的需提供按照上述口径的研究开发费用专项审计报告或税务鉴证报告。 7.与主要客户签订的两份代表性销售合同复印件。 8.企业具有保证产品生产的手段和能力的证明材料（包括采购设备清单等）。 9.省级发展改革委（工业和信息化主管部门）要求出具的其他材料
国家鼓励的重点集成电路设计企业	1.企业法人营业执照副本、企业取得的其他相关资质证书等。（可提供相应查询网址） 2.企业职工人数、学历结构、研究开发人员情况及其占职工总数的比例说明，企业研究开发人员名单，以及汇算清缴年度最后一个月的企业职工社会保险缴纳证明（包括劳务派遣人员代缴社保付款凭证）等相关证明材料。 3.企业开发销售的主要产品和服务列表（名称/重点领域/对应销售（营业）收入规模）。 4.企业拥有与主营产品相关的不少于8项的已授权发明专利、布图设计登记、计算机软件著作权登记证书的证明材料。 5.经具有资质的中介机构鉴证的汇算清缴年度企业会计报告（包括会计报表、会计报表附注和财务情况说明书等），以及集成电路设计销售（营业）收入、集成电路自主设计销售（营业）收入、研究开发费用等情况表；研究开发费用应按财税〔2015〕119号文件及国家税务总局2017年第40号公告要求的口径归集后，在会计报告中单独说明，不能说明的需提供按照上述口径的研究开发费用专项审计报告或税务鉴证报告。 6.第三方检测机构提供的集成电路产品测试报告或用户报告，以及与主要客户签订的两份代表性销售合同复印件。 7.税务鉴证报告等可说明企业符合应纳税所得额条件的证明材料。 8.企业具有与集成电路设计相适应的软硬件设施等开发环境的证明材料。 9.省级发展改革委（工业和信息化主管部门）要求出具的其他材料
国家鼓励的重点软件企业	1.企业法人营业执照副本、企业取得的其他相关资质证书等。（可提供相应查询网址） 2.企业职工人数、学历结构、研究开发人员情况及其占职工总数的比例说明，企业研究开发人员名单，以及汇算清缴年度最后一个月的企业职工社会保险缴纳证明（包括劳务派遣人员代缴社保付款凭证）等相关证明材料。 3.企业开发销售的主要软件产品列表（名称/重点领域/对应销售（营业）收入规模）；其中申报公有云服务软件企业应明确区分列明企业公有云、私有云、混合云收入。 4.企业具有所申报领域相应的已授权发明专利不少于2项（企业为第一权利人），相应领域计算机软件著作权登记证书不少于2项（均应具备对应的测试报告）的证明材料。

企业或项目类型	材料清单（复印件须加盖企业公章）
国家鼓励的重点软件企业	5.经具有资质的中介机构鉴证的汇算清缴年度企业会计报告（包括会计报表、会计报表附注和财务情况说明书等），以及软件产品开发销售及相关信息技术服务（营业）收入、软件产品自主开发销售（营业）收入、研究开发费用、境内研究开发费用等情况表；研究开发费用应按财税〔2015〕119号文件及国家税务总局2017年第40号公告要求的口径归集后，在会计报告中单独说明，不能说明的需提供按照上述口径的研究开发费用专项审计报告或税务鉴证报告；其中申报嵌入式软件企业应明确企业软硬件收入情况，并提供合同、发票等软件收入比例不低于50%的证明材料（不要求提供全部合同，仅需提供能证明符合申报条件的大额合同及合同中的必要内容）。 6.汇算清缴年度与申报领域相关的合同列表（包含甲乙方、单价、总金额、交易内容、签约和付款时间等信息）及发票等销售凭证。 7.与主要客户签订的两份代表性销售合同复印件。 8.税务鉴证报告等可说明企业符合应纳税所得额条件的证明材料。 9.企业具有与软件开发相适应软硬件设施等开发环境（如合法的开发工具等）的证明材料。 10.省级发展改革委（工业和信息化主管部门）要求出具的其他材料

‹‹ 8.6 动漫企业 ››

8.6.1 政策概述

8.6.1.1 基本规定

从2009年1月1日起，经认定的动漫企业自主开发、生产动漫产品，可申请享受国家现行鼓励软件产业发展的所得税优惠政策。

8.6.1.2 动漫企业范围

动漫企业包括：
（1）漫画创作企业；
（2）动画创作、制作企业；
（3）网络动漫（含手机动漫）创作、制作企业；
（4）动漫舞台剧（节）目制作、演出企业；
（5）动漫软件开发企业；
（6）动漫衍生产品研发、设计企业。

动漫企业不包括漫画出版、发行，动画播出、放映，网络动漫传播以及以动漫衍生产品生产、销售等为主营业务的企业。

8.6.1.3 动漫企业认定标准

申请认定为动漫企业的应同时符合以下标准：

（1）在我国境内依法设立的企业；

（2）动漫企业经营动漫产品的主营收入占企业当年总收入的60%以上；

（3）自主开发生产的动漫产品收入占主营收入的50%以上；

（4）具有大学专科以上学历的或通过国家动漫人才专业认证的、从事动漫产品开发或技术服务的专业人员占企业当年职工总数的30%以上，其中研发人员占企业当年职工总数的10%以上；

（5）具有从事动漫产品开发或相应服务等业务所需的技术装备和工作场所；

（6）动漫产品的研究开发经费占企业当年营业收入8%以上；

（7）动漫产品内容积极健康，无法律法规禁止的内容；

（8）企业产权明晰，管理规范，守法经营。

8.6.1.4 动漫产品范围

动漫产品包括：

（1）漫画：单幅和多格漫画、插画、漫画图书、动画抓帧图书、漫画报刊、漫画原画等。

（2）动画：动画电影、动画电视剧、动画短片、动画音像制品，影视特效中的动画片段，科教、军事、气象、医疗等影视节目中的动画片段等。

（3）网络动漫（含手机动漫）：以计算机互联网和移动通信网等信息网络为主要传播平台，以电脑、手机及各种手持电子设备为接受终端的动画、漫画作品，包括FLASH动画、网络表情、手机动漫等。

（4）动漫舞台剧（节）目：改编自动漫平面与影视等形式作品的舞台演出剧（节）目、采用动漫造型或含有动漫形象的舞台演出剧（节）目等。

（5）动漫软件：漫画平面设计软件、动画制作专用软件、动画后期音视频制作工具软件等。

（6）动漫衍生产品：与动漫形象有关的服装、玩具、文具、电子游戏等。

8.6.2 政策沿革

2008年，为扶持我国动漫产业发展，落实国家对动漫企业的财税优惠政策，根据《国务院办公厅转发财政部等部门关于推动我国动漫产业发展的若干意见的通知》（国办发〔2006〕32号），制定了《关于印发〈动漫企业认定管理办法（试行）〉的通知》（文市发〔2008〕51号），对动漫企业认定管理标准及程序做出了系统而详细的规定。

2009年，为促进我国动漫产业健康快速发展，增强动漫产业的自主创新能力，全面贯彻落实国办发〔2006〕32号和文市发〔2008〕51号文件，于当年6月和7月先后下发了《关于实施〈动漫企业认定管理办法（试行）〉有关问题的通知》（文产发〔2009〕18号）和《关于扶持动漫产业发展有关税收政策问题的通知》（财税〔2009〕65号），对动漫产业的具体税收优惠政策及《动漫企业认定管理办法（试行）》执行中的有关问题予以明确。

上述政策主要发展情况见表8-35。

表8-35　　　　　政策主要发展情况表（截至2022年6月1日）

年度	政策依据	主要内容	效力
2008	文市发〔2008〕51号	对动漫企业认定管理标准及程序做出了系统而详细的规定	有效
2009	文产发〔2009〕18号	对《动漫企业认定管理办法（试行）》执行中的有关问题予以明确	有效
2009	财税〔2009〕65号	规定了动漫产业的具体税收优惠政策	条款失效。第一条、第三条失效。参见：财税〔2011〕119号、财税〔2011〕100号

8.6.3　申报管理

8.6.3.1　享受程序

企业享受优惠事项采取"自行判别、申报享受、相关资料留存备查"的办理方式。企业应当根据经营情况以及相关税收规定自行判断是否符合优惠事项规定的条件，符合条件的可以按规定的时间自行计算减免税额，并通过填报企业所得税纳税申报表享受税收优惠。同时，按规定归集和留存相关资料备查。

8.6.3.2　享受时间

季度预缴及年度汇算清缴均可享受。

8.6.3.3　填报示例

1.A类企业所得税季度预缴申报

查账征收纳税人在季度预缴时享受动漫企业"两免三减半"企业所得税优惠政策涉及《A200000中华人民共和国企业所得税月（季）度预缴纳税申报表（A类）》1张表单。

纳税人根据《企业所得税申报事项目录》填报《A200000 中华人民共和国企业所得税月（季）度预缴纳税申报表（A 类）》第 13.*行选择"动漫企业自主开发、生产动漫产品定期减免企业所得税"填报减免税额，填写后相关数据自动生成至第13 行"减：减免所得税额"。

具体填报参见"8.5.3.3 填报示例"。

2.A 类企业所得税年度汇算清缴申报

查账征收纳税人在年度汇算清缴时享受动漫企业"两免三减半"企业所得税优惠政策涉及《A100000 中华人民共和国企业所得税年度纳税申报表（A 类）》《A107040 减免所得税优惠明细表》等 2 张表单。

纳税人填报《A107040 减免所得税优惠明细表》第 5 行，填写后相关数据自动生成至《A100000 中华人民共和国企业所得税年度纳税申报表（A 类）》第 26 行"减：减免所得税额"。

具体填报参见"8.5.3.3 填报示例"。

8.6.3.4 留存备查资料

（1）动漫企业认定证明；
（2）动漫企业认定资料；
（3）动漫企业年审通过名单；
（4）获利年度情况说明。

8.6.4 风险提示

申请认定和已认定的动漫企业有下述情况之一的，一经查实，认定机构停止受理其认定申请，或撤销其证（文）书，终止其资格并予以公布：

（1）在申请认定过程中提供虚假信息的；

（2）有偷税、骗税、抗税等税收违法行为的；

（3）从事制作、生产、销售、传播存在违法内容或盗版侵权动漫产品的，或者使用未经授权许可的动漫产品的；

（4）有其他违法经营行为，受到有关部门处罚的。

被撤销证书的企业，认定机构在 3 年内不再受理该企业的认定申请。

对被撤销证书和年度认定不合格的动漫企业，同时停止其享受规定的各项财税优惠政策。

«« 8.7　经营性文化事业单位转制为企业 »»

8.7.1　政策概述

8.7.1.1　基本规定

经营性文化事业单位转制为企业，自转制注册之日起 5 年内免征企业所得税。2018 年 12 月 31 日之前已完成转制的企业，自 2019 年 1 月 1 日起可继续免征 5 年企业所得税。

经营性文化事业单位是指从事新闻出版、广播影视和文化艺术的事业单位。

转制包括整体转制和剥离转制。其中，整体转制包括：（图书、音像、电子）出版社、非时政类报刊出版单位、新华书店、艺术院团、电影制片厂、电影（发行放映）公司、影剧院、重点新闻网站等整体转制为企业；剥离转制包括：新闻媒体中的广告、印刷、发行、传输网络等部分，以及影视剧等节目制作与销售机构，从事业体制中剥离出来转制为企业。

转制注册之日是指经营性文化事业单位转制为企业并进行企业法人登记之日。对于经营性文化事业单位转制前已进行企业法人登记，则按注销事业单位法人登记之日，或核销事业编制的批复之日（转制前未进行事业单位法人登记的）确定转制完成并享受财税〔2019〕16 号文件所规定的税收优惠政策。

所称"2018 年 12 月 31 日之前已完成转制"，是指经营性文化事业单位在 2018 年 12 月 31 日及以前已转制为企业、进行企业法人登记，并注销事业单位法人登记或批复核销事业编制（转制前未进行事业单位法人登记的）。

8.7.1.2　适用条件

享受税收优惠政策的转制文化企业应同时符合以下条件：

（1）根据相关部门的批复进行转制。

（2）转制文化企业已进行企业法人登记。

（3）整体转制前已进行事业单位法人登记的，转制后已核销事业编制、注销事业单位法人；整体转制前未进行事业单位法人登记的，转制后已核销事业编制。

（4）已同在职职工全部签订劳动合同，按企业办法参加社会保险。

（5）转制文化企业引入非公有资本和境外资本的，须符合国家法律法规和政策规定；变更资本结构依法应经批准的，需经行业主管部门和国有文化资产监管部门批准。

8.7.2 政策沿革

1.经营性文化事业单位转制免征企业所得税优惠政策逐步系统化（2005—2013年）

2005年，为推动文化体制改革试点工作，促进文化产业发展，财政部、海关总署、国家税务总局联合发布《关于文化体制改革中经营性文化事业单位转制为企业的若干税收政策问题的通知》（财税〔2005〕1号），规定了经营性文化事业单位转制为企业后，免征企业所得税。经营性文化事业单位是指从事新闻出版、广播影视和文化艺术的事业单位；转制包括文化事业单位整体转为企业和文化事业单位中经营部分剥离转为企业。2009年，财政部、国家税务总局联合发布《关于文化体制改革中经营性文化事业单位转制为企业的若干税收优惠政策的通知》（财税〔2009〕34号），延续了财税〔2005〕1号文件规定的经营性文化事业单位转制为企业后免征企业所得税优惠政策。《关于转制文化企业名单及认定问题的通知》（财税〔2009〕105号）具体规定了享受税收优惠政策的转制文化企业应符合的条件及有关管理事项。

2.经营性文化事业单位转制免征企业所得税优惠政策的调整与优化（2014年至今）

2014年，财政部、国家税务总局、中宣部联合发布《关于继续实施文化体制改革中经营性文化事业单位转制为企业若干税收政策的通知》（财税〔2014〕84号），将政策内容、企业条件及管理事项整合到一个文件中并进行了一定调整，主要体现在以下几个方面：

第一，明确"转制注册之日"。转制注册之日是指经营性文化事业单位转制为企业并进行工商注册之日。对于经营性文化事业单位转制前已进行企业法人登记的，则按注销事业单位法人登记之日或核销事业编制的批复之日（转制前未进行事业单位法人登记的）起确定转制完成并享受税收优惠政策。

第二，完善了转制类型定义。转制包括整体转制和剥离转制。其中：整体转制包括：（图书、音像、电子）出版社、非时政类报刊出版单位、新华书店、艺术院团、电影制片厂、电影（发行放映）公司、影剧院、重点新闻网站等整体转制为企业。剥离转制包括：新闻媒体中的广告、印刷、发行、传输网络等部分，以及影视剧等节目制作与销售机构，从事业体制中剥离出来转制为企业。

第三，简化了转制文化企业条件。一是简化了批复单位主体的具体规定；二是删除了财税〔2009〕34号文件规定的"文化企业具体范围符合《财政部 海关总署 国家税务总局关于支持文化企业发展若干税收政策问题的通知》（财税〔2009〕31号）附件规定"这一条件要求。

第四，明确转制文化企业名单的提供单位。中央和地方所属转制文化企业的认定，分别由中央和地方的宣传部门会同同级财政、税务部门确定和发布名单。

2019年，财政部、国家税务总局、中央宣传部联合发布《关于继续实施文化体制改革中经营性文化事业单位转制为企业若干税收政策的通知》（财税〔2019〕16号），在基本延续财税〔2014〕84号文件规定的基础上稍作调整：

第一，增设了免税优惠年限。经营性文化事业单位转制为企业自转制注册之日起5年内免征企业所得税。

第二，调整了两项认定条件内容。一是将"转制文化企业已进行企业工商注册登记"调整为"转制文化企业已进行企业法人登记"。二是增加了"整体转制前未进行事业单位法人登记的，转制后已核销事业编制"。

第三，明确了新旧政策衔接问题。

上述政策主要发展情况见表8-36。

表8-36 政策主要发展情况表（截至2022年6月1日）

年度	政策依据	主要内容	效力
2005	财税〔2005〕1号	经营性文化事业单位转制为企业后，免征企业所得税	2004年1月1日至2008年12月31日
2009	财税〔2009〕34号	经营性文化事业单位转制为企业，自转制注册之日起免征企业所得税	2009年1月1日至2013年12月31日
	财税〔2009〕105号	具体规定了享受税收优惠政策的转制文化企业应符合的条件及有关管理事项	
2014	财税〔2014〕84号	延续政策，调整了部分政策口径	2014年1月1日至2018年12月31日
2019	财税〔2019〕16号	延续政策，调整了部分政策口径	有效

8.7.3 申报管理

8.7.3.1 享受程序

企业享受优惠事项采取"自行判别、申报享受、相关资料留存备查"的办理方式。企业应当根据经营情况以及相关税收规定自行判断是否符合优惠事项规定的条件，符合条件的可以按规定的时间自行计算减免税额，并通过填报企业所得税纳税申报表享受税收优惠。同时，按规定归集和留存相关资料备查。

8.7.3.2 享受时间

季度预缴及年度汇算清缴均可享受。

8.7.3.3 填报示例

1.A类企业所得税季度预缴申报

查账征收纳税人在季度预缴时享受经营性文化事业单位转制为企业的免征企业

所得税优惠政策涉及《A200000中华人民共和国企业所得税月（季）度预缴纳税申报表（A类）》1张表单。

纳税人根据《企业所得税申报事项目录》填报《A200000中华人民共和国企业所得税月（季）度预缴纳税申报表（A类）》第13.*行"经营性文化事业单位转制为企业的免征企业所得税"，填写后相关数据自动生成至第13行"减：减免所得税额"。

▶▶▶**例8-12**　甬明公司是地方所属转制文化企业，符合经营性文化事业单位转制为企业享受免税优惠政策的有关条件。该企业于2017年完成转制。2021年第四季度，企业取得营业收入45万元，发生营业成本3.5万元，不考虑其他事项。

解析：甬明公司为2018年12月31日之前已完成转制的企业，自2019年1月1日起可继续免征5年企业所得税。故2021年度尚处于免税期间。季度预缴申报时填报《A200000中华人民共和国企业所得税月（季）度预缴纳税申报表（A类）》，见表8-37。

表8-37　A200000中华人民共和国企业所得税月（季）度预缴纳税申报表（A类）

行次	预缴税款计算	本年累计
1	营业收入	450 000
2	营业成本	35 000
3	利润总额	415 000
4	加：特定业务计算的应纳税所得额	
5	减：不征税收入	
6	减：资产加速折旧、摊销（扣除）调减额（填写A201020）	
7	减：免税收入、减计收入、加计扣除（7.1+7.2+…）	
8	减：所得减免（8.1+8.2+…）	
9	减：弥补以前年度亏损	
10	实际利润额（3+4-5-6-7-8-9）\按照上一纳税年度应纳税所得额平均额确定的应纳税所得额	415 000
11	税率（25%）	0.25
12	应纳所得税额（10×11）	103 750
13	减：减免所得税额（13.1+13.2+…）	103 750
13.1	经营性文化事业单位转制为企业的免征企业所得税	103 750
14	减：本年实际已缴纳所得税额	
15	减：特定业务预缴（征）所得税额	
16	本期应补（退）所得税额（12-13-14-15-L16）\税务机关确定的本期应纳所得税额	0

2.A类企业所得税年度汇算清缴申报

查账征收纳税人在年度汇算清缴时享受经营性文化事业单位转制为企业的免征企业所得税优惠政策涉及《A100000中华人民共和国企业所得税年度纳税申报表（A类）》《A107040减免所得税优惠明细表》等2张表单。

纳税人需要填报《A107040减免所得税优惠明细表》第17行"十七、经营性文化事业单位转制为企业的免征企业所得税"，填写后相关数据自动生成至《A100000中华人民共和国企业所得税年度纳税申报表（A类）》第26行"减：减免所得税额"。

▶▶**例8-13** 甫明公司是地方所属转制文化企业，符合经营性文化事业单位转制为企业享受免税优惠政策的有关条件。该企业于2017年完成转制。2021年企业取得营业收入45万元，发生营业成本3.5万元，不考虑其他事项。

解析：甫明公司为2018年12月31日前已完成转制的企业，自2019年1月1日起可继续免征5年企业所得税。故2021年度仍处于免税期。年度汇算清缴填报《A100000中华人民共和国企业所得税年度纳税申报表（A类）》《A107040减免所得税优惠明细表》，分别见表8-38、表8-39。

表8-38　　A100000中华人民共和国企业所得税年度纳税申报表（A类）

行次	类别	项　目	金　额
1		一、营业收入（填写A101010\101020\103000）	450 000
2		减：营业成本（填写A102010\102020\103000）	35 000
3		减：税金及附加	
4		减：销售费用（填写A104000）	
5		减：管理费用（填写A104000）	
6	利润总额计算	减：财务费用（填写A104000）	
7		减：资产减值损失	
8		加：公允价值变动收益	
9		加：投资收益	
10		二、营业利润（1-2-3-4-5-6-7+8+9）	415 000
11		加：营业外收入（填写A101010\101020\103000）	
12		减：营业外支出（填写A102010\102020\103000）	
13		三、利润总额（10+11-12）	415 000

续表

行次	类别	项目	金　额
14	应纳税所得额计算	减：境外所得（填写A108010）	
15		加：纳税调整增加额（填写A105000）	
16		减：纳税调整减少额（填写A105000）	
17		减：免税、减计收入及加计扣除（填写A107010）	
18		加：境外应税所得抵减境内亏损（填写A108000）	
19		四、纳税调整后所得（13-14+15-16-17+18）	415 000
20		减：所得减免（填写A107020）	
21		减：弥补以前年度亏损（填写A106000）	
22		减：抵扣应纳税所得额（填写A107030）	
23		五、应纳税所得额（19-20-21-22）	415 000
24	应纳税额计算	税率（25%）	0.25
25		六、应纳所得税额（23×24）	103 750
26		减：减免所得税额（填写A107040）	103 750
27		减：抵免所得税额（填写A107050）	
28		七、应纳税额（25-26-27）	0
29		加：境外所得应纳所得税额（填写A108000）	
30		减：境外所得抵免所得税额（填写A108000）	
31		八、实际应纳所得税额（28+29-30）	
32		减：本年累计实际已缴纳的所得税额	
33		九、本年应补（退）所得税额（31-32）	
34		其中：总机构分摊本年应补（退）所得税额（填写A109000）	
35		财政集中分配本年应补（退）所得税额（填写A109000）	
36		总机构主体生产经营部门分摊本年应补（退）所得税额（填写A109000）	

表8-39　　　　　　　　A107040减免所得税优惠明细表

行次	项　目	金额
	⋮	
17	十七、经营性文化事业单位转制为企业的免征企业所得税	103 750
	⋮	
34	合计（1+2+…+28−29+30+31+32+33）	103 750

8.7.3.4　留存备查资料

（1）企业转制方案文件；

（2）有关部门对转制方案的批复文件；

（3）整体转制前已进行事业单位法人登记的，同级机构编制管理机关核销事业编制的证明，以及注销事业单位法人的证明；

（4）企业转制的工商登记情况；

（5）企业与职工签订的劳动合同；

（6）企业缴纳社会保险费记录；

（7）有关部门批准引入非公有资本、境外资本和变更资本结构的批准函；

（8）同级文化体制改革和发展工作领导小组办公室出具的同意变更函（已认定发布的转制文化企业名称发生变更，且主营业务未发生变化的）。

≪≪　8.8　生产和装配伤残人员专门用品　≫≫

8.8.1　政策概述

根据财政部 税务总局 民政部公告2021年第14号文件的规定，自2021年1月1日至2023年12月31日期间，对符合下列条件的居民企业，免征企业所得税：

（1）生产和装配伤残人员专门用品，且在民政部发布的《中国伤残人员专门用品目录》范围之内。

（2）以销售本企业生产或者装配的伤残人员专门用品为主，其所取得的年度伤残人员专门用品销售收入（不含出口取得的收入）占企业收入总额60%以上。收入总额，是指《中华人民共和国企业所得税法》第六条规定的收入总额。

（3）企业账证健全，能够准确、完整地向主管税务机关提供纳税资料，且本企业生产或者装配的伤残人员专门用品所取得的收入能够单独、准确核算。

（4）企业拥有假肢制作师、矫形器制作师资格证书的专业技术人员不得少于1人；其企业生产人员如超过20人，则其拥有假肢制作师、矫形器制作师资格证书的专业技术人员不得少于全部生产人员的1/6。

（5）具有与业务相适应的测量取型、模型加工、接受腔成型、打磨、对线组装、功能训练等生产装配专用设备和工具。

（6）具有独立的接待室、假肢或者矫形器（辅助器具）制作室和假肢功能训练室，使用面积不少于115平方米。

8.8.2　政策沿革

生产和装配伤残人员专门用品企业免征所得税政策自出台以来，经过了若干次延续更新，政策主要内容一脉相承，仅在享受主体、享受程序等细节方面有少许变化。

2004年，财政部、国家税务总局、民政部出台《关于生产和装配伤残人员专门用品企业免征所得税的通知》（财税〔2004〕132号），规定了生产和装配伤残人员专门用品企业免征所得税政策及有关条件，其后，2006年和2009年先后发布《关于延长生产和装配伤残人员专门用品企业免征所得税执行期限的通知》（财税〔2006〕148号）、《关于延长部分税收优惠政策执行期限的通知》（财税〔2009〕131号），完整延续该项政策内容。

2011年，为了帮助伤残人员康复或者恢复残疾肢体功能，保证伤残人员人身安全、劳动就业以及平等参与社会生活，保障和提高伤残人员的权益，经请示国务院同意，财政部、国家税务总局、民政部出台《关于生产和装配伤残人员专门用品企业免征企业所得税的通知》（财税〔2011〕81号），调整了生产和装配伤残人员专门用品企业免征所得税政策有关口径。一是《中国伤残人员专门用品目录》有所调整；二是所取得的年度伤残人员专门用品销售收入（不含出口取得的收入）占企业全部收入比例从"50%以上"调整为"60%以上"；三是企业拥有取得注册登记的假肢、矫形器（辅助器具）制作师执业资格证书的专业技术人员从"不得少于2人"调整为"不得少于1人"；四是场地限制条件调整为"具有独立的接待室、假肢或者矫形器（辅助器具）制作室和假肢功能训练室，使用面积不少于115平方米"。其后，2016年、2021年先后发布《关于生产和装配伤残人员专门用品企业免征企业所得税的通知》（财税〔2016〕111号）、《关于生产和装配伤残人员专门用品企业免征企业所得税的公告》（财政部 税务总局 民政部公告2021年第14号），总体延续了财税〔2011〕81号文件的政策内容，在征管细节上做了微调。上述政策主要发展情况见表8-40。

表8-40　政策主要发展情况表（截至2022年6月1日）

年度	政策依据	主要内容	效力
2004	财税〔2004〕132号	规定了生产和装配伤残人员专门用品企业免征所得税政策	2004年1月1日至2005年12月31日
2006	财税〔2006〕148号	延续政策	2006年1月1日至2008年12月31日
2009	财税〔2009〕131号	延续政策	2009年1月1日至2010年12月31日
2011	财税〔2011〕81号	调整了生产和装配伤残人员专门用品企业免征所得税政策有关口径	2011年1月1日至2015年12月31日
2016	财税〔2016〕111号	延续政策，享受方式改为"备案"；取消了"注册登记的假肢、矫形器（辅助器具）制作师执业资格证书"有关表述	2016年1月1日至2020年12月31日
2021	财政部 税务总局 民政部公告2021年第14号	延续政策，享受方式改为"自行判别、申报享受、相关资料留存备查"；明确"收入总额，是指《中华人民共和国企业所得税法》第六条规定的收入总额"	2021年1月1日至2023年12月31日

8.8.3　申报管理

8.8.3.1　享受程序

企业享受优惠事项采取"自行判别、申报享受、相关资料留存备查"的办理方式。企业应当根据经营情况以及相关税收规定自行判断是否符合优惠事项规定的条件，符合条件的可以按规定的时间自行计算减免税额，并通过填报企业所得税纳税申报表享受税收优惠。同时，按规定归集和留存相关资料备查。

8.8.3.2　享受时间

季度预缴及年度汇算清缴均可享受。

8.8.3.3　填报示例

1.A类企业所得税季度预缴申报

查账征收纳税人在季度预缴时享受符合条件的生产和装配伤残人员专门用品企

业免征企业所得税优惠政策涉及《A200000中华人民共和国企业所得税月（季）度预缴纳税申报表（A类）》1张表单。

纳税人需要根据《企业所得税申报事项目录》填报《A200000中华人民共和国企业所得税月（季）度预缴纳税申报表（A类）》第13.*行"符合条件的生产和装配伤残人员专门用品企业免征企业所得税"，填写后相关数据自动生成至第13行"减：减免所得税额"。

具体填报参见"8.7.3.3填报示例"。

2.A类企业所得税年度汇算清缴申报

查账征收纳税人在年度汇算清缴时享受符合条件的生产和装配伤残人员专门用品企业免征企业所得税优惠政策涉及《A100000中华人民共和国企业所得税年度纳税申报表（A类）》《A107040减免所得税优惠明细表》等2张表单。

纳税人需要填报《A107040减免所得税优惠明细表》第18行"十八、符合条件的生产和装配伤残人员专门用品企业免征企业所得税"，填写后数据自动生成至《A100000中华人民共和国企业所得税年度纳税申报表（A类）》第26行"减：减免所得税额"。

具体填报参见"8.7.3.3填报示例"。

8.8.3.4 留存备查资料

（1）生产和装配伤残人员专门用品，在民政部《中国伤残人员专门用品目录》范围之内的说明；

（2）伤残人员专门用品制作师名册、执业资格证书（假肢制作师、矫形器制作师）；

（3）企业的生产和装配条件以及帮助伤残人员康复的其他辅助条件的说明材料。

≪≪ 8.9 扶持退役士兵创业就业 ≫≫

8.9.1 政策概述

8.9.1.1 基本规定

2019年1月1日至2023年12月31日，招用自主就业退役士兵，与其签订1年以上期限劳动合同并依法缴纳社会保险费的，在3年内按实际招用人数予以定额依次扣减增值税、城市维护建设税、教育费附加、地方教育附加和企业所得税。定额标准为每人每年6 000元，最高可上浮50%，各省、自治区、直辖市人民政府可根据本地区实际情况在此幅度内确定具体定额标准。

8.9.1.2 享受主体

与招用自主就业退役士兵签订1年以上期限劳动合同并依法缴纳社会保险费的企业。

上述企业是指属于增值税纳税人或企业所得税纳税人的企业等单位。

自主就业退役士兵是指依照《退役士兵安置条例》（国务院中央军委令第608号）的规定退出现役并按自主就业方式安置的退役士兵。

8.9.1.3 减免税总额核算

企业按招用人数和签订的劳动合同时间核算企业减免税总额。

自主就业退役士兵在企业工作不满1年的，应当按月换算减免税限额。其计算公式为：

$$企业核算减免税总额 = \sum 每名自主就业退役士兵本年度在本单位工作月份 \div 12 \times 具体定额标准$$

8.9.1.4 税款减免顺序及额度

在核算减免税总额内每月依次扣减增值税、城市维护建设税、教育费附加和地方教育附加。企业实际应缴纳的增值税、城市维护建设税、教育费附加和地方教育附加小于核算减免税总额的，以实际应缴纳的增值税、城市维护建设税、教育费附加和地方教育附加为限；实际应缴纳的增值税、城市维护建设税、教育费附加和地方教育附加大于核算减免税总额的，以核算减免税总额为限。

纳税年度终了，如果企业实际减免的增值税、城市维护建设税、教育费附加和地方教育附加小于核算减免税总额，企业在企业所得税汇算清缴时以差额部分扣减企业所得税。当年扣减不完的，不再结转以后年度扣减。

城市维护建设税、教育费附加、地方教育附加的计税依据是享受本项税收优惠政策前的增值税应纳税额。

8.9.2 政策沿革

支持退役士兵创业就业有关税收政策自出台以来，在政策导向和政策设计方面一脉相承，在政策名称、优惠内容、享受主体、享受程序等细节方面有不同程度的变化。

2004年，财政部、国家税务总局出台《关于扶持城镇退役士兵自谋职业有关税收优惠政策的通知》（财税〔2004〕93号），规定了对为安置自谋职业的城镇退役士兵就业而新办的服务型企业（除广告业、桑拿、按摩、网吧、氧吧外）或新办的商业零售企业，当年新安置自谋职业的城镇退役士兵达到职工总数30%以上，并与其签订1年以上期限劳动合同的，经县级以上民政部门认定，税务机关审核，3年内免征企业所得税；当年新安置自谋职业的城镇退役士兵人数不足职工总数

30%，但与其签订1年以上期限劳动合同的，经县级以上民政部门认定，税务机关审核，3年内可按计算的减征比例减征企业所得税。

2011年10月29日，修订的《中华人民共和国兵役法》和首次制定的《退役士兵安置条例》公布，城乡一体的退役士兵安置改革正式施行，退役士兵安置工作进入新的历史时期。为贯彻落实中央对扎实做好退役士兵安置工作的新要求，经国务院批准，2014年，财政部、国家税务总局、民政部发布《关于调整完善扶持自主就业退役士兵创业就业有关税收政策的通知》（财税〔2014〕42号），调整完善自主就业退役士兵创业就业税收政策有关问题：一是享受主体调整为"商贸企业、服务型企业、劳动就业服务企业中的加工型企业和街道社区具有加工性质的小型企业实体"；二是去除了"当年新安置自谋职业的城镇退役士兵达到职工总数30%以上"这一限制条件；三是将税收减免方式由"免征、减征"调整为定额扣减税额，定额标准为每人每年4 000元，最高可上浮50%；四是依次扣减的税额增加了"地方教育附加"；五是享受程序由申请减免改为备案制。

2017年，财政部、国家税务总局、民政部出台了《关于继续实施扶持自主就业退役士兵创业就业有关税收政策的通知》（财税〔2017〕46号），结合"营改增"政策内容，对服务型企业的定义重新做了说明，即"服务型企业，是指从事《销售服务、无形资产、不动产注释》（《财政部 国家税务总局关于全面推开营业税改征增值税试点的通知》——财税〔2016〕36号附件）中"不动产租赁服务"、"商务辅助服务"（不含货物运输代理和代理报关服务）、"生活服务"（不含文化体育服务）范围内业务活动的企业以及按照《民办非企业单位登记管理暂行条例》（国务院令第251号）登记成立的民办非企业单位"。同时，依次扣减的税额中"营业税"改为"增值税"。

2019年，财政部、国家税务总局、退役军人部出台了《关于进一步扶持自主就业退役士兵创业就业有关税收政策的通知》（财税〔2019〕21号），对政策进一步做了几方面调整：一是享受主体方面统一为"企业"，并规定"所称企业是指属于增值税纳税人或企业所得税纳税人的企业等单位"；二是优惠内容提升为"定额标准为每人每年6 000元，最高可上浮50%"；三是享受程序从"备案"改为"自行判断、申报享受、相关资料留存备查"。2022年，《关于延长部分税收优惠政策执行期限的公告》（财政部 税务总局公告2022年第4号）将财税〔2019〕21号文件的优惠政策执行期限延长至2023年12月31日。

注：浙江配套出台的地方政策中，浙地税函〔2013〕372号文件规定"每人每年定额6 000元依次扣减营业税、城市维护建设税、教育费附加和企业所得税"。浙财税政〔2017〕18号文件规定"每人每年定额由4 000元上浮50%至6 000元，依次扣减增值税、城市维护建设税、教育费附加、地方教育附加和企业所得税"。浙财税政〔2019〕7号文件规定"以每人每年9 000元的定额标准，依次扣减增值税、城市维护建设税、教育费附加、地方教育附加和企业所得税"。上述政策主要发展情况见表8-41。

表8-41　　　　　　　　政策主要发展情况表（截至2022年6月1日）

年度	政策依据	主要内容	效力
2004	财税〔2004〕93号	规定了安置自谋职业的城镇退役士兵的企业的减征、免征税收优惠政策	2004年1月1日至2013年12月31日
2014	财税〔2014〕42号	将政策调整为定额扣减税款。定额标准为每人每年4000元，最高可上浮50%	2014年1月1日至2016年12月31日
2017	财税〔2017〕46号	延续自主就业退役士兵创业就业有关税收政策。定额标准为每人每年4000元，最高可上浮50%	2017年1月1日至2018年12月31日
2019	财税〔2019〕21号	延续自主就业退役士兵创业就业有关税收政策。定额标准为每人每年6000元，最高可上浮50%	2019年1月1日至2023年12月31日。参见：财政部 税务总局公告2022年第4号

8.9.3　申报管理

8.9.3.1　享受程序

企业享受优惠事项采取"自行判别、申报享受、相关资料留存备查"的办理方式。企业应当根据经营情况以及相关税收规定自行判断是否符合优惠事项规定的条件，符合条件的可以按规定的时间自行计算减免税额，并通过填报企业所得税纳税申报表享受税收优惠。同时，按规定归集和留存相关资料备查。

8.9.3.2　享受时间

年度汇算清缴享受。

8.9.3.3　填报示例

查账征收纳税人在年度汇算清缴时享受扶持自主就业退役士兵创业就业企业限额减征企业所得税优惠政策涉及《A100000中华人民共和国企业所得税年度纳税申报表（A类）》《A107040减免所得税优惠明细表》等2张表单。

纳税人填报《A107040减免所得税优惠明细表》第31行"三十一、扶持自主就业退役士兵创业就业企业限额减征企业所得税"，填写后数据自动生成至《A100000中华人民共和国企业所得税年度纳税申报表（A类）》第26行"减：减免所得税额"。

▶▶▶例8-14 浙江甬明公司于2021年1月招用了3名退役士兵，与其签订1年以上期限劳动合同并依法缴纳社会保险费，2021年度享受了增值税、城市维护建设税、教育费附加、地方教育附加扣减共计15 000元，2021年度企业所得税汇算清缴时，应纳企业所得税额为8 000元，季度累计预缴企业所得税税款6 000元。

解析：浙江甬明公司享受了增值税、城市维护建设税、教育费附加、地方教育附加扣减共计15 000元后，还可以享受企业所得税扣减额：3×9 000-15 000=12 000（元）。企业所得税实际扣减不超过应纳所得税额8 000元，未享受扣减的4 000元不再结转以后年度扣减。

浙江甬明公司企业所得税汇算清缴应补（退）税额=应纳所得税额-减免税额-已预缴税额=8 000-8 000-6 000=-6 000（元）。浙江甬明公司2021年度汇缴可以退企业所得税税款6 000元。

浙江甬明公司年度汇缴申报时填报《A100000中华人民共和国企业所得税年度纳税申报表（A类）》《A107040减免所得税优惠明细表》，分别见表8-42、表8-43。

表8-42　A100000中华人民共和国企业所得税年度纳税申报表（A类）

行次	类别	项　目	金　额
		⋮	
24		税率（25%）	
25		六、应纳所得税额（23×24）	8 000
26		减：减免所得税额（填写A107040）	8 000
27		减：抵免所得税额（填写A107050）	
28		七、应纳税额（25-26-27）	0
29	应纳税额计算	加：境外所得应纳所得税额（填写A108000）	
30		减：境外所得抵免所得税额（填写A108000）	
31		八、实际应纳所得税额（28+29-30）	0
32		减：本年累计实际已缴纳的所得税额	6 000
33		九、本年应补（退）所得税额（31-32）	-6 000
34		其中：总机构分摊本年应补（退）所得税额（填写A109000）	
35		财政集中分配本年应补（退）所得税额（填写A109000）	
36		总机构主体生产经营部门分摊本年应补（退）所得税额（填写A109000）	

表8-43　　　　　　　　A107040减免所得税优惠明细表

行次	项 目	金额
1	一、符合条件的小型微利企业减免企业所得税	
2	二、国家需要重点扶持的高新技术企业减按15%的税率征收企业所得税（填写A107041）	
	⋮	
29	二十九、减：项目所得额按法定税率减半征收企业所得税叠加享受减免税优惠	
30	三十、支持和促进重点群体创业就业企业限额减征企业所得税（30.1+30.2）	
30.1	（一）企业招用建档立卡贫困人口就业扣减企业所得税	
30.2	（二）企业招用登记失业半年以上人员就业扣减企业所得税	
31	三十一、扶持自主就业退役士兵创业就业企业限额减征企业所得税	8 000
32	三十二、符合条件的公司型创投企业按照企业年末个人股东持股比例减免企业所得税（个人股东持股比例____%）	
33	三十三、民族自治地方的自治机关对本民族自治地方的企业应缴纳的企业所得税中属于地方分享的部分减征或免征（≤免征≤减征：减征幅度____%）	
34	合计（1+2+…+28-29+30+31+32+33）	8 000

≪≪　8.10　扶持重点群体创业就业　≫≫

8.10.1　政策概述

8.10.1.1　基本规定

2019年1月1日至2025年12月31日，自签订劳动合同并缴纳社会保险当月起，在3年（36个月）内按实际招用人数予以定额依次扣减增值税、城市维护建设税、教育费附加、地方教育附加和企业所得税优惠。定额标准为每人每年6 000元，最高可上浮30%，各省、自治区、直辖市人民政府可根据本地区实际情况在此幅度内确定具体定额标准。

8.10.1.2　享受主体

招用建档立卡贫困人口，以及在人力资源社会保障部门公共就业服务机构登记失业半年以上且持《就业创业证》或《就业失业登记证》（注明"企业吸纳税收政策"）人员，与其签订1年以上期限劳动合同并依法缴纳社会保险费的企业。

上述企业是指属于增值税纳税人或企业所得税纳税人的企业等单位。

8.10.1.3　享受主体需申请相关证明

享受招用重点群体就业税收优惠政策的企业，持下列材料向县以上人力资源社会保障部门递交申请：

（1）招用人员持有的《就业创业证》（建档立卡贫困人口不需提供）。

（2）企业与招用重点群体签订的劳动合同（副本），企业依法为重点群体缴纳的社会保险记录。通过内部信息共享、数据比对等方式审核的地方，可不再要求企业提供缴纳社会保险记录。

县以上人力资源社会保障部门接到企业报送的材料后，重点核实以下情况：

（1）招用人员是否属于享受税收优惠政策的人员范围，以前是否已享受过重点群体创业就业税收优惠政策。

（2）企业是否与招用人员签订了1年以上期限劳动合同，并依法为招用人员缴纳社会保险。

核实后，对持有《就业创业证》的重点群体，在其《就业创业证》上注明"企业吸纳税收政策"；对符合条件的企业核发《企业吸纳重点群体就业认定证明》。

招用人员发生变化的，应向人力资源社会保障部门办理变更申请。

8.10.1.4　减免税总额核算

纳税人按本单位招用重点群体的人数及其实际工作月数核算本单位减免税总额。

享受优惠政策当年，重点群体人员工作不满1年的，应当以实际月数换算其减免税总额。

减免税总额 $=\sum$ 每名重点群体人员本年度在本企业工作月数 $\div 12\times$ 具体定额标准

第2年及以后年度当年新招用人员、原招用人员及其工作时间按上述程序和办法执行。计算每名重点群体人员享受税收优惠政策的期限最长不超过36个月。

8.10.1.5　税款减免顺序及额度

在减免税总额内每月依次扣减增值税、城市维护建设税、教育费附加和地方教育附加。城市维护建设税、教育费附加、地方教育附加的计税依据是享受本项税收优惠政策前的增值税应纳税额。

纳税人实际应缴纳的增值税、城市维护建设税、教育费附加和地方教育附加小于核算的减免税总额的，以实际应缴纳的增值税、城市维护建设税、教育费附加、地方教育附加为限；实际应缴纳的增值税、城市维护建设税、教育费附加和地方教育附加大于核算的减免税总额的，以核算的减免税总额为限。纳税年度终了，如果纳税人实际减免的增值税、城市维护建设税、教育费附加和地方教育附加小于核算的减免税总额，纳税人在企业所得税汇算清缴时，以差额部分扣减企业所得税。当年扣减不完的，不再结转以后年度扣减。

8.10.1.6　申领《就业创业证》

凭《就业创业证》享受上述优惠政策的人员，按以下规定申领《就业创业证》：

（1）失业人员在常住地公共就业服务机构进行失业登记，申领《就业创业证》。对其中的零就业家庭、城市低保家庭的登记失业人员，公共就业服务机构应在其《就业创业证》上予以注明。

（2）毕业年度内高校毕业生在校期间凭学生证向公共就业服务机构申领《就业创业证》，或委托所在高校就业指导中心向公共就业服务机构代为申领《就业创业证》；毕业年度内高校毕业生离校后可凭毕业证直接向公共就业服务机构按规定申领《就业创业证》。

8.10.1.7　政策管理要求

（1）严格各项凭证的审核发放。任何单位或个人不得伪造、涂改、转让、出租相关凭证，违者将依法予以惩处；对出借、转让《就业创业证》的人员，主管人力资源社会保障部门要收回其《就业创业证》并记录在案；对采取上述手段已经获取减免税的企业和个人，主管税务机关要追缴其已减免的税款，并依法予以处理。

（2）《就业创业证》采用实名制，限持证者本人使用。创业人员从事个体经营的，《就业创业证》由本人保管；被用人单位招用的，享受税收优惠政策期间，证件由用人单位保管。《就业创业证》由人力资源和社会保障部统一样式，各省、自治区、直辖市人力资源社会保障部门负责印制，作为审核劳动者就业失业状况和享受政策情况的有效凭证。

（3）《企业吸纳重点群体就业认定证明》由人力资源和社会保障部统一样式，各省、自治区、直辖市人力资源社会保障部门统一印制，统一编号备案，相关信息由当地人力资源社会保障部门按需提供给税务部门。

（4）县以上人力资源社会保障、税务部门及扶贫办要建立劳动者就业信息交换和协查制度。人力资源和社会保障部建立全国《就业创业证》查询系统（http：//jyjc.mohrss.gov.cn），供各级人力资源社会保障、财政、税务部门查询《就业创业证》信息。国家乡村振兴局建立全国统一的全国扶贫开发信息系统，供各级扶贫办、人力资源社会保障、财政、税务部门查询建档立卡贫困人口身份等相关信息。

（5）各级税务机关对《就业创业证》或建档立卡贫困人口身份有疑问的，可提请同级人力资源社会保障部门、扶贫办予以协查，同级人力资源社会保障部门、扶贫办应根据具体情况规定合理的工作时限，并在时限内将协查结果通报提请协查的税务机关。

8.10.2　政策沿革

支持就业企业所得税优惠政策自出台以来，在政策导向和政策设计方面一脉相承，在政策名称、优惠内容、享受主体、扶持对象、享受程序等细节方面有不同程度的变化。

2006年，财政部、国家税务总局出台《关于下岗失业人员再就业有关税收政策问题的通知》（财税〔2005〕186号），规定了"对商贸企业、服务型企业（除广告业、房屋中介、典当、桑拿、按摩、氧吧外）、劳动就业服务企业中的加工型企业和街道社区具有加工性质的小型企业实体，在新增加的岗位中，当年新招用持《再就业优惠证》人员，与其签订1年以上期限劳动合同并依法缴纳社会保险费的，按实际招用人数予以定额依次扣减营业税、城市维护建设税、教育费附加和企业所得税优惠。定额标准为每人每年4 000元，可上下浮动20%"。随后，《关于延长下岗失业人员再就业有关税收政策的通知》（财税〔2009〕23号）、《关于延长下岗失业人员再就业有关税收政策审批期限的通知》（财税〔2010〕10号）将该项政策延续到2010年12月31日。2010年，财政部、国家税务总局出台《关于支持和促进就业有关税收政策的通知》（财税〔2010〕84号），将《再就业优惠证》变为《就业失业登记证》（注明"企业吸纳税收政策"）。同年，国家税务总局、财政部、人力资源和社会保障部、教育部出台《关于支持和促进就业有关税收政策具体实施问题的公告》（国家税务总局公告2010年第25号），详细规定了税收减免申请及审核办法，后被《关于支持和促进重点群体创业就业有关税收政策具体实施问题的公告》（国家税务总局公告2014年第34号）废止。

2014年，财政部、国家税务总局、人力资源和社会保障部出台《关于继续实施支持和促进重点群体创业就业有关税收政策的通知》（财税〔2014〕39号），政策内容有较大改变。一是对作为享受主体的服务型企业不再限制"除广告业、房屋中介、典当、桑拿、按摩、氧吧外"，且增加了"按照《民办非企业单位登记管理暂行条例》（国务院令第251号）登记成立的民办非企业单位"；二是定额标准改为"最高可上浮30%"；三是补充增加企业新招用人员须"在人力资源社会保障部门公共就业服务机构登记失业一年以上"；四是依次扣减的税额增加了"地方教育附加"；五是享受程序由申请减免改为备案制。2015年，先后出台了《财政部 税务总局 人力资源和社会保障部 教育部关于支持和促进重点群体创业就业税收政策有关问题的补充通知》（财税〔2015〕18号）、《财政部 国家税务总局 人力资源和社会保障部关于扩大企业吸纳就业税收优惠适用人员范围的通知》（财税〔2015〕77号），对财税〔2014〕39号文件的内容做进一步补充及调整。

2017年，财政部、国家税务总局、人力资源和社会保障部出台《关于继续实施支持和促进重点群体创业就业有关税收政策的通知》（财税〔2017〕49号），结合"营改增"政策内容，对服务型企业的定义重新做了说明，即"服务型企业，是指从事《销售服务、无形资产、不动产注释》（《财政部 国家税务总局关于全面推开营业税改征增值税试点的通知》财税〔2016〕36号附件）中"不动产租赁服务"、"商务辅助服务"（不含货物运输代理和代理报关服务）、"生活服务"（不含文化体育服务）范围内业务活动的企业以及按照《民办非企业单位登记管理暂行条例》（国务院令第251号）登记成立的民办非企业单位"。同时，依次扣减的税额中"营业税"改为"增值税"。

2019年，财政部、国家税务总局、人力资源和社会保障部、国务院扶贫办①出台《关于进一步支持和促进重点群体创业就业有关税收政策的通知》（财税〔2019〕22号），对政策进一步做了几方面调整：一是招用人员方面增加"建档立卡贫困人口"；二是享受主体方面统一为"企业"，并规定"所称企业是指属于增值税纳税人或企业所得税纳税人的企业等单位"；三是优惠内容提升为"定额标准为每人每年6000元，最高可上浮30%"；四是享受程序从"备案"改为"自行判断、申报享受、相关资料留存备查"。同年，国家税务总局、人力资源和社会保障部、国务院扶贫办、教育部出台《关于实施支持和促进重点群体创业就业有关税收政策具体操作问题的公告》（国家税务总局公告2019年第10号），明确政策执行具体操作问题。

2021年，《财政部 税务总局 人力资源社会保障部 国家乡村振兴局关于延长部分扶贫税收优惠政策执行期限的公告》（财政部 税务总局 人力资源社会保障部 国家乡村振兴局公告2021年第18号）出台，将财税〔2019〕22号规定的税收优惠政策，执行期限延长至2025年12月31日。

注：浙江配套出台的地方政策中，浙财税政〔2014〕10号文件规定"每人每年定额由4000元上浮30%至5200元，依次扣减营业税、城市维护建设税、教育费附加、地方教育附加和企业所得税"。浙财税政〔2017〕19号文件规定"每人每年定额由4000元上浮30%至5200元，依次扣减增值税、城市维护建设税、教育费附加、地方教育附加和企业所得税"。浙财税政〔2019〕8号文件规定"以每人每年7800元的定额标准，依次扣减增值税、城市维护建设税、教育费附加、地方教育附加和企业所得税"。

上述政策主要发展情况见表8-44。

表8-44 政策主要发展情况表（截至2022年6月1日）

年度	政策依据	主要内容	效力
2006	财税〔2005〕186号	规定了关于下岗失业人员再就业有关税收政策问题。定额标准为每人每年4000元，可上下浮动20%	2006年1月1日至2008年12月31日
2009 2010	财税〔2009〕23号、财税〔2010〕10号	延续了关于下岗失业人员再就业有关税收政策。定额标准为每人每年4000元，可上下浮动20%	2009年1月1日至2010年12月31日

① 现为国家乡村振兴局，本书后同。

续表

年度	政策依据	主要内容	效力
2010	财税〔2010〕84号	延续了关于支持和促进就业有关税收政策。《再就业优惠证》变为《就业失业登记证》（注明"企业吸纳税收政策"）	2011年1月1日至2013年12月31日
2014	财税〔2014〕39号	延续了关于支持和促进就业有关税收政策。定额标准为每人每年4000元，最高可上浮30%	2014年1月1日至2016年12月31日
2015	财税〔2015〕18号	将《就业失业登记证》更名为《就业创业证》	有效
2015	财税〔2015〕77号	将财税〔2014〕39号文件中"当年新招用在人力资源社会保障部门公共就业服务机构登记失业一年以上"的内容调整为"当年新招用在人力资源社会保障部门公共就业服务机构登记失业半年以上"，其他政策内容和具体实施办法不变	自2015年5月1日起施行
2017	财税〔2017〕49号	延续了支持和促进重点群体创业就业有关税收政策。定额标准为每人每年4000元，最高可上浮30%	2017年1月1日至2018年12月31日
2017	国家税务总局公告2017年第27号	明确政策执行具体操作问题	
2019	财税〔2019〕22号	定额标准为每人每年6000元，最高可上浮30%	2019年1月1日至2025年12月31日，参见：财部部 税务总局 人力资源社会保障部 国家乡村振兴局公告2021年第18号
2019	国家税务总局公告2019年第10号	明确政策执行具体操作问题	有效

8.10.3　申报管理

8.10.3.1　享受程序

企业享受优惠事项采取"自行判别、申报享受、相关资料留存备查"的办理方式。企业应当根据经营情况以及相关税收规定自行判断是否符合优惠事项规定的条

件，符合条件的可以按规定的时间自行计算减免税额，并通过填报企业所得税纳税申报表享受税收优惠。同时，按规定归集和留存相关资料备查。

8.10.3.2　享受时间

年度汇算清缴享受。

8.10.3.3　填报示例

查账征收纳税人在年度汇算清缴时享受支持和促进重点群体创业就业企业限额减征企业所得税优惠政策涉及《A100000中华人民共和国企业所得税年度纳税申报表（A类）》《A107040减免所得税优惠明细表》等2张表单。

纳税人根据实际情况填报《A107040减免所得税优惠明细表》第30.1行"企业招用建档立卡贫困人口就业扣减企业所得税"或第30.2行"企业招用登记失业半年以上人员就业扣减企业所得税"，填写后数据自动生成至表A107040第30行"三十、支持和促进重点群体创业就业企业限额减征企业所得税"，以及《A100000中华人民共和国企业所得税年度纳税申报表（A类）》第26行"减：减免所得税额"。

具体填报参见"8.9.3.3填报示例"。

8.10.3.4　留存备查资料

（1）享受税收优惠政策的登记失业半年以上的人员，零就业家庭、城市低保家庭的登记失业人员，以及毕业年度内高校毕业生的《就业创业证》（注明"企业吸纳税收政策"）。

（2）县以上人力资源社会保障部门核发的《企业吸纳重点群体就业认定证明》。

（3）《重点群体人员本年度实际工作时间表》。

≪≪　8.11　其他减免所得税优惠政策　≫≫

8.11.1　政策概述

8.11.1.1　西部大开发

《关于延续西部大开发企业所得税政策的公告》（财政部 税务总局 国家发展改革委公告2020年第23号）规定：

自2021年1月1日至2030年12月31日，对设在西部地区的鼓励类产业企业减按15%的税率征收企业所得税。所称鼓励类产业企业是指以《西部地区鼓励类产业目录》中规定的产业项目为主营业务，且其主营业务收入占企业收入总额 60% 以上的企业。

税务机关在后续管理中，不能准确判定企业主营业务是否属于国家鼓励类产业项目时，可提请发展改革等相关部门出具意见。对不符合税收优惠政策规定条件的，由税务机关按税收征收管理法及有关规定进行相应处理。具体办法由省级发展改革、税务部门另行制定。

所称西部地区包括内蒙古自治区、广西壮族自治区、重庆市、四川省、贵州省、云南省、西藏自治区、陕西省、甘肃省、青海省、宁夏回族自治区、新疆维吾尔自治区和新疆生产建设兵团。湖南省湘西土家族苗族自治州、湖北省恩施土家族苗族自治州、吉林省延边朝鲜族自治州和江西省赣州市，可以比照西部地区的企业所得税政策执行。

《财政部 海关总署 国家税务总局关于深入实施西部大开发战略有关税收政策问题的通知》（财税〔2011〕58 号）、《财政部 海关总署 国家税务总局关于赣州市执行西部大开发税收政策问题的通知》（财税〔2013〕4 号）中的企业所得税政策规定自 2021 年 1 月 1 日起停止执行。

8.11.1.2 新疆困难地区新办企业

根据《财政部 税务总局关于新疆困难地区及喀什、霍尔果斯两个特殊经济开发区新办企业所得税优惠政策的通知》（财税〔2021〕27 号）的规定：2021 年 1 月 1 日至 2030 年 12 月 31 日，对在新疆困难地区新办的属于《新疆困难地区重点鼓励发展产业企业所得税优惠目录》（本节以下简称《目录》）范围内的企业，自取得第一笔生产经营收入所属纳税年度起，第一年至第二年免征企业所得税、第三年至第五年减半征收企业所得税。

享受上述企业所得税定期减免税政策的企业，在减半期内，按照企业所得税 25% 的法定税率计算的应纳税额减半征税。

新疆困难地区包括南疆三地州、其他脱贫县（原国家扶贫开发重点县）和边境县市。

属于《目录》范围内的企业是指以《目录》中规定的产业项目为主营业务，其主营业务收入占企业收入总额 60% 以上的企业。

第一笔生产经营收入，是指产业项目已建成并投入运营后所取得的第一笔收入。

8.11.1.3 新疆喀什、霍尔果斯两个特殊经济开发区

根据《财政部 税务总局关于新疆困难地区及喀什、霍尔果斯两个特殊经济开发区新办企业所得税优惠政策的通知》（财税〔2021〕27 号）的规定：2021 年 1 月 1 日至 2030 年 12 月 31 日，对在新疆喀什、霍尔果斯两个特殊经济开发区内新办的属于《新疆困难地区重点鼓励发展产业企业所得税优惠目录》（本节以下简称《目

录》）范围内的企业，自取得第一笔生产经营收入所属纳税年度起，五年内免征企业所得税。

属于《目录》范围内的企业是指以《目录》中规定的产业项目为主营业务，其主营业务收入占企业收入总额60%以上的企业。

第一笔生产经营收入，是指产业项目已建成并投入运营后所取得的第一笔收入。

8.11.1.4　横琴新区、平潭综合实验区、前海深港现代服务业合作区

根据《财政部 税务总局关于横琴粤澳深度合作区企业所得税优惠政策的通知》（财税〔2022〕19号）的规定：（1）对设在横琴粤澳深度合作区符合条件的产业企业，减按15%的税率征收企业所得税。享受本条优惠政策的企业需符合以下条件：①以《横琴粤澳深度合作区企业所得税优惠目录（2021版）》中规定的产业项目为主营业务，且其主营业务收入占收入总额60%以上。收入总额按照《中华人民共和国企业所得税法》第六条规定执行。②进行实质性运营，实质性运营是指企业的实际管理机构设在横琴粤澳深度合作区，并对企业生产经营、人员、账务、财产等实施实质性全面管理和控制。对不符合实质性运营的企业，不得享受优惠。对总机构设在横琴粤澳深度合作区的企业，仅就其设在合作区内符合本条规定条件的总机构和分支机构的所得适用15%税率；对总机构设在合作区以外的企业，仅就其设在合作区内符合本条规定条件的分支机构所得适用15%税率。（2）本通知所称横琴粤澳深度合作区的范围，按照中共中央、国务院2021年印发的《横琴粤澳深度合作区建设总体方案》执行。本通知自2021年1月1日起执行。

根据《财政部 税务总局关于延续福建平潭综合实验区企业所得税优惠政策的通知》（财税〔2021〕29号）的规定：（1）对设在平潭综合实验区的符合条件的企业减按15%的税率征收企业所得税。享受上述优惠政策的企业需符合的条件，是指以《平潭综合实验区企业所得税优惠目录（2021版）》中规定的产业项目为主营业务，且其主营业务收入占收入总额60%以上。收入总额按照《中华人民共和国企业所得税法》第六条规定执行。（2）本通知所称平潭综合实验区的范围，按照国务院2011年11月批复的《平潭综合实验区总体发展规划》执行。（3）对总机构设在平潭综合实验区的企业，仅就其设在实验区内符合本通知第一条规定条件的总机构和分支机构的所得适用15%税率；对总机构设在实验区以外的企业，仅就其设在实验区内符合本通知第一条规定条件的分支机构所得适用15%税率。本通知自2021年1月1日起执行至2025年12月31日。

根据《财政部 税务总局关于延续深圳前海深港现代服务业合作区企业所得税优惠政策的通知》（财税〔2021〕30号）的规定：（1）对设在前海深港现代服务业合作区的符合条件的企业按15%的税率征收企业所得税。享受上述优惠政策的企业需符合的条件，是指以《前海深港现代服务业合作区企业所得税优惠目录（2021版）》中规定的产业项目为主营业务，且其主营业务收入占收入总额60%以上。

收入总额按照《中华人民共和国企业所得税法》第六条规定执行。(2) 本通知所称前海深港现代服务业合作区的范围,按照国务院 2010 年 8 月批复的《前海深港现代服务业合作区总体发展规划》执行。(3) 对总机构设立在前海深港现代服务业合作区的企业,仅就其合作区内符合本通知规定条件的总机构和分支机构的所得适用15% 税率;对总机构设在合作区以外的企业,仅就其设立在合作区内符合本通知规定的分支机构所得适用 15% 税率。本通知自 2021 年 1 月 1 日起执行至 2025 年 12 月31 日。

8.11.1.5 海南自由贸易港

《财政部 税务总局关于海南自由贸易港企业所得税优惠政策的通知》(财税〔2020〕31 号)规定:

自 2020 年 1 月 1 日起执行至 2024 年 12 月 31 日,对注册在海南自由贸易港并实质性运营的鼓励类产业企业,减按 15% 的税率征收企业所得税。

所称鼓励类产业企业,是指以海南自由贸易港鼓励类产业目录中规定的产业项目为主营业务,且其主营业务收入占企业收入总额 60% 以上的企业。所称实质性运营,是指企业的实际管理机构设在海南自由贸易港,并对企业生产经营、人员、账务、财产等实施实质性全面管理和控制。不符合实质性运营的企业,不得享受优惠。

海南自由贸易港鼓励类产业目录包括《产业结构调整指导目录(2019 年本)》、《鼓励外商投资产业目录(2019 年版)》和海南自由贸易港新增鼓励类产业目录。上述目录在本通知执行期限内修订的,自修订版实施之日起按新版本执行。

对总机构设在海南自由贸易港的符合条件的企业,仅就其设在海南自由贸易港的总机构和分支机构的所得,适用 15% 的税率;对总机构设在海南自由贸易港以外的企业,仅就其设在海南自由贸易港内的符合条件的分支机构的所得,适用 15%的税率。具体征管办法按照国家税务总局有关规定执行。

8.11.1.6 上海自由贸易试验区临港新片区

《财政部 税务总局关于中国(上海)自贸试验区临港新片区重点产业企业所得税政策的通知》(财税〔2020〕38 号)规定:

对新片区内从事集成电路、人工智能、生物医药、民用航空等关键领域核心环节相关产品(技术)业务,并开展实质性生产或研发活动的符合条件的法人企业,自设立之日起 5 年内减按 15% 的税率征收企业所得税。

上海市财税部门会同产业主管部门制定重点产业企业认定具体操作管理办法,并报财政部、国家税务总局备案。

本通知自 2020 年 1 月 1 日起实施。2019 年 12 月 31 日前已在新片区注册登记且从事本通知附件《新片区集成电路、人工智能、生物医药、民用航空关键领域核心环节目录》所列业务的实质性生产或研发活动的符合条件的法人企业,可自 2020

年至该企业设立满5年期限内按照本通知执行。

8.11.1.7　民族自治地方

《中华人民共和国企业所得税法》第二十九条规定：民族自治地方的自治机关对本民族自治地方的企业应缴纳的企业所得税中属于地方分享的部分，可以决定减征或者免征。自治州、自治县决定减征或者免征的，须报省、自治区、直辖市人民政府批准。

《中华人民共和国企业所得税法实施条例》第九十四条规定：企业所得税法第二十九条所称民族自治地方，是指依照《中华人民共和国民族区域自治法》的规定，实行民族区域自治的自治区、自治州、自治县。对民族自治地方内国家限制和禁止行业的企业，不得减征或者免征企业所得税。

8.11.1.8　冬奥会和冬残奥会

《财政部 税务总局 海关总署关于北京2022年冬奥会和冬残奥会税收政策的通知》（财税〔2017〕60号）规定：

对北京冬奥组委免征应缴纳的企业所得税。

中国奥委会、主办城市、国际奥委会签订的《北京2022年冬季奥林匹克运动会主办城市合同》规定，北京冬奥组委全面负责和组织举办北京2022年冬残奥会，其取得的北京2022年冬残奥会收入及其发生的涉税支出比照执行北京2022年冬奥会的税收政策。

北京冬奥会测试赛赛事组委会取得的收入及发生的涉税支出比照执行北京冬奥组委的税收政策。

8.11.1.9　受灾地区农村信用社免征企业所得税

针对汶川地震灾区、玉树地震灾区、舟曲泥石流灾区、芦山地震灾区、鲁甸地震受灾地区的农村信用社免征企业所得税政策已执行到期。

8.11.1.10　经济特区和上海浦东新区新设立的高新技术企业在区内取得的所得定期减免企业所得税

《国务院关于经济特区和上海浦东新区新设立高新技术企业实行过渡性税收优惠的通知》（国发〔2007〕40号）规定：

对经济特区和上海浦东新区内在2008年1月1日（含）之后完成登记注册的国家需要重点扶持的高新技术企业（以下简称新设高新技术企业），在经济特区和上海浦东新区内取得的所得，自取得第一笔生产经营收入所属纳税年度起，第一年至第二年免征企业所得税，第三年至第五年按照25%的法定税率减半征收企业所得税。

国家需要重点扶持的高新技术企业，是指拥有核心自主知识产权，同时符合

《中华人民共和国企业所得税法实施条例》第九十三条规定的条件，并按照《高新技术企业认定管理办法》认定的高新技术企业。

经济特区和上海浦东新区内新设高新技术企业同时在经济特区和上海浦东新区以外的地区从事生产经营的，应当单独计算其在经济特区和上海浦东新区内取得的所得，并合理分摊企业的期间费用；没有单独计算的，不得享受企业所得税优惠。

经济特区和上海浦东新区内新设高新技术企业在按照本通知的规定享受过渡性税收优惠期间，由于复审或抽查不合格而不再具有高新技术企业资格的，从其不再具有高新技术企业资格年度起，停止享受过渡性税收优惠；以后再次被认定为高新技术企业的，不得继续享受或者重新享受过渡性税收优惠。

本通知自 2008 年 1 月 1 日起执行。

8.11.1.11　中关村国家自主创新示范区公司型创业投资企业有关企业所得税试点政策

根据《财政部 税务总局 发展改革委 证监会关于中关村国家自主创新示范区公司型创业投资企业有关企业所得税试点政策的通知》（财税〔2020〕63 号）的规定：

自 2020 年 1 月 1 日起，对示范区内公司型创业投资企业，转让持有 3 年以上股权的所得占年度股权转让所得总额的比例超过 50% 的，按照年末个人股东持股比例减半征收当年企业所得税；转让持有 5 年以上股权的所得占年度股权转让所得总额的比例超过 50% 的，按照年末个人股东持股比例免征当年企业所得税。

上述两种情形下，应分别适用以下公式计算当年企业所得税免征额：

（1）转让持有 3 年以上股份的所得占年度股权转让所得总额的比例超过50% 的：

企业所得税免征额=年末个人股东持股比例×本年度企业所得税应纳税额÷2

（2）转让持有 5 年以上股权的所得占年度股权转让所得总额的比例超过50% 的：

企业所得税免征额=年末个人股东持股比例×本年度企业所得税应纳税额

本通知所称公司型创业投资企业，应同时符合以下条件：

（1）在示范区内注册成立，实行查账征收的居民企业。

（2）符合《创业投资企业管理暂行办法》（发展改革委等 10 部门令第 39 号）或者《私募投资基金监督管理暂行办法》（证监会令第 105 号）的要求，并按照规定完成备案且规范运作。

8.11.1.12　上海市浦东新区特定区域公司型创业投资企业有关企业所得税试点政策

根据《财政部 税务总局 发展改革委 证监会关于上海市浦东新区特定区域公司型创业投资企业有关企业所得税试点政策的通知》（财税〔2021〕53 号）的规定：

自2021年1月1日起，对上海市浦东新区特定区域内公司型创业投资企业，转让持有3年以上股权的所得占年度股权转让所得总额的比例超过50%的，按照年末个人股东持股比例减半征收当年企业所得税；转让持有5年以上股权的所得占年度股权转让所得总额的比例超过50%的，按照年末个人股东持股比例免征当年企业所得税。

上述两种情形下，应分别适用以下公式计算当年企业所得税免征额：

（1）转让持有3年以上股份的所得占年度股权转让所得总额的比例超过50%的：

企业所得税免征额=年末个人股东持股比例×本年度企业所得税应纳税额÷2

（2）转让持有5年以上股权的所得占年度股权转让所得总额的比例超过50%的：

企业所得税免征额=年末个人股东持股比例×本年度企业所得税应纳税额

所称公司型创业投资企业，应同时符合以下条件：

（1）在上海市浦东新区特定区域内注册成立，实行查账征收的居民企业。

（2）符合《创业投资企业管理暂行办法》（发展改革委等10部门令第39号）或者《私募投资基金监督管理暂行办法》（证监会令第105号）的要求，并按照规定完成备案且规范运作。

所称上海市浦东新区特定区域是指中国（上海）自由贸易试验区、中国（上海）自由贸易试验区临港新片区浦东部分和张江科学城。其中：中国（上海）自由贸易试验区，按照《国务院关于印发进一步深化中国（上海）自由贸易试验区改革开放方案的通知》（国发〔2015〕21号）规定的地理范围执行；中国（上海）自由贸易试验区临港新片区浦东部分，按照《国务院关于印发中国（上海）自由贸易试验区临港新片区总体方案的通知》（国发〔2019〕15号）规定的地理范围中位于浦东的部分执行；张江科学城，按照《上海市人民政府关于印发〈上海市张江科学城发展"十四五"规划〉的通知》（沪府发〔2021〕11号）规定的地理范围执行。

8.11.2　申报管理

8.11.2.1　享受程序

企业享受优惠事项采取"自行判别、申报享受、相关资料留存备查"的办理方式。企业应当根据经营情况以及相关税收规定自行判断是否符合优惠事项规定的条件，符合条件的可以按规定的时间自行计算减免税额，并通过填报企业所得税纳税申报表享受税收优惠。同时，按规定归集和留存相关资料备查。

8.11.2.2　享受时间

季度预缴及年度汇算清缴均可享受。

8.11.2.3 填报示例

1.A类企业所得税季度预缴申报

查账征收纳税人在季度预缴时享受上述企业所得税优惠政策涉及《A200000中华人民共和国企业所得税月（季）度预缴纳税申报表（A类）》1张表单。

纳税人根据《企业所得税申报事项目录》填报《A200000中华人民共和国企业所得税月（季）度预缴纳税申报表（A类）》第13.*行，填写后相关数据自动生成至第13行"减：减免所得税额"。

具体填报参见"8.7.3.3填报示例"。

2.A类企业所得税年度汇算清缴申报

查账征收纳税人在年度汇算清缴时享受上述企业所得税优惠政策涉及《A100000中华人民共和国企业所得税年度纳税申报表（A类）》《A107040减免所得税优惠明细表》等2张表单。

纳税人填报《A107040减免所得税优惠明细表》相应行次，填写后数据自动生成至《A100000中华人民共和国企业所得税年度纳税申报表（A类）》第26行"减：减免所得税额"。

具体填报参见"8.7.3.3填报示例"。

8.11.2.4 留存备查资料

（1）西部大开发

①主营业务属于《西部地区鼓励类产业目录》中的具体项目的相关证明材料；

②符合目录的主营业务收入占企业收入总额70%以上的说明。

（2）新疆困难地区新办企业定期减免企业所得税

由省税务机关规定。

（3）新疆喀什、霍尔果斯特殊经济开发区新办企业定期免征企业所得税

由省税务机关规定。

（4）广东横琴、福建平潭、深圳前海等地区的鼓励类产业企业减按15%税率征收企业所得税

由省税务机关（含计划单列市税务机关）规定。

（5）民族自治地方的自治机关对本民族自治地方的企业应缴纳的企业所得税中属于地方分享的部分减征或免征

由省税务机关规定。

（6）北京冬奥组委、北京冬奥会测试赛赛事组委会免征企业所得税

由省税务机关规定。

（7）受灾地区农村信用社免征企业所得税

由省税务机关规定。

（8）经济特区和上海浦东新区新设立的高新技术企业在区内取得的所得定期减免企业所得税

①高新技术企业资格证书；

②高新技术企业认定资料；

③知识产权相关材料；

④年度主要产品（服务）发挥核心支持作用的技术属于《国家重点支持的高新技术领域》规定范围的说明，高新技术产品（服务）及对应收入资料；

⑤年度职工和科技人员情况证明材料；

⑥当年和前两个会计年度研发费用总额及占同期销售收入比例、研发费用管理资料以及研发费用辅助账，研发费用结构明细表；

⑦新办企业取得第一笔生产经营收入凭证（原始凭证及账务处理凭证）；

⑧区内区外所得的核算资料。

9 抵免所得税

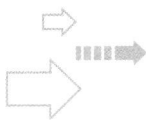

<<< 9.1　政策概述 >>>

　　企业购置并实际使用《环境保护专用设备企业所得税优惠目录》、《节能节水专用设备企业所得税优惠目录》和《安全生产专用设备企业所得税优惠目录》规定的环境保护、节能节水、安全生产等专用设备的，该专用设备的投资额的10%可以从企业当年的应纳税额中抵免；当年不足抵免的，可以在以后5个纳税年度结转抵免。

　　专用设备投资额，是指购买专用设备发票价税合计价格，但不包括按有关规定退还的增值税税款以及设备运输、安装和调试等费用。自2009年1月1日起，纳税人购进并实际使用专用设备并取得增值税专用发票的，在按照规定进行税额抵免时，如增值税进项税额允许抵扣，其专用设备投资额不再包括增值税进项税额；如增值税进项税额不允许明确抵扣，其专用设备投资额应为增值税专用发票上注明的价税合计金额。企业购买专用设备取得普通发票的，其专用设备投资额为普通发票上注明的金额。

　　当年应纳税额，是指企业当年的应纳税所得额乘以适用税率，扣除依照企业所得税法和国务院有关税收优惠规定以及税收过渡性优惠规定减征、免征税额后的余额。

　　购置并实际使用的环境保护、节能节水和安全生产专用设备，包括承租方企业以融资租赁方式租入的，并在融资租赁合同中约定租赁期届满时租赁设备所有权转移给承租方企业，且符合规定条件的上述专用设备。凡融资租赁期届满后租赁设备所有权未转移至承租方企业的，承租方企业应停止享受抵免企业所得税优惠，并补缴已经抵免的企业所得税税款。

　　企业购置并实际投入适用、已开始享受税收优惠的专用设备，如从购置之日起5个纳税年度内转让、出租，应在该专用设备停止使用当月停止享受企业所得税优惠，并补缴已经抵免的企业所得税税款。转让的受让方可以按照该专用设备投资额的10%抵免当年企业所得税应纳税额；当年应纳税额不足抵免的，可以在以后5个纳税年度结转抵免。

≪≪≪ 9.2　政策沿革 ≫≫≫

1. 抵免所得税优惠政策系统化（2008年）

2008年，《中华人民共和国企业所得税法》及其实施条例的实施，将购置用于环境保护、节能节水、安全生产等专用设备的投资额按一定比例实行税额抵免优惠政策以法律形式予以确认。为便于纳税人享受政策，财政部和国家税务总局联合各相关部门同年发布了《财政部 国家税务总局 国家发展改革委关于公布节能节水专用设备企业所得税优惠目录（2008年版）和环境保护专用设备企业所得税优惠目录（2008年版）的通知》（财税〔2008〕115号）和《财政部 国家税务总局 安全监管总局关于公布〈安全生产专用设备企业所得税优惠目录（2008年版）〉的通知》（财税〔2008〕118号），以目录形式对优惠设备范围做出了系统而详细的规定。此后，国家税务总局还发布了《关于执行环境保护专用设备企业所得税优惠目录、节能节水专用设备企业所得税优惠目录和安全生产专用设备企业所得税优惠目录有关问题的通知》（财税〔2008〕48号），明确政策享受相关条件。

2. 进一步明确相关政策口径（2009—2016年）

2009年，财政部、国家税务总局联合出台《关于执行企业所得税优惠政策若干问题的通知》（财税〔2009〕69号），明确了融资租赁方式租入专用设备享受优惠的条件。

2010年，国家税务总局出台《关于环境保护 节能节水 安全生产等专用设备投资抵免企业所得税有关问题的通知》（国税函〔2010〕256号），明确了专用设备投资额是否包含增值税的问题。

3. 更新专用设备目录（2017年至今）

为适应社会经济发展，2017年，财政部和国家税务总局联合各相关部门发布《财政部 税务总局 国家发展改革委 工业和信息化部 环境保护部关于印发节能节水和环境保护专用设备企业所得税优惠目录（2017年版）的通知》（财税〔2017〕71号），2018年又联合发布《财政部 国家税务总局 应急管理部关于印发〈安全生产专用设备企业所得税优惠目录（2018年版）〉的通知》（财税〔2018〕84号），对专用设备目录进行了更新。上述政策主要发展情况见表9-1。

表9-1　　　　　　　　政策主要发展情况表（截至2022年6月1日）

年度	政策依据	主要内容	效力
2007	《中华人民共和国企业所得税法》第三十四条；《中华人民共和国企业所得税法实施条例》第一百条	以法律形式规定了抵免所得税优惠政策	有效

年度	政策依据	主要内容	效力
2008	财税〔2008〕115号	《节能节水专用设备企业所得税优惠目录（2008年版）》和《环境保护专用设备企业所得税优惠目录（2008年版）》	2008年1月1日—2017年9月30日
2008	财税〔2008〕118号	《安全生产专用设备企业所得税优惠目录（2008年版）》	2008年1月1日—2017年12月31日
2008	财税〔2008〕48号	明确了有关政策口径	有效
2009	财税〔2009〕69号	明确了融资租赁方式租入专用设备享受优惠条件	第八条废止。参见：国家税务总局公告2014年第23号。条款失效。第七条停止执行。参见：财税〔2015〕34号
2010	国税函〔2010〕256号	明确了设备投资抵免额是否包含增值税问题	有效
2017	财税〔2017〕71号	《节能节水专用设备企业所得税优惠目录（2017年版）》和《环境保护专用设备企业所得税优惠目录（2017年版）》	有效，自2017年1月1日起施行
2018	财税〔2018〕84号	《安全生产专用设备企业所得税优惠目录（2018年版）》	有效，自2018年1月1日起施行

◀◀◀ 9.3 申报管理 ▶▶▶

9.3.1 享受程序

企业享受优惠事项采取"自行判别、申报享受、相关资料留存备查"的办理方式。企业应当根据经营情况以及相关税收规定自行判断是否符合优惠事项规定的条件，符合条件的可以按规定的时间自行计算减免税额，并通过填报企业所得税纳税申报表享受税收优惠。同时，按规定归集和留存相关资料备查。

9.3.2 享受时间

仅年度汇算清缴享受。

9.3.3 填报示例

查账征收纳税人在年度汇算清缴时享受购置用于环境保护、节能节水、安全生产等专用设备的投资额按一定比例实行税额抵免优惠政策涉及《A100000中华人民共和国企业所得税年度纳税申报表（A类）》《A107050税额抵免优惠明细表》等2张表单。

　　纳税人填报《A107050税额抵免优惠明细表》第1~12列，填写后第7行第11列"本年实际抵免的各年度税额"合计数自动生成至《A100000中华人民共和国企业所得税年度纳税申报表（A类）》第27行"减：抵免所得税额"。表A107050第7行第11列≤表A100000第25-26行。

　　表A107050具体填报如下：

　　（1）第1列"年度"：填报公历年份。第6行为本年，第5行至第1行依次填报。

　　（2）第2列"本年抵免前应纳税额"：填报纳税人《A100000中华人民共和国企业所得税年度纳税申报表（A类）》第25行"应纳所得税额"减第26行"减免所得税额"后的余额。2012年和2013年度的"当年抵免前应纳税额"：填报《中华人民共和国企业所得税年度纳税申报表（A类）》（2008年版）主表第27行"应纳所得税额"减第28行"减免所得税额"后的余额。2014年、2015年和2016年度的"当年抵免前应纳税额"：填报纳税人《中华人民共和国企业所得税年度纳税申报表（A类）》（2014年版）A100000表第25行"应纳所得税额"减第26行"减免所得税额"后的余额。

　　（3）第3列"本年允许抵免的专用设备投资额"：填报纳税人本年购置并实际使用《环境保护专用设备企业所得税优惠目录》、《节能节水专用设备企业所得税优惠目录》和《安全生产专用设备企业所得税优惠目录》规定的环境保护、节能节水、安全生产等专用设备的发票价税合计金额，但不包括允许抵扣的增值税进项税额、按有关规定退还的增值税税款以及设备运输、安装和调试等费用。

　　（4）第4列"本年可抵免税额"：填报第3列×10%的金额。

　　（5）第5列至第9列"以前年度已抵免额"：填报纳税人以前年度已抵免税额，其中前五年度、前四年度、前三年度、前二年度、前一年度与"项目"列中的前五年度、前四年度、前三年度、前二年度、前一年度相对应。

　　（6）第10列"以前年度已抵免额—小计"：填报第5+6+7+8+9列的合计金额。

　　（7）第11列"本年实际抵免的各年度税额"：第1行至第6行填报纳税人用于依次抵免前5个年度及本年尚未抵免的税额，第11列金额小于等于第4-10列余额，且第11列第1行至第6行合计金额不得大于第6行第2列的金额。

　　（8）第12列"可结转以后年度抵免的税额"：填报第4-10-11列的余额。

　　（9）第7行第11列"本年实际抵免税额合计"：填报第11列第1+2+…+6行的合计金额。

　　（10）第8行第12列"可结转以后年度抵免的税额合计"：填报第12列第2+3+…+6行的合计金额。

　　（11）第9行"本年允许抵免的环境保护专用设备投资额"：填报纳税人本年购置并实际使用《环境保护专用设备企业所得税优惠目录》规定的环境保护专用设备的发票价税合计价格，但不包括允许抵扣的增值税进项税额、按有关规定退还的增值税税款以及设备运输、安装和调试等费用。

　　（12）第10行"本年允许抵免节能节水的专用设备投资额"：填报纳税人本年

购置并实际使用《节能节水专用设备企业所得税优惠目录》规定的节能节水等专用设备的发票价税合计价格，但不包括允许抵扣的增值税进项税额、按有关规定退还的增值税税款以及设备运输、安装和调试等费用。

（13）第11行"本年允许抵免的安全生产专用设备投资额"：填报纳税人本年购置并实际使用《安全生产专用设备企业所得税优惠目录》规定的安全生产等专用设备的发票价税合计价格，但不包括允许抵扣的增值税进项税额、按有关规定退还的增值税税款以及设备运输、安装和调试等费用。

▶▶▶**例9-1** 甬达公司2021年7月自筹资金投资兴建环保项目，购置了《环境保护专用设备企业所得税优惠目录》中的一套环保专用设备，并于2021年9月实际投入使用。该设备不含增值税价格为800万元，已取得增值税专用发票，购置当月已认证抵扣，另外发生运输费25万元、安装费17万元。假设甬达公司2021年应纳税所得额为1 000万元，不考虑其他涉税事项。

解析：甬达公司2021年抵免前应纳企业所得税250万元（1 000×25%），专用设备投资额800万元（不含允许抵扣的增值税以及设备运输、安装费用），本年可以抵免税额80万元（800×10%），由于应纳企业所得税250万元大于可抵免税额80万元，因此本年实际抵免税额为80万元，抵免后甬达公司2021年应纳企业所得税170万元。年度汇缴申报时填报《A100000中华人民共和国企业所得税年度纳税申报表（A类）》《A107050税额抵免优惠明细表》，分别见表9-2、表9-3。

表9-2　　　A100000中华人民共和国企业所得税年度纳税申报表（A类）

行次	类别	项　目	金　额
	利润总额计算	⋮	
23		五、应纳税所得额（19-20-21-22）	10 000 000
24		税率（25%）	0.25
25		六、应纳所得税额（23×24）	2 500 000
26		减：减免所得税额（填写A107040）	
27		减：抵免所得税额（填写A107050）	800 000
28		七、应纳税额（25-26-27）	1 700 000
29	应纳税额计算	加：境外所得应纳所得税额（填写A108000）	
30		减：境外所得抵免所得税额（填写A108000）	
31		八、实际应纳所得税额（28+29-30）	1 700 000
32		减：本年累计实际已缴纳的所得税额	
33		九、本年应补（退）所得税额（31-32）	
34		其中：总机构分摊本年应补（退）所得税额（填写A109000）	
35		财政集中分配本年应补（退）所得税额（填写A109000）	
36		总机构主体生产经营部门分摊本年应补（退）所得税额（填写A109000）	

表 9-3

A107050税额抵免优惠明细表

行次	项目	年度(1)	本年抵免前应纳税额(2)	本年允许抵免的专用设备投资额(3)	本年可抵免税额(4) (3×10%)	以前年度已抵免额						本年实际抵免的各年度税额(11)	可结转以后年度抵免的税额(12) (4-10-11)
						前五年度(5)	前四年度(6)	前三年度(7)	前二年度(8)	前一年度(9)	小计(10) (5+…+9)		
1	前五年度												*
2	前四年度					*							
3	前三年度					*	*						
4	前二年度					*	*	*					
5	前一年度					*	*	*	*				
6	本年度	2021	2 500 000	8 000 000	800 000	*	*	*	*	*	*	800 000	0
7	本年实际抵免税额合计											800 000	*
8	可结转以后年度抵免的税额合计												0
9	专用设备投资情况 本年允许抵免的环境保护专用设备投资额											8 000 000	
10	本年允许抵免节能节水的专用设备投资额												
11	本年允许抵免的安全生产专用设备投资额												

9.3.4 留存备查资料

（1）购买并自身投入使用的专用设备清单及发票；

（2）以融资租赁方式取得的专用设备的合同或协议；

（3）专用设备属于《环境保护专用设备企业所得税优惠目录》、《节能节水专用设备企业所得税优惠目录》或《安全生产专用设备企业所得税优惠目录》中的具体项目的说明；

（4）专用设备实际投入使用时间的说明。

≪≪ 9.4 风险提示 ≫≫

企业利用自筹资金和银行贷款购置专用设备的投资额，可以按企业所得税法的规定抵免企业应纳所得税额；企业利用财政拨款购置专用设备的投资额，不得抵免企业应纳所得税额。